不动产登记审查实务

刘守君 著

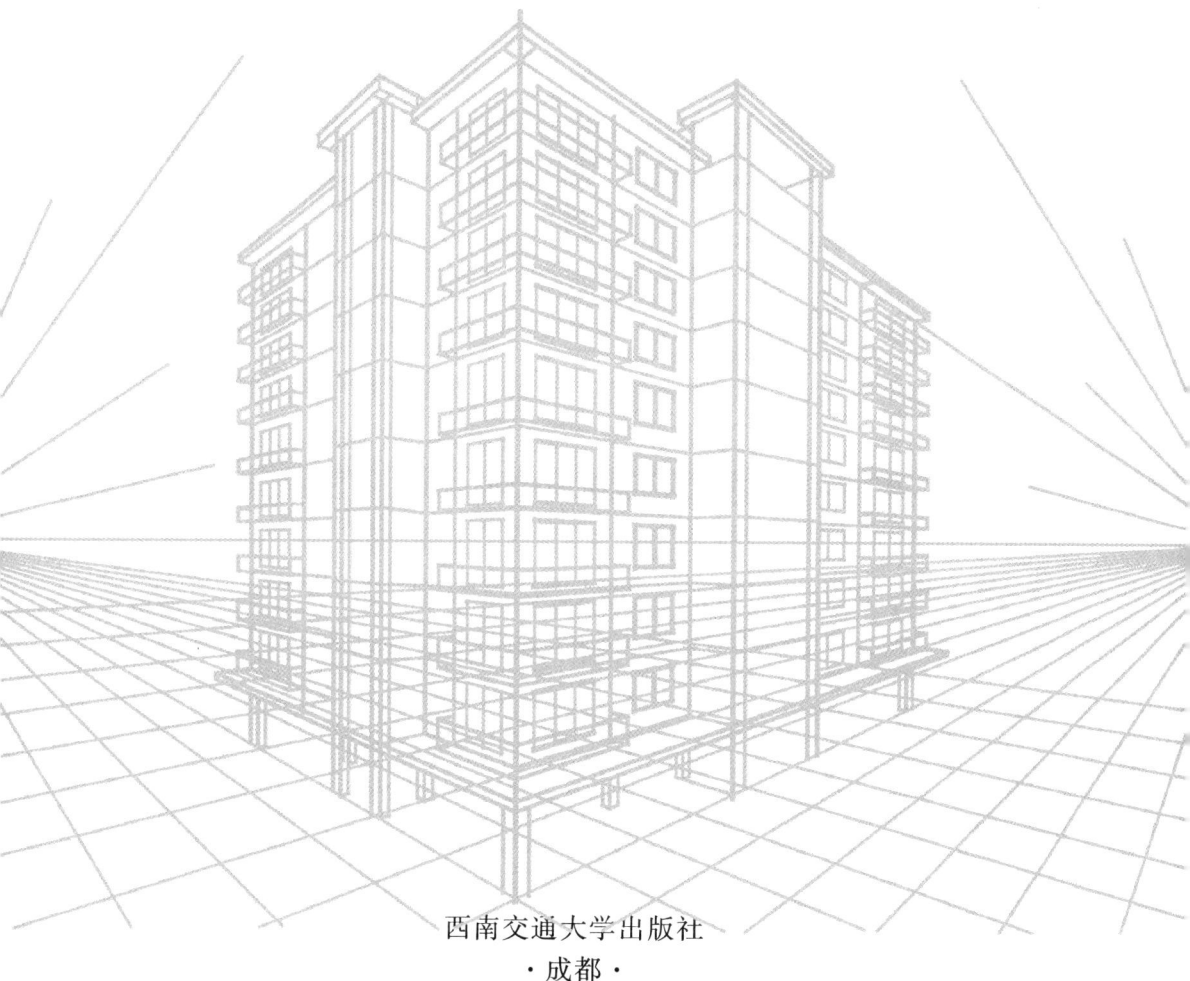

西南交通大学出版社
·成都·

内容简介

本书作者从不动产登记审查实务出发，摒弃了对我国现行的不动产登记审查模式是形式审查，还是实质审查，抑或形式审查与实质审查相结合的讨论，借鉴了人民法院审查案件证据材料的经验，就登记机构对不动产登记的合法性、真实性和关联性如何进行合理审慎的审查做了系统、详细的阐述。

图书在版编目（CIP）数据

不动产登记审查实务 / 刘守君著. —成都：西南交通大学出版社，2023.3
ISBN 978-7-5643-9191-1

Ⅰ. ①不⋯ Ⅱ. ①刘⋯ Ⅲ. ①不动产–产权登记–审查–中国 Ⅳ. ①D923.2

中国国家版本馆 CIP 数据核字（2023）第 036905 号

Budongchan Dengji Shencha Shiwu

不动产登记审查实务

刘守君 著

责任编辑	孟秀芝
封面设计	何东琳设计工作室
出版发行	西南交通大学出版社 （四川省成都市金牛区二环路北一段 111 号 西南交通大学创新大厦 21 楼）
发行部电话	028-87600564　028-87600533
邮政编码	610031
网　　址	http://www.xnjdcbs.com
印　　刷	四川煤田地质制图印务有限责任公司
成品尺寸	170 mm × 230 mm
印　　张	16
字　　数	228 千
版　　次	2023 年 3 月第 1 版
印　　次	2023 年 3 月第 1 次
书　　号	ISBN 978-7-5643-9191-1
定　　价	58.00 元

图书如有印装质量问题　本社负责退换
版权所有　盗版必究　举报电话：028-87600562

作者简介

刘守君，男，1969年9月出生，党校大学文化，高级经济师职称。中国注册房地产估价师和中国注册房地产经纪人资格。乐山市首批学术和技术带头人。

1993年9月至2014年5月，在四川省犍为县房地产管理所从事房屋登记工作，现从事不动产登记研究、咨询和教学工作。

主要学术兼职：北京城市学院众城智库中国不动产（自然资源）登记研究院研究员。

主要参研项目：《福建省不动产登记办法》前期调研论证、河北雄安新区不动产登记制度体系研究。

主要荣誉：四川省优秀人民陪审员、乐山市社会科学优秀成果二等奖等。

主要研究兴趣：民法物权，不动产登记。公开出版专著《〈不动产登记暂行条例实施细则〉条文理解与适用》《不动产登记典型问题解析》《不动产登记收件实务》《不动产登记典型案例剖析》《不动产登记典型判例解析》《不动产登记中的民法原理与实务》等9部。有170多篇关于不动产登记的论文、案例剖析文章发表在《中国国土资源报》《中国不动产》《中国房地产》《房地产权产籍》等专业报纸、期刊上。

前 言
PREFACE

2018年3、4月间,有若干不动产登记QQ群、微信群热烈讨论不动产登记的合法性审查问题,为此,笔者在《房地产权产籍》杂志上发表了《不动产登记申请的合法性判定标准》一文,对怎么审查不动产登记申请方式和申请人的合法性、不动产登记申请材料的合法性、不动产登记申请内容的合法性进行了阐述,为从事不动产登记实务的朋友对不动产登记的合法性审查提供了参考。

2022年3、4月间,又有若干不动产登记QQ群、微信群热烈讨论我国现行的不动产登记审查模式是形式审查,还是实质审查,抑或形式审查与实质审查相结合,何谓合理审慎的审查职责等关于不动产登记审查的问题。笔者关注了这些讨论内容,查询了相关法律、行政法规、规章和政策的规定,参阅了相关的法学和不动产登记专著、论著以及人民法院的生效判例,结合自己的研习体会和二十余年的房屋登记审查经验进行了思考,有了要写一本关于不动产登记审查的书的冲动。对自己的思考进行整理后,将书名定为《不动产登记审查实务》。笔者于五一假期后开始动笔撰写,撰写刚过半,因胃部疾病,到四川大学华西医院胃肠科接受手术治疗,前后耽搁二十余天,出院后继续写作,于2022年10月上旬完成并交付西南交通大学出版社进入出版流程。

本书摒弃了对我国现行的不动产登记审查模式是形式审查，还是实质审查，抑或形式审查与实质审查相结合的讨论，而是在借鉴人民法院审查案件证据材料的经验的基础上，认为不动产登记审查，就是登记机构在其合理的认知范围内，利用现有的设备、设施，对不动产登记的合法性、真实性和关联性履行力所能及的审查职责。全书共十一章，采用总—分的结构撰写，即第一章至第五章阐述了不动产登记审查的概况、不动产登记审查模式和审查方法、不动产登记的合法性审查、不动产登记的真实性审查、不动产登记的关联性审查。第六章至第十一章阐述了不动产登记启动材料审查、不动产登记启动主体身份证明材料审查、不动产登记原因材料审查、其他不动产登记材料审查。采用这种结构撰写的初衷，是对不动产登记收件、审查实行标准化、模式化作初步探讨，以抛砖引玉，期盼更多、更好的有关不动产登记审查的著作出现。本书撰写中沿袭了笔者一贯的在引用法条和法学家、不动产登记专家的经典论述以及人民法院的生效判例的前提下，说法理、讲实务、谈体会、提建议的写作方式，以期让读者阅读后有所收获。另外，本书的结构安排、内容阐述等方方面面可能不尽如人意，出现谬误更是在所难免，敬请专家、学者和不动产登记实务界的朋友们指正！

本书在撰写过程中得到了我亲爱的妻子范晓容女士的真情陪伴和倾心相助，谨以此书向她致敬。谨以此书与我的四川大学生物治疗国家重点实验室的博士研究生女儿刘默涵同学共勉，祝她快乐、健康、阳光、课题研究顺利并学业有成。

刘守君

二○二二年十月，犍为

主要法律缩略语

1. 《中华人民共和国立法法》——《立法法》
2. 《中华人民共和国监察法》——《监察法》
3. 《中华人民共和国民事诉讼法》——《民事诉讼法》
4. 《中华人民共和国行政诉讼法》——《行政诉讼法》
5. 《中华人民共和国刑事诉讼法》——《刑事诉讼法》
6. 《中华人民共和国行政复议法》——《行政复议法》
7. 《中华人民共和国行政强制法》——《行政强制法》
8. 《中华人民共和国行政处罚法》——《行政处罚法》
9. 《中华人民共和国行政许可法》——《行政许可法》
10. 《中华人民共和国仲裁法》——《仲裁法》
11. 《中华人民共和国民法典》——《民法典》
12. 《中华人民共和国城市房地产管理法》——《城市房地产管理法》
13. 《中华人民共和国土地管理法》——《土地管理法》
14. 《中华人民共和国森林法》——《森林法》
15. 《中华人民共和国草原法》——《草原法》
16. 《中华人民共和国海域使用管理法》——《海域使用管理法》
17. 《中华人民共和国城乡规划法》——《城乡规划法》
18. 《中华人民共和国公证法》——《公证法》
19. 《中华人民共和国电子签名法》——《电子签名法》
20. 《中华人民共和国居民身份证法》——《居民身份证法》
21. 《中华人民共和国香港特别行政区基本法》——《香港特别行政区基本法》

22. 《中华人民共和国澳门特别行政区基本法》——《澳门特别行政区基本法》

23. 《中华人民共和国公民出境入境管理法》——《出境入境管理法》

24. 《中华人民共和国归侨侨眷权益保护法》——《归侨侨眷权益保护法》

25. 《中华人民共和国护照法》——《护照法》

26. 《中华人民共和国地方各级人民代表大会和地方各级人民政府组织法》——《地方各级人民代表大会和地方各级人民政府组织法》

27. 《中华人民共和国公司法》——《公司法》

28. 《中华人民共和国个人独资企业法》——《个人独资企业法》

29. 《中华人民共和国合伙企业法》——《合伙企业法》

30. 《中华人民共和国商业银行法》——《商业银行法》

31. 《中华人民共和国企业破产法》——《企业破产法》

32. 《中华人民共和国拍卖法》——《拍卖法》

33. 《中华人民共和国契税法》——《契税法》

34. 《中华人民共和国个人所得税法》——《个人所得税法》

35. 《中华人民共和国涉外民事关系法律适用法》——《涉外民事关系法律适用法》

目 录
CONTENTS

第一章　不动产登记审查概说/…1
　　第一节　不动产登记审查的定义/…1
　　第二节　不动产登记审查的特征/…8
　　第三节　不动产登记审查的原则/…15
　　第四节　不动产登记审查的意义/…27

第二章　不动产登记审查模式和审查方法/…31
　　第一节　不动产登记审查模式/…31
　　第二节　不动产登记审查方法/…38
　　第三节　登记机构内部的不动产登记审查分工/…47

第三章　不动产登记的合法性审查/…51
　　第一节　不动产登记职权的合法性审查/…51
　　第二节　不动产登记启动主体的合法性审查/…55
　　第三节　不动产登记内容的合法性审查/…63
　　第四节　不动产登记适用法律、法规的准确性审查/…68
　　第五节　不动产登记程序的合法性审查/…74
　　第六节　不动产登记材料的合法性审查/…83

第四章　不动产登记的真实性审查/…91
　　第一节　不动产登记启动主体的真实性审查/…92
　　第二节　申请登记的不动产的真实性审查/…96
　　第三节　不动产登记材料的真实性审查/…99

第五章　不动产登记的关联性审查/…106
　　第一节　单个的不动产登记申请材料与不动产登记间的关联性审查/…107
　　第二节　各个不动产登记申请材料相互间的关联性审查/…112
　　第三节　嘱托登记材料的关联性审查/…116

第六章　不动产登记启动材料审查/…119
　　第一节　不动产登记申请书审查/…119
　　第二节　嘱托登记文书审查/…127
　　第三节　依职权启动不动产登记文书审查/…131

第七章　不动产登记启动主体身份证明材料审查/…132
　　第一节　自然人的身份证明材料审查/…132
　　第二节　法人、非法人组织的身份证明材料审查/…140
　　第三节　嘱托登记承办人员的工作身份证明审查/…148
　　第四节　其他身份证明材料审查/…151

第八章　不动产登记原因材料审查（一）/…160
　　第一节　人民法院出具的法律文书审查/…160
　　第二节　仲裁机构出具的法律文书审查/…169
　　第三节　检察查封决定书、监察文书和公证书的审查/…173

第九章　不动产登记原因材料审查（二）/…177
　　第一节　基于行政许可产生的材料审查/…177
　　第二节　基于行政确认产生的材料审查/…184
　　第三节　基于征收、没收和收回不动产产生的材料审查/…189

  第四节 基于行政强制和行政合同产生的材料审查/...195

  第五节 基于相关行政行为产生的材料审查/...203

  第六节 其他登记原因材料审查/...214

第十章 不动产登记原因材料审查（三）/...220

  第一节 基于单方民事法律行为产生的材料审查/...220

  第二节 基于双方民事法律行为产生的材料审查/...227

  第三节 基于多方民事法律行为产生的材料审查/...232

第十一章 其他不动产登记材料审查/...234

  第一节 基于相关税费征收产生的材料审查/...234

  第二节 基于市场主体的市场行为产生的材料审查/...237

  第三节 基于不动产登记产生的材料审查/...240

参考文献/...243

第一章　不动产登记审查概说

第一节　不动产登记审查的定义

不动产登记审查，是指登记机构对基于申请人的申请、有权的国家机关的嘱托和登记机构自身依法定职权启动的不动产登记进行检查、核对、比较、分析后，向申请人作出是否受理其不动产登记申请、是否核准其申请的不动产登记的决定，或作出向嘱托机关（有权的国家机关）提出审查建议、应嘱托机关（有权的国家机关）的嘱托完成不动产登记的决定，或对自身依法定职权启动的不动产登记作出进一步审查、不予登记、完成登记的决定的行为。

一、不动产登记审查始于不动产登记程序的受理环节，终于审核环节终结之时

关于不动产登记审查，有观点认为，登记机关受理登记申请后即进入审查程序。所谓审查，是指登记机关对登记申请进行核对、查证并作出应否允许登记之结论[1]。也有观点认为，不动产登记机构的审查职责，是指登记机构受理了当事人的不动产登记申请后应当履行相应的审查义务，从而确保只有符合不动产登记法律、法规要求的登记申请，才能被记载于不动产登记簿当中[2]。据此可知，不动产登记审查，是指登记机构对其受理的登记申请是否符合不动产登记的法律、法规的要求进行核对、查证。在不动产登记实务中，《不动产登记操作规范（试行）》1.7.1 条第一款规定：

---

[1] 李昊、常鹏翱、叶金强、高润恒：《不动产登记程序的制度建构》，法律出版社2005年版，第259页。
[2] 程啸：《不动产登记法研究》，法律出版社2011年版，第286页。

"依申请的不动产登记应当按下列程序进行：（一）申请；（二）受理；（三）审核；（四）登簿。"据此可知，审核（查）是不动产登记程序中一个处于受理与登簿间的环节，即不动产登记审查对象是登记机构受理的不动产登记申请。概言之，不动产登记审查是登记机构针对其受理的不动产登记申请实施的行为，换言之，审查是登记机构受理不动产登记申请后才启动的行为。但笔者认为，不动产登记审查不仅仅是不动产登记程序中的一个环节，更是一种始于不动产登记程序的受理环节，终于审核环节终结之时的行为。

《不动产登记暂行条例》第十七条规定："不动产登记机构收到不动产登记申请材料，应当分别按照下列情况办理：（一）属于登记职责范围，申请材料齐全、符合法定形式，或者申请人按照要求提交全部补正申请材料的，应当受理并书面告知申请人；（二）申请材料存在可以当场更正的错误的，应当告知申请人当场更正，申请人当场更正后，应当受理并书面告知申请人；（三）申请材料不齐全或者不符合法定形式的，应当当场书面告知申请人不予受理并一次性告知需要补正的全部内容；（四）申请登记的不动产不属于本机构登记范围的，应当当场书面告知申请人不予受理并告知申请人向有登记权的机构申请。不动产登记机构未当场书面告知申请人不予受理的，视为受理。"据此可知，申请人向登记机构提交不动产登记申请后，登记机构应当对申请人提交的不动产登记申请进行检查、核对、比较和分析，对属于登记机构的登记职责范围且登记申请材料齐全、符合法定形式的不动产登记申请，登记机构应当作出予以受理的审查决定。否则，应当作出不予受理的审查决定。同时，将需要补正的内容一次性书面告知申请人。在司法实务中，四川省南充市中级人民法院在"上诉人四川某照明节能电器有限责任公司因诉被上诉人某自然资源和规划局土地行政登记一案"中认为"《不动产登记暂行条例实施细则》第二十二条第二款规定，不动产权属证书或者不动产登记证明遗失、灭失，不动产权利人申请补发的，由不动产登记机构在其门户网站上刊发不动产权利人的遗失、灭失声明 15 个工作日后，予以补发。本案中，上诉人邮寄书面申请，要求被上诉人为其补发案涉国有土地使用权证。被上诉人审查后认为其不符合受理条件，并作出案涉不动产登记不予受理告知书。在此情况下，被上诉人不予补办不违反上述规定"[1]。据此可知，人民法院的认为表明，登记机构在不动产登记程序中的受理环节，也要对申请人的不动产登记申请是否满足受理条件进行审查，对不符合受理条件的，以不予受理告知书的方式作出不予受理的审查决定。概言之，不动产登记审查始于不动产登记程序中的受理环节。

《民法典》第二百一十六条第一款规定，不动产登记簿是物权归属和内容的根据。《不动产登记暂行条例》第二十一条第一款规定，登记事项自记载于不动产登记簿时完成登记。在不动产登记实务中，按前述《不动产登记操作规范（试行）》1.7.1条第一款的规定，登簿是处于审核之后的环节。据此可知，经登记机构审核符合登记条件的申请内容才能够被记载在不动产登记簿上，产生不动产权利或其他相关事项设立、变更、转移和消灭的法律效果，实现申请人申请不动产登记的目的。申请登记内容是否符合登记条件，取决于审核环节的审查决定。审查决定作出之时，审核环节终结，不动产登记审查终止，将申请人申请登记的不动产权利或其他相关事项记载在登记簿上，是不动产登记机构执行审查决定的环节。

二、对以不同方式启动的不动产登记，登记机构适用不同的审查方式

在不动产登记实务中，《不动产登记暂行条例实施细则》第二条第一款规定，不动产登记应当依照当事人的申请进行，但法律、行政法规以及本实施细则另有规定的除外。按该实施细则第十七条、第十九条的规定，不动产登记可以依不动产登记机构自身的法定职权和有权的国家机关的嘱托文件启动。据此可知，不动产登记的启动方式有：依申请人或其代理人

---

[1] 四川省南充市中级人民法院："上诉人四川某照明节能电器有限责任公司因诉被上诉人某自然资源和规划局土地行政登记一案"，https://wenshu.court.gov.cn，访问日期：2022年4月17日。

的申请启动、依登记机构自身的法定职权启动、依有权的国家机关的嘱托文件启动。与之对应的是，把不动产登记称为依申请登记、依职权登记（径为登记）、依嘱托登记。

1. 依申请登记

依申请登记，是指登记机构根据申请人或其代理人的申请启动的不动产登记。换言之，申请人或其代理人不申请，不动产登记不启动。

2. 依职权登记（径为登记）

依职权登记（径为登记），是指登记机构根据法律、法规、规章和政策的规定授予的职权启动的不动产登记。

3. 依嘱托登记

依嘱托登记，是指登记机构根据人民法院等国家机关依职权作出的要求办理不动产登记的公文启动的不动产登记。国家机关非因职权原因需要办理不动产登记的，应当向登记机构申请不动产登记。非国家机关无权嘱托登记机构办理不动产登记。

按前述不动产登记审查是登记机构对其受理的登记申请是否符合不动产登记的法律、法规的要求进行核对、查证的观点可知，只有依申请启动的不动产登记，登记机构才对其进行审查，依嘱托启动和依职权（径为）启动的不动产登记，则不对其进行审查，只需按嘱托文件办理相关不动产登记，或登记机构依自身的法定职权直接完成不动产登记即可。笔者不支持此观点。

笔者认为，无论是依申请启动的不动产登记，还是依嘱托启动的不动产登记，抑或登记机构依自身法定职权启动的不动产登记，登记机构均须对其进行审查，只是因不动产登记的启动方式不同，适用的审查方式不同。

对依申请启动的不动产登记，登记机构对其审查的方式是全方位的检查、核对、比较、分析。在司法实务中，四川省南充市中级人民法院在"上诉人崔某新因诉被上诉人某自然资源和规划局、国家税务总局南充市

第一章 不动产登记审查概说

某区税务局房屋行政登记一案"中认为"不动产登记机构对申请人提供的材料负有查验职责，完税凭证是否齐全是其查验内容之一。对申请人提供的相关材料查验、审查后，不动产登记机构区分不同情况依法分别作出相应处理"[1]。据此可知，人民法院的认为表明，登记机构对依申请启动的不动产登记进行审查时，要对登记申请材料进行检查（查验）。江苏省南京市中级人民法院在"上诉人许某铭因诉被上诉人某规划和自然资源局（以下简称某规划资源局）房屋行政登记一案"中认为"本案中，从涉案书面材料的内容分析，其中载明遗赠人姜某芳没有子女，明确了许某铭负有帮助料理姜某芳的日常生活、财物管理及养老送终的义务，在姜某芳去世后享有其两套房产及财物的权利，有双方当事人签名、明确了有关遗赠扶养的权利义务，已经具备了遗赠扶养协议的实质要件和基本要素，还有一名证人证明是双方当事人的真实意思表示，是一份有偿的、互享权利、互负义务的双务合同。因此，上诉人主张涉案书面材料应当理解为遗赠扶养协议的理由能够成立。某规划资源局主张'涉案书面材料是代书遗嘱或附条件的遗赠，即使是遗赠扶养协议也应不低于遗嘱的标准，也需要两个以上的见证人'的抗辩意见，没有相应的法律法规依据"[2]。据此可知，人民法院的认为表明，被告某规划资源局因没有对登记申请材料内容进行正确分析而作出不正确的审查决定。因此，登记机构对依申请启动的不动产登记的审查应当是对不动产登记申请材料进行全面、正确的分析，以得出正确的审查决定。

对依嘱托启动的不动产登记，登记机构对其审查的方式主要是检查、核对。在司法实务中，上海市静安区人民法院在"原告王某英、王某红诉被告某自然资源确权登记局要求确认行政行为违法一案"中认为"本案被告下属某中心在收到嘉定法院出具的法律文书时，应当对相关法律文书、

---

[1] 四川省南充市中级人民法院："上诉人崔某新因诉被上诉人某自然资源和规划局、国家税务总局南充市某区税务局房屋行政登记一案"，https://wenshu.court.gov.cn，访问日期：2022年4月19日。

[2] 江苏省南京市中级人民法院："上诉人许某铭因诉被上诉人某规划和自然资源局房屋行政登记一案"，https://wenshu.court.gov.cn，访问日期：2022年4月19日。

协助执行通知书中记载的案号、当事人、查封、注销查封对象等信息是否与被告登记内容一一对应作必要的审查,但某中心在办理嘉定法院20××年10月17日司法协助事项过程中,未认真、仔细核查嘉定法院出具的涉案协助执行通知书、民事裁定书记载的案号、当事人名称等内容,与被告登记系统中记载的涉案房屋尚存的司法查封登记所记载的事项是否一一对应、相符,而简单认为嘉定法院于20××年10月17日出具涉案注销查封手续时,涉案房屋仅存最后一个司法查封登记,故直接办理了注销涉案房屋的司法查封登记手续,进而导致注销查封登记后涉案房屋被再次过户给案外人。嘉定法院就137××号案件的判决事项已无执行可能,被告的错误注销查封登记属被告工作人员在办理司法协助事项中扩大执行范围的范畴,被告下属某中心工作人员明显存在过错。对该过错,对外应由被告承担相应后果"[1]。据此可知,人民法院的认为表明,在依人民法院送达的协助执行通知书办理不动产登记时,登记机构应当对该协助执行通知书及相关法律文书中记载的案号、当事人、查封、注销查封对象等信息进行检查、核对,以履行自己的审查职责。

对登记机构依自身的法定职权启动的不动产登记,登记机构对其审查的方式主要是核对、分析。在司法实务中,四川省广安市前锋区人民法院在"原告四川省某房地产有限公司不服被告某自然资源和规划局房屋登记管理行政登记一案"中认为"被告提供的《关于某新城6幢-2-2规划的情况说明》,从内容及形式上看,系被告自己出具的一份案涉房屋所在位置规划设计用途的情况说明,在没有其他证据相佐证的情形下,不能达到证明被告直接办理讼争不动产注销登记的行政行为合法的证明目的。被告作出的案涉不动产注销登记行政为主要证据不足,依法应予撤销"[2]。据此可知,人民法院的认为表明,作为被告的登记机构直接办理讼争不动产注

---

[1] 上海市静安区人民法院:"原告王某英、王某红诉被告某自然资源确权登记局要求确认行政行为违法一案",https://wenshu.court.gov.cn,访问日期:2022年4月18日。
[2] 四川省广安市前锋区人民法院:"原告四川省某房地产有限公司不服被告某自然资源和规划局房屋登记管理行政登记一案",https://wenshu.court.gov.cn,访问日期:2022年4月18日。

销登记，是指登记机构依职权办理诉争不动产注销登记，登记机构依职权办理该诉争不动产注销登记时，没有履行或没有充分履行分析作为办理注销登记的主要证据是否充足的审查义务。

三、不动产登记审查是一种具体行政行为

具体行政行为，是指行政主体为实现行政管理目标和任务，依嘱托、依职权或应行政相对人申请实施的对自然人、法人或者非法人组织的权利义务产生实际影响的行为。按《不动产登记暂行条例》第六条、第七条规定，一般情形下，作为县级以上人民政府职能部门的自然资源机关是实施不动产登记的登记机构。登记机构进行不动产登记审查，审查对象是特定的申请人或其代理人申请的不动产登记、特定的嘱托人嘱托的不动产登记、登记机构依法定职权启动的不动产登记。通过审查，对不动产登记是否满足登记要求作出确认，即通过审查，对申请人作出予以受理或不予受理、准予登记或不予登记的结论。对嘱托人作出提出审查建议、按照嘱托完成不动产登记的结论。对登记机构自身依法定职权启动的不动产登记作出进一步审查、不予登记、完成登记的结论。这些结论直接影响到不动产权利可否被记载在登记簿上，从而影响到不动产权利的内容和归属。在不动产登记实务中，登记机构作出不予受理结论的体现，一般是向申请人出具不予受理告知书或不予受理通知书；作出予以受理结论的体现，一般是向申请人出具受理通知书或收件清单；作出不予登记结论的体现，一般是向申请人出具不予登记告知书或不予登记决定书；作出予以登记结论的体现，是将不动产权利或其他相关事项记载在登记簿上后，向申请人颁发不动产权属证书。在司法实务中，广东省江门市江海区人民法院在"原告岑某杰因与被告某自然资源局、第三人江门市某家具有限公司不动产登记纠纷一案"中认为"某分中心收到岑某杰的国有建设用地使用权更正登记申请，审查后认为岑某杰的申请登记材料不齐全、不符合法律法规的规定，当日作出涉案《不动产登记不予受理告知书》，决定不予受理岑某杰的申

请，并告知其具体情况，并无不当"①。据此可知，人民法院的认为表明，登记机构对申请人的不动产登记申请进行审查后，对不满足受理条件的，应当向申请人出具不予受理通知书等不予受理决定。河北省武安市人民法院在"原告张静某、张文某、张巧某、张秀某不服某不动产登记中心作出的（20××）002号不动产登记不予受理告知书、被告某人民政府作出的某政复字〔20××〕1号行政复议决定书案"中认为"不予受理和不予登记在适用情形、法律依据等方面均不相同，系登记机构针对登记申请分别作出的两种不同的处理结果"②。据此可知，人民法院的认为表明，登记机构作出的不予受理决定、不予登记决定会产生两种不同的结果，故应当根据适用情形和法律、法规、规章和政策的规定向申请人出具不予受理告知书、不予登记决定。

另外，登记机构作出不予登记决定后，当事人的不动产权利或其他相关事项欲记载在登记簿上，需要依法重新启动不动产登记程序。

第二节　不动产登记审查的特征

如前所述，不动产登记审查是一种具体行政行为，直接决定不动产权利或其他相关事项可否被记载在登记簿上，以得到法律的充分保护，因此，不动产登记审查是不动产登记中的重要环节。其特征主要有以下四点。

一、不动产登记审查是一项行政职责

《民法典》第二百一十二条规定："登记机构应当履行下列职责：（一）查验申请人提供的权属证明和其他必要材料；（二）就有关登记事项询问申请人；（三）如实、及时登记有关事项；（四）法律、行政法规规定

---

① 广东省江门市江海区人民法院："原告岑某杰因与被告某自然资源局、第三人江门市某家具有限公司不动产登记纠纷一案"，https://wenshu.court.gov.cn，访问日期：2022年4月18日。
② 河北省武安市人民法院："原告张静某、张文某、张巧某、张秀某不服某不动产登记中心作出的（20××）002号不动产登记不予受理告知书、被告某人民政府作出的某政复字〔20××〕1号行政复议决定书案"，https://wenshu.court.gov.cn，访问日期：2022年4月18日。

第一章 不动产登记审查概说

的其他职责。申请登记的不动产的有关情况需要进一步证明的,登记机构可以要求申请人补充材料,必要时可以实地查看。"据此可知,法律的规定明确了不动产登记审查是登记机构的职责,但登记机构在履行不动产登记审查职责的同时也要行使相应的行政职权,即不动产登记审查是登记机构应当履行的行政职责,但登记机构须行使相应的行政职权才能充分履行该行政职责,换言之,相应的行政职权的行使,是登记机构充分履行不动产登记审查职责的保障。

所谓行政职责,是指行政主体在行政活动中所必须遵守和履行的法定义务[①]。具体到不动产登记实务中,登记机构该履行而不履行或不充分履行不动产登记职责的,发生登记错误时,就要承担相应的法律责任。如登记机构实施不动产登记审查时,应当履行检查、核对不动产登记申请材料是否齐全的职责,如果登记机构没有履行,致使已经完成的不动产登记因主要证据不足而被人民法院生效的判决书撤销的,登记机构要承担相应的不利后果。再如完成审核并作出予以登记的审查结论后,登记机构没有及时履行将不动产权利记载在登记簿上的职责,影响行政相对人充分行使不动产权利,导致人民法院生效的判决书认定登记机构不作为的,登记机构也要承担由此产生的不利后果。

所谓行政职权,是指行政主体依法所享有的对某个领域或者某方面行政事务按照一定方式进行组织与管理的行政权力[②]。具体到不动产登记实务中,登记机构依照法定的权限要求当事人为一定行为时,当事人应当积极协助配合。如登记机构就相关事项询问申请人时,申请人应当如实回答。再如登记机构对其受理的不动产登记申请进行审查后,需要实地查看不动产的,申请人应当协助引领登记机构的登记人员实地查看不动产等。

二、不动产登记审查是一种羁束行政行为

《民法典》第二百一十二条规定:"登记机构应当履行下列职责:

[①] 王连昌、马怀德等:《行政法学》,中国政法大学出版社2002年版,第72页。
[②] 王连昌、马怀德等:《行政法学》,中国政法大学出版社2002年版,第68页。

（一）查验申请人提供的权属证明和其他必要材料；（二）就有关登记事项询问申请人；（三）如实、及时登记有关事项；（四）法律、行政法规规定的其他职责。申请登记的不动产的有关情况需要进一步证明的，登记机构可以要求申请人补充材料，必要时可以实地查看。"据此可知，本条第一款第（一）项、第（二）项、第（三）项规定明确了登记机构对依申请人的申请启动的不动产登记应当履行的审查职责，但本条第二款的规定授权登记机构按照该条第一款第（一）项、第（二）项、第（三）项规定进行审查后，根据审查情况，基于查明申请登记的不动产情况的目的，可以选择要求申请人补充申请材料，或要求申请人协助、配合实地查看不动产等，以对其申请的不动产登记作进一步的审查。换言之，登记机构对依申请人的申请启动的不动产登记应当履行的审查职责，法律做了明确具体的规定。概言之，法律对登记机构的审查职责有明确规定的，登记机构应当按照这些规定实施不动产登记审查，不得擅自缩减审查职责，也不得擅自超越这些规定扩张审查职责，简言之，法律关于不动产登记审查职责的明确规定，是对登记机构的不动产登记审查职责的羁束，因此，不动产登记审查是一种羁束行政行为。所谓羁束行政行为，是指行政主体对行政法规范的适用没有或较少有选择、裁量余地的行政行为[①]。法律的规定授予登记机构在实施不动产登记审查中有权选择审查方式的，登记机构可以根据审查情况自行裁量适用哪些审查方式，但这种裁量不得背离查明申请登记的不动产情况的目的。因此，不动产登记审查虽然是一种羁束性的行政行为，但其中也有裁量的余地，登记机构在实施不动产登记审查时，该受羁束的时候，不得挣脱羁束。该裁量的时候，裁量行为必须服从查明拟登记的不动产情况的目的。

三、不动产登记审查结果以法定的方式体现

1. 依申请启动的不动产登记的审查结果应当具备的体现方式

《不动产登记暂行条例》第十七条规定："不动产登记机构收到不动

[①] 王连昌、马怀德等：《行政法学》，中国政法大学出版社2002年版，第68页。

第一章 不动产登记审查概说

登记申请材料,应当分别按照下列情况办理:(一)属于登记职责范围,申请材料齐全、符合法定形式,或者申请人按照要求提交全部补正申请材料的,应当受理并书面告知申请人;(二)申请材料存在可以当场更正的错误的,应当告知申请人当场更正,申请人当场更正后,应当受理并书面告知申请人;(三)申请材料不齐全或者不符合法定形式的,应当当场书面告知申请人不予受理并一次性告知需要补正的全部内容;(四)申请登记的不动产不属于本机构登记范围的,应当当场书面告知申请人不予受理并告知申请人向有登记权的机构申请。不动产登记机构未当场书面告知申请人不予受理的,视为受理。"据此可知,登记机构收到申请人的不动产登记申请后,经过审查,作出的予以受理、不予受理、需要补正相关材料的审查结果,均应当以书面方式告知申请人。

按《优化营商环境条例》第三十六条规定,政府及其有关部门办理政务服务事项,应当根据实际情况,推行当场办结、一次办结、限时办结等制度,实现集中办理、就近办理、网上办理、异地可办。该条例第三十七条第一款、第二款规定,国家加快建设全国一体化在线政务服务平台(下称"一体化在线平台"),推动政务服务事项在全国范围内实现"一网通办"。除法律、法规另有规定或者涉及国家秘密等情形外,政务服务事项应当按照国务院确定的步骤,纳入一体化在线平台办理。国家依托一体化在线平台,推动政务信息系统整合,优化政务流程,促进政务服务跨地区、跨部门、跨层级数据共享和业务协同。政府及其有关部门应当按照国家有关规定,提供数据共享服务,及时将有关政务服务数据上传至一体化在线平台,加强共享数据使用全过程管理,确保共享数据安全。《自然资源部办公厅关于印发〈"互联网+不动产登记"建设指南〉的通知》(自然资办函〔2020〕1355号)要求,面向社会公众,以互联网为载体,通过PC端、手机App等多种形式,提供不动产登记业务在线申请的统一入口。网上"一窗办事"平台按照一体化平台的相关标准要求,实现与统一身份认证系统、统一电子印章系统、统一电子证照共享服务系统对接,依托一体化平台公共支撑能力,实现用户线上申请统一注册、统一身份认证和人像比对，实现符合登记要求的电子证照及文件跨地区、跨部门共享，促进材料免提交。做好不动产登记系统与网上"一窗办事"平台的服务对接，实现网上申请与登记业务办理的实时交互。不动产登记系统负责网上申请业务受理、审核、登簿、电子证照生成、电子归档并及时反馈业务办理进度和结果。依托一体化平台和自然资源业务网，通过电子政务外网和专线网络，按照"属地优先、省级推动、国家支持"原则，分类推进不动产登记所需的部门信息共享，实现在申请、受理、审核等业务办理环节自动获取、实时调用共享信息，提高工作效率。据此可知，申请人可以通过网络渠道向登记机构申请不动产登记，登记机构也可以通过网络渠道受理申请人申请的不动产登记，办理申请人申请的不动产登记。笔者据此认为，如果申请人是通过网络途径申请不动产登记的，登记机构应当将予以受理、不予受理、需要补正相关材料的审查结果通过该网络途径以电子文件的方式告知申请人。

《不动产登记暂行条例》第二十二条规定："登记申请有下列情形之一的，不动产登记机构应当不予登记，并书面告知申请人：（一）违反法律、行政法规规定的；（二）存在尚未解决的权属争议的；（三）申请登记的不动产权利超过规定期限的；（四）法律、行政法规规定不予登记的其他情形。"据此可知，登记机构受理申请人的不动产登记申请后，经过审查，对不符合登记要求的，应当以书面方式告知申请人。笔者认为，登记机构通过网络渠道受理的不动产登记申请，经过审查，对不符合登记要求的，也可以通过该网络途径告知申请人。

概言之，依申请启动的不动产登记的审查结果的体现方式：在外部关系上，对申请人的不动产登记申请，登记机构经过审查后，予以受理的、需要补正相关申请材料的、不予受理的、不予登记的，均须以书面方式或网络途径告知申请人。准予登记的，在登记簿上完成登记后，以核发不动产权属证书的方式告知申请人。在内部关系上，审查人员须在不动产登记审查表上签署审查意见。

2. 依嘱托启动的不动产登记的审查结果应当具备的体现方式

在司法实务中,《最高人民法院、国土资源部、建设部关于依法规范人民法院执行和国土资源房地产管理部门协助执行若干问题的通知》(法发〔2004〕5号)第三条第二款规定,国土资源、房地产管理部门在协助人民法院执行土地使用权、房屋时,不对生效法律文书和协助执行通知书进行实体审查。国土资源、房地产管理部门认为人民法院查封、预查封或者处理的土地、房屋权属错误的,可以向人民法院提出审查建议,但不应当停止办理协助执行事项。据此可知,登记机构对人民法院嘱托办理的不动产登记有异议的,应当依法向人民法院提出书面审查建议。申言之,依嘱托启动的不动产登记的审查结果的体现方式:在外部关系上,对嘱托机关嘱托办理的不动产登记,登记机构经过审查后,对嘱托办理的不动产登记有异议的,在依嘱托文书办理相关不动产登记的情形下,向嘱托机关提出书面审查建议。依嘱托完成不动产登记后,以通知嘱托机关领取不动产权属证书或按嘱托文书要求将不动产权属证书颁发给当事人的方式告知嘱托机关。在内部关系上,审查人员应当在不动产登记审查表上签署审查意见。

3. 依职权启动的不动产登记的审查结果应当具备的体现方式

对依职权启动的不动产登记的审查结果应当具备的体现方式,法律、法规、规章和政策均没有作具体的规定,笔者认为,依职权启动的不动登记审查结果的体现方式:在外部关系上,登记机构应当将审查结果书面告知当事人。在内部关系上,审查人员应当在不动产登记审查表上签署审查意见。

综上所述,登记机构均须以法定的方式作出不动产登记的审查结果。

四、不动产登记审查导致相应的法律效果产生

1. 依申请启动的不动产登记

如前所述,对申请人申请的不动产登记,登记机构经过审查后,要作出予以受理、不予受理、补正登记申请材料、予以登记、不予登记的决定

并书面或通过网络途径告知申请人。这种决定属于行政决定。行政决定就是享有行政权能的组织运用行政权对特定的公民、法人、其他组织或者特定事项所做的法律关系[①]。行政法律关系,是指特定利益关系经行政法规范调整后形成的行政主体与相对人间的权利义务关系[②]。在不动产登记实务中,申请人申请不动产登记,其主要目的是要将自己依法取得、设立的不动产权利或其他相关事项记载在登记簿上,以得到法律的充分保护,或为其因变更、处分等行为行使权利产生的不动产登记的办理建立前提,这本身就是一种利益关系。申请人或其代理人申请不动产登记后,登记机构基于法定的不动产登记职权,根据不动产登记的相关法律、法规对申请人或其代理人申请的不动产登记进行审查后作出予以受理、不予受理、补正登记申请材料、予以登记、不予登记等决定,在登记机构与申请人之间就建立了权利义务关系,这些决定的作出是登记机构的权利,服从、执行这些决定是申请人的义务。申请人认为登记机构的决定不合法、不合理,通过申请行政复议、提起行政诉讼等方式救济的,也是在服从、执行这些决定的前提下进行的。予以受理决定作出后,产生不动产登记程序启动并继续进行的法律效果;不予受理决定作出后,产生不动产登记程序不启动的法律效果。予以登记的决定作出后,不动产权利或其他相关事项将被记载在登记簿上,产生不动产权利或其他相关事项设立、变更、转移和消灭的法律效果;不予登记的决定作出后,产生不动产登记程序终止的法律效果。

2. 依嘱托启动的不动产登记

登记机构对依嘱托启动的不动产登记进行审查后,在对嘱托登记事项存在异议或对嘱托登记事项存在权属错误的情形下,也不能作出不予登记的决定,而是在按嘱托文书要求办理相关不动产登记的前提下,向嘱托机关提出书面异议或书面审查建议。登记机构作出予以登记决定后,嘱托登记事项将被记载在登记簿上,产生不动产权利或其他相关事项设立、变

---

① 叶必丰:《行政法学》,武汉大学出版社2004年版,第169页。
② 叶必丰:《行政法学》,武汉大学出版社2004年版,第119页。

更、转移和消灭的法律效果。若嘱托机关不接受登记机构提出的异议或建议的，自无可言。若嘱托机关接受登记机构提出的异议或建议的，会作出新的嘱托文书，登记机构再按新的嘱托文书办理相关不动产登记。

3. 依职权启动的不动产登记

登记机构对其依法定职权启动的不动产更正登记、注销登记进行审查后，对不满足相关不动产登记要求的，可以作出进一步审查决定、不予登记决定。进一步审查决定作出后，不动产登记程序将继续进行。不予登记决定作出后，不动产登记程序终止。对满足登记要求的，作出予以登记决定。予以登记决定作出后，更正登记、注销登记将被记载在登记簿上，产生更正既有的登记错误、消灭不动产权利或其他相关事项的法律效果。

第三节 不动产登记审查的原则

不动产登记审查的原则，是指登记机构在实施不动产登记审查的过程中应当遵守的准则或原理。该准则或原理确定登记机构实施不动产登记审查的基调，指导登记机构实施不动产登记时的价值取向，引导登记机构实施不动产登记时正确理解、适用法律、法规、规章和政策的规定。

一、合法原则

不动产登记审查的合法原则，是指登记机构实施不动产登记审查时，实施审查的范围和审查职权的行使必须遵守法律、法规、规章和政策的规定，不得与法律、法规、规章和政策的规定相抵触。当然，遵守法律、法规、规章和政策的规定，不是一成不变地按法律、法规、规章和政策规定的范围、方式进行审查。遵守法律、法规、规章和政策的规定，是指法律、法规、规章和政策有明确规定的情形下，严格、准确地按法律、法规、规章和政策的规定进行审查。在法律、法规、规章和政策没有明确规定的情形下，要在准确理解法律、法规、规章和政策规定的前提下，对法律、法规、规章和政策的规定解释使用，即用法律、法规、规章和政策规定的原则和精神实施不动产登记审查。如登记簿上记载的在建建筑物抵押权的抵押物是一幢正在建造的高层建筑的已完工部分的4层，现在申请增加另外的3层作为抵押物，即增加3层后抵押物由4层变更为7层。那么，登记机构拟通过实地查看来审查增加的3层是否已经完工，实地查看的审查方式是否违反合法原则？在不动产登记实务中，按《不动产登记暂行条例实施细则》第十六条第（二）项规定，登记机构办理在建建筑物抵押权登记的，应当实地查看抵押的在建建筑物的建造情况。据此可知，《不动产登记暂行条例实施细则》的规定没有明确登记机构办理因增加抵押物产生的在建建筑物抵押权变更登记时是否要实地查看。笔者对《不动产登记暂行条例实施细则》的该规定作解释使用：登记机构办理在建建筑物抵押权首次登记时须实地查看抵押物的建造状况自无可言。在建建筑物抵押权记载在登记簿上后，如果增加其他的已完工部分作抵押物，该增加部分是第一次作抵押物，登记机构核准因增加抵押物产生的在建建筑物抵押权变更登记后，实质上是在增加部分上作在建建筑物抵押权首次登记，申言之，因增加抵押物产生的在建建筑物抵押权变更登记是一种复合登记，即该在建建筑物抵押权变更登记中有在建建筑物抵押权首次登记的元素。因此，本问中，登记机构拟通过实地查看来审查增加的另外3层是否已经完工，实地查看的审查方式符合《不动产登记暂行条例实施细则》的相关规定，并不违反合法原则。

登记机构进行不动产登记审查时应当遵守的合法原则主要体现在以下方面。

1. 审查法定的不动产登记材料

法定的不动产登记材料主要有申请人、嘱托人按法律、法规、规章和政策的规定提交的登记申请材料、嘱托登记材料，登记机构依职权启动不动产登记时出具的材料和登记机构履行不动产登记职责时产生的受理凭证、询问笔录、现场查看记录、审核情况记录等材料，除此之外的材料不属于法定的不动产登记材料，登记机构无须对其进行审查。

2. 依法询问申请人

由登记人员在登记受理大厅或受理窗口等公开的场所，以查明申请登记的不动产权利或其他相关事项权属是否清晰、内容是否合法的目的询问申请人，与申请登记的不动产权利或其他相关事项权属是否清晰、内容是否合法无关的问题坚决不问，即不该问的坚决不问。如甲、乙在婚姻关系存续期间购买了一套商品住房，登记在乙名下。之后，甲、乙持结婚证、甲名下的不动产权属证书等材料申请更正登记为夫妻共有，登记人员询问申请人"结婚证显示你们是夫妻，你们是否是初婚？"，这就是不该问的问题，只要申请人提交的结婚证显示该套商品住房是在其婚姻关系存续期间购买的，就足以证明该房屋属其夫妻共有，与其是否是初婚无关。

3. 有针对性地要求申请人补充登记申请材料

《民法典》第二百一十二条第二款规定，申请登记的不动产的有关情况需要进一步证明的，登记机构可以要求申请人补充材料，必要时可以实地查看。据此可知，登记机构要求申请人补充登记申请材料时，须有的放矢，即申请登记的内容中有需要进一步证明的，则针对该内容要求申请人补充登记申请材料，不得要求申请人补充与进一步证明该内容无关的登记申请材料，以避免无故加重申请人的举证负担。如青年男女甲、乙共同签订商品房买卖合同购买了一套商品住房。申请转移登记时，要求登记为甲、乙共同共有，提交了共有情况约定，登记人员询问甲、乙后，得知其是夫妻关系，遂要求其补充结婚证明，以进一步证明申请登记的住房是夫妻共有。本案中，商品房买卖合同是甲、乙共同签订的，甲、乙申请转移登记时已提交了共有情况约定，即甲、乙提交的登记申请材料已经能够证明住房的共有情况，登记机构再要求甲、乙补充结婚证证明该住房是其夫妻共有，属于无故加重申请人举证负担的情形。再如张三凭公证遗嘱申请房地产权利继承转移登记，但张三提交的材料中没有立遗嘱人的死亡证明，登记机构经审查后认为，公证遗嘱只能证明该遗嘱的真实性、合法性，但立遗嘱人死亡后该遗嘱才生效，申请人张三没有提交立遗嘱人的死亡证明，该公证遗嘱是否生效存疑，申请转移登记的房地产权利是否由张三即时继承需要进一步证明，遂要求张三补充立遗嘱人的死亡证明。本案中，登记机构要求张三补充立遗嘱人的死亡证明即具有针对性。在司法实务中，山东省广饶县人民法院在"原告齐某梅不服被告某自然资源局作出的对某花园小区52号楼1单元401室的房权登记案"中认为"被告作出东营市房权证某县某字第××号房屋所有权证书，确定上述房屋所有人为第三人齐某明，主要依据是某花园楼房产权变更审批单，该审批单载明，被搬迁人为齐某清，楼房确权人为齐某明，在被搬迁人与楼房确权人并非一人的情况下，该审批单未载明确权人并非搬迁人的理由。在此情况下，被告依据该审批单作出房屋所有权登记，未要求申请人补充相关材料，属于未充分履行查验职责"[1]。据此可知，人民法院的认为表明，登记机构对申请人的不动产登记申请进行审查后，对需要申请人进一步提交材料证明申请登记的不动产情况的，登记机构应当要求申请人提交，否则，属于未充分履行审查职责的情形，也是违反不动产登记审查的合法原则的情形。

4. 依法实地查看

依法实地查看，即法律、法规、规章和政策规定须实地查看的才查看，且要求申请人协助、配合。查看时主要查看不动产的实际情况与申请登记的情况是否相符，其他的无须查看。概言之，不该看的坚决不看。如某登记机构办理房地产抵押权登记时，要求申请人协助、配合实地查看，理由是核实抵押房地产的状况与登记簿上的记载是否一致，结果申请人以法律、法规没有规定登记机构办理抵押权登记时必须实地查看为由拒绝配合，这就是典型的"不该看的想看"。

5. 公告的启用、内容要符合法律、法规、规章和政策的规定

法律、法规、规章和政策对启用公告的情形、公告的内容、公告期限

---

[1] 山东省广饶县人民法院："原告齐某梅不服被告某自然资源局作出的对某花园小区52号楼1单元401室的房权登记案"，https://wenshu.court.gov.cn，访问日期：2022年4月24日。

等有明确规定的,严格遵照执行。法律、法规、规章和政策对启用公告的情形、公告的内容、公告的方式没有明确规定且没有禁止性规定的,登记机构可以依裁量权启用公告,但启用公告和公告的内容必须以查明申请登记的不动产或其他相关事项权属是否清晰、内容是否合法为目的,公告的内容不得泄露国家机密、个人隐私,公告期限不得超过法定的相关不动产登记的办结时限。公告的方式参照法律、法规、规章和政策规定的情形下适用公告的方式。

6. 告知申请人审查决定的形式、内容要符合法律、法规、规章和政策的规定

如前所述,告知申请人的审查决定主要有不予受理决定、受理决定和不予登记决定。

按《不动产登记暂行条例》第十七条规定,登记机构对申请人申请的不动产登记申请进行审查后,决定予以受理的,应当以书面形式告知申请人。如前所述,如果申请人通过网络途径申请的,则通过该网络途径告知。具体告知形式是受理通知书、受理告知书或收件清单。决定不予受理的,也应当书面或通过网络途径告知申请人,具体形式是不予受理通知书、不予受理告知书、不予受理决定等。告知的内容主要有:不予受理决定、不予受理的理由和依据、补正事项或向有权的登记机构申请登记、申请行政复议的时限和受理行政复议的行政机关的名称、提起行政诉讼的时限和受理行政诉讼的人民法院的名称等。

按《不动产登记暂行条例》第二十二条规定,登记机构对其受理的不动产登记申请进行审查后,决定不予登记的,应当以书面形式告知申请人。如前所述,如果申请人通过网络途径申请的,则通过该网络途径告知。具体告知形式主要有不予登记通知书、不予登记告知书、不予登记决定等。告知的内容主要有:不予登记决定、不予登记的理由和依据、申请行政复议的时限和受理行政复议的行政机关的名称、提起行政诉讼的时限和受理行政诉讼的人民法院的名称等。决定予以登记的,完成登记后,以核发权属证书的方式告知申请人。

二、合理原则

不动产登记审查的合理原则，是指登记机构在实施不动产登记审查时，法律、法规、规章和政策对审查范围与审查的方式、方法没有作明确、具体的规定的，登记机构为了实现登记目的，自由裁量时应当遵循的适度、可行、合乎情理的原则。因此，不动产登记审查的合理原则，是对登记机构进行不动产登记审查时的自由裁量权的限制，以防止裁量决定过度或超出申请人的能力范围而不合情理。

如前所述，不动产登记审查的合法原则刚性较强，灵活性、柔韧性和情理性不足，不动产登记审查的合理性原则强调的是适度、可行、合乎情理，因此，不动产登记审查合法原则与合理原则并行，才能相得益彰，构建法中有情、情中有法的"以人为本"的审查方式。

登记机构进行不动产登记审查时，遵守合理原则，对申请人作出适度、可行、合乎情理的决定或要求，有利于查明申请登记的不动产权利或其他相关事项的权属是否清晰，内容是否合法，从而有利于申请人实现申请不动产登记的目的。反之，阻却申请人实现申请不动产登记的目的实现，在产生行政复议或行政诉讼时，不会得到行政复议机关或人民法院的支持。在司法实务中，河南省泌阳县人民法院在"原告周某高不服被告某自然资源局作出的行政行为一案"中认为"某自然资源局在给原告周某高颁发土地证书后仅是发现西邻登记错误时，可选择更正或收回或注销，换发新的土地证书，现某自然资源局选择注销了之，没有其他或者后续行政行为，不符合行政合理性原则"[①]。据此可知，人民法院的认为表明，登记机构完成土地登记并向当事人颁发权属证书后，发现了登记错误，也依职权启动了纠正错误的不动产登记，对依职权启动的不动产登记进行审查后，在可以选择更正或收回或注销权属证书等情形下，没有选择对当事人权益影响最轻的收回原证书，并在更正登记完成后基于更正后的内容向当事人颁发新的权属证书，而选择对当事人权益影响最大的注销登记，注销

---

① 河南省泌阳县人民法院："原告周某高不服被告某自然资源局作出的行政行为一案"，https://wenshu.court.gov.cn，访问日期：2022年4月22日。

了当事人的权属证书，且登记机构注销当事人的权属证书后，没有采取善后的行为，为此，登记机构的裁量过度，也不可行，故不符合行政合理原则。但笔者认为，本案中，人民法院关于登记机构"可选择更正或收回或注销，换发新的土地证书"的认为值得商榷，登记错误只能依法通过更正登记予以纠正，不能通过收回原证书或注销原证书的方式解决问题。

三、公正原则

不动产登记审查的公正原则，是指登记机构在对申请人申请的不动产登记进行审查时，能够平等地对待各类申请人，对相同或同类的登记事项采用相同的标准进行处理的原则。不动产登记审查是作为行政主体的登记机构单方实施的行政行为，更是登记机构的具体实施不动产登记审查的登记人员依自己的素养、认知作出的行为，因此，不动产登记审查具有较强的主观性。有主观性就有选择、裁量的空间，选择、裁量中难免有任意、任性，为了对这种难免出现的任意、任性进行限制，防止偏颇的不动产登记审查决定产生，登记机构在进行不动产登记审查时应当遵守公正原则。登记机构在进行不动产登记审查时遵守公正原则的具体要求主要有四点。

1. 平等对待各类申请人

在不动产登记实务中，处理的是形形色色、纷繁复杂的个案，面对的是各种类型的申请人。不动产登记个案包含的法律关系复杂，政策性和技术性强，申请人因各自的受教育程度、文化和认知水平、所处的社会和经济地位等不同，在申请不动产登记时有不同的诉求，对诉求的表述有不同的方式，或平缓，或温婉，或暴躁，或低调，或强势，这些因素难免不影响登记人员在进行不动产登记审查时的选择、裁量，但作为履行不动产登记审查职责的登记人员，应当理性、客观地面对这些因素，不能感情用事，厚此薄彼，以自己的心情、好恶为标准，作出不当的审查决定，而应当公正地对待各类申请人，根据审查掌握的情况，做出合法、可行、得当的审查决定。

2. 对相同或同类登记事项适用相同的审查标准

在不动产登记实务中，申请人基于申请登记的内容和原因提出相应种类的不动产登记申请，其中，相同或同类的登记事项是指申请人申请登记的内容和原因相同或类似的登记事项。登记机构在进行不动产登记审查时，由于实施审查的登记人员的素养、认知等方面的差异，就相同或同类的登记事项作出不同的审查决定的情形时有发生。如对自然人婚姻关系存续期间购买的房屋，经对方配偶同意后，登记在夫或妻名下，且为夫或妻单独所有。夫妻离婚时，离婚协议约定将该房屋作为夫妻共有财产分割，当事人申请转移登记时，有的不动产登记审查人员在某一阶段作出适用因离婚析产产生的转移登记的决定，在另一阶段则作出适用因赠与产生的转移登记的决定。甚至在同一阶段，同一登记机构的不同审查人员分别审查不同申请人提出的此类不动产登记申请时，有的作出适用因离婚析产产生的转移登记的决定，有的作出适用因赠与产生的转移登记的决定。此即不动产登记中存在的"同案不判"的现象，这种现象的存在有损不动产登记的公正性、权威性，不利于不动产登记事业的发展，也不利于社会的和谐。笔者认为，按《民法典》第一千零八十七条规定，离婚时，夫妻的共同财产由双方协议处理。据此可知，离婚时，能以协议的方式析产的只能是夫妻共同财产。前述案例中，已经登记在夫或妻名下且为夫或妻单独所有的房屋不再是夫妻共同财产，但离婚协议中约定了房屋归属，是原夫妻真实意思的表示，应当尊重，视为对对方的赠与，因此，不适用因离婚析产产生的转移登记，而适用因赠与产生的转移登记。

3. 履行审查职责时居中评判

审查人员履行不动产登记审查职责时，心态上、思想上要保持中立，通过查验申请人和登记申请材料、询问申请人、实地查看不动产等审查活动掌握的情况，不带任何倾向或侧重地进行检查、核对、比较、分析后，作出合法的、中性的、客观的审查决定。如果审查人员在履行不动产登记审查职责时，主观上对被审查事项有倾向性或侧重性，作出的审查结论难免失之偏颇，将影响不动产登记审查的公正性。如办理因担保自然人间借款产生的抵押权登记时，抵押权登记是抵押人与抵押权人共同申请的，但有的申请人提交的借款合同是经过公证的，有的申请人提交的借款合同则没有经过公证。如果审查人员主观上认为经过公证的借款合同建立的借款债权是真实的，没有经过公证的借款合同建立的借款债权可能是不合法的或虚拟的，就可能对提交没有经过公证的借款合同申请的抵押权登记作出不予受理的决定，或受理后作出不予登记的决定。笔者认为，借款合同经过公证，表明该借款合同合法、真实。借款合同若没有经过公证，其主要内容没有违法的，则其也是合法的。该借款合同系由抵押人与抵押权人申请登记时向登记机构提交的，其真实性依法由抵押人与抵押权人负责，作为登记申请材料，本质上与经过公证的借款合同并无不同。因此，自然人间因借款产生的借款合同，无论是经过公证的，还是没有经过公证的，作为申请人申请抵押权登记的申请材料时，只要其合法、真实，审查人员就不应当对其有所倾向或侧重，不能据此作出不同的审查决定。

4. 审查人员对与自己有利害关系的登记事项要主动回避

审查人员在履行不动产登记审查职责时，切忌"自己做自己的法官""自己判自己的案子"，即对自己或自己的亲属、有利害关系的人申请的不动产登记，要主动申请回避，交由其他审查人员审查。如审查人员的弟弟，对该审查人员因继承父母遗产转移登记在其名下的房屋申请了异议登记，该审查人员履行审查职责时接手了弟弟购买他人住房申请的转让转移登记，此情形下，该审查人员应当主动申请回避。审查人员遵守主动回避原则，有利于树立不动产登记审查中立、公正的良好形象，也有利于在申请人或社会公众中建立不动产登记审查中立、公正的良好心态，从心态上、意识上认可、接受登记机构作出的不动产登记审查决定。

四、尊重知情权原则

不动产登记审查中的尊重知情权原则，是指登记机构在履行不动产登记审查职责时，根据法律、法规、规章和政策的规定以及审查需要掌握的情况，就相关问题或事项听取申请人、利害关系人的意见，或就相关登记事项向不特定的社会公众征询异议的原则。听取申请人、利害关系人的意见，向不特定的社会公众征询异议，可以接收到他们对登记机构作出的初步审查结论或正在进行审查的不动产登记申请的不同意见、看法，登记机构根据法律、法规、规章和政策的规定以及审查中已经掌握的情况，对这些不同的意见、看法进行核对、比较、分析，提炼出对不动产登记审查有价值的信息，或是坚持自己作出的初步审查结论，或是修正自己作出的初步审查结论。同时，听取申请人、利害关系人的意见，向不特定的社会公众征询异议，也是让群众参政议政的有效途径，可以增加不动产登记审查的公开性、透明度，减少其隐蔽性、神秘感。主动把不动产登记审查放在阳光下，自觉接受群众的监督，有利于登记机构增强依法审查、合理审查、公正审查的意识，确保做出的审查决定合法、合理、公正、可行，以最大限度地得到群众的认可、接受。登记机构在进行不动产登记审查时遵守知情权原则的具体要求主要有三点。

1. 听取申请人的陈述、意见

如前所述，登记机构对申请人的不动产登记申请进行审查后，作出不予受理决定或不予登记决定的，要书面或通过相关网络途径告知申请人，虽然告知了申请人不予受理决定、不予受理的理由和依据、补正事项或向有权的登记机构申请登记、申请行政复议的时限和受理行政复议的行政机关的名称、提起行政诉讼的时限和受理行政诉讼的人民法院的名称等，但申请人可能难以接受，有怨言、有不满，甚至情绪失控，此情形下，登记机构应当安抚申请人，耐心、认真地倾听他们对不予受理决定、不予登记决定的意见、看法和理由，根据他们的意见、看法和理由，做好进一步的解释、说明，给予申请人应有的尊重，树立登记机构亲民、爱民和服务于民的良好形象，体现登记机构的担当精神，维护社会和谐。

2. 接收利害关系人的异议

登记机构进行不动产登记审查的目的，就是要确保将要记载在登记簿

第一章　不动产登记审查概说

上的不动产权利或其他相关事项权属清晰、内容合法真实。登记机构在对登记申请材料、询问笔录、实地查看记录等登记材料进行审查后形成初步的审查结论，此情形下，如果有利害关系人对申请人的不动产登记申请提出异议的，登记机构应当真诚、耐心地听取利害关系人的陈述，适时回应其关切，引导利害关系人提供相关证据佐证、支撑其异议，在此基础上，登记机构对利害关系人的异议及其提供的相关证据进行核对、比较、分析，以此印证自己形成的初步审查结论是否合法、合理、公正、可行。

（1）对合法、合理、公正、可行的初步审查结论，登记机构应当坚持并作为审查决定。

（2）对在合法、合理、公正、可行等某一方面或某几方面存在不足的初步审查结论予以修正，或是要求申请人进一步补充材料以证明其申请登记事项，或是登记机构再次询问申请人、实地查看不动产、向有关知情人调查取证等获取相关信息，在初步审查结论合法、合理、公正、可行后作为审查决定。如登记机构对张三申请的因扩建房屋产生的变更登记进行审查后，认为满足受理条件，并受理了张三的变更登记申请。审核人员经审核认为满足变更登记要求，决定准予登记，在将变更登记内容记载于登记簿上前，张三的邻居持其不动产权属证书就张三扩建后的房屋的左墙主张权利，说该墙属他，张三是借他的墙，即对张三而言，该墙是借墙。对张三的邻居而言，该墙是自墙。登记机构接收张三的邻居的异议后，重新查看了现场，对产生争论的左墙进行了勘查，也在现场就相关问题询问了张三及其邻居，同时，对张三的其他知情邻居进行了询问，登记机构对重新查看现场、询问当事人和知情人取得的信息进行比较、分析后，认为张三申请变更登记的左墙应当是借墙，遂要求张三将不动产权籍调查成果报告上的左墙由自墙修正为借墙后重新提交，最终登记机构作出准予变更登记的审查决定。

（3）对不合法、不合理、不公正、不可行的初步审查结论要坚决否定，并据此作出不予受理、不予登记的审查决定。如王五持公证遗嘱、立遗嘱人的死亡证明等材料向登记机构申请继承转移登记，受理人员审查后，认为满足受理条件，决定予以受理。在向王五出具受理通知书前，王五的弟弟王六持最后一份公证遗嘱向受理人员提出异议,认为自己才是该房屋的继承人,王五无权申请继承转移登记。《民法典》一千一百四十二条第三款规定,立有数份遗嘱,内容相抵触的,以最后的遗嘱为准。据此可知,继承人间因遗嘱继承产生争执时,以最后一份遗嘱作为定案证据。登记机构听取了王六的异议,核查其提供的公证遗嘱后,认为王六的异议成立,因此,王五申请的继承转移登记主要证据不足,属于申请材料不齐全的情形。登记机构遂否定了予以受理的初步审查结论,重新作出不予受理的审查决定并书面告知王五。本案中,如果登记机构已经受理了王五的继承转移登记申请,且已经作出准予登记的初步审查结论,在记载于登记簿上前,王六持最后一份公证遗嘱向审核人员提出异议的,则登记机构应当以申请登记事项存在尚未解决的权属争议为由作出不予登记决定并书面告知王五。

3. 公告征询异议

公告征询异议适用于登记机构进行不动产登记审查时,为了进一步查明申请人申请登记的不动产权利或其他相关事项的真实性,向不特定的社会公众求不同意见的情形。在司法实务中,海南省临高县人民法院在"原告黄某杯、许某萍诉被告某自然资源和规划局及第三人苏某平土地行政登记纠纷一案"中认为"公告的基本目的是为了征询异议,异议人可以在公告规定的期限内提出异议,由相关部门予以复查,从而确认其异议是否成立"[1]。据此可知,人民法院的认为表明,登记机构通过公告的方式,将拟记载于登记簿上的不动产的相关事项告知不特定的社会公众,公开向其征求对这些事项的异议、意见。社会公众向登记机构提出异议、意见后,登记机构应当进行排查、核实。异议、意见不属实的,自无可言。异议、意见属实的,登记机构应当予以吸收,或修正完善自己的初步审查结论,或重新作出审查决定。

---

[1] 海南省临高县人民法院:"原告黄某杯、许某萍诉被告某自然资源和规划局及第三人苏某平土地行政登记纠纷一案",https://wenshu.court.gov.cn,访问日期:2022年4月26日。

第四节 不动产登记审查的意义

如前所述,不动产登记审查属于具体行政行为,既然是一种具体行政行为,就要产生相应的法律效果,对社会、经济的发展产生积极的意义。

一、确保登记簿记载内容的真实、合法、有效,维护交易秩序

按《不动产登记暂行条例》第一条规定,保护权利人的合法权益是不动产登记的目的。这个目的如何体现?笔者认为,欲保护权利人的合法权益,须先明确拟记载在登记簿上的不动产权利或其他相关事项的归属。

《民法典》第二百一十六条规定,不动产登记簿是物权归属和内容的根据。质言之,一般情形下,不动产物权的归属和内容等事项,以不动产登记簿上的记载为准,即不动产登记簿上记载的物权归属和内容等事项具有公信力。不动产物权登记的公信力,指登记机关在登记簿册上所做的不动产物权登记,具有使社会公众信其正确的法律效力。基于登记簿册登记的公信力,即便登记有错误或有遗漏,因相信登记正确而与登记名义人(登记簿上所记载的物权人)进行交易的善意第三人,其所得的利益也受法律保护[①]。据此可知,拟与登记簿上记载的权利人为交易的人,一般情形下,通过对登记簿的查询,可以获取相关不动产物权归属和内容等事项的真实、合法、有效的信息,便于其抉择是否交易,且其基于对登记簿上记载的物权归属和内容等事项正确的信赖产生的交易受法律保护。换言之,作为不动产登记结果表现形式的不动产登记簿上记载的合法、真实、有效的物权归属和内容等事项具有的公信力,是维护不动产交易秩序的基础。那么,建立这个基础的前提是什么?

如前所述,不动产物权归属和内容能够被记载在登记簿上,是基于登记机构进行不动产登记审查后作出的准予登记的决定,换言之,登记机构

---

① 陈华彬:《物权法》,法律出版社 2004 年版,第 160 页。

没有作出准予登记的审查决定的不动产物权和内容是不会被记载在登记簿上的。因此，不动产登记审查是整个不动产登记的核心环节，更是登记簿上记载的不动产物权和内容合法、真实、有效的保障，是建立、维护不动产交易秩序的前提。

二、维护社会的公平与正义

在不动产登记审查中，对公平与正义的维护主要体现在两方面：一是平等对待不动产登记申请；二是确保登记结果合法有效。

1. 平等对待不动产登记申请

《民法典》第一百一十三条规定，民事主体的财产权利受法律平等保护。据此可知，对民事主体的财产权利进行平等保护是法律规定的原则。民事主体享有的不动产物权是重要的财产权利，对其进行保护也应当遵守平等保护原则。如前所述，申请人申请将其依法设立、取得的不动产物权或其他相关事项记载在登记簿上，就是为了使自己依法设立、取得的不动产物权或其他相关事项得到法律的充分保护，为权利的充分行使建立前提。在不动产登记实务中，与不动产物权平等保护原则相对应的是不动产登记的公平、公正原则。换言之，登记机构进行不动产登记时，遵守公平、公正原则，就是对不动产物权进行平等保护。作为不动产登记重要组成部分的不动产登记审查，更要遵守公平、公正原则，即登记机构进行不动产登记审查时，无论是国家机关申请的不动产登记，还是企业组织或其他社会组织申请的不动产登记，抑或是自然人申请的不动产登记，主观上应当确立平等对待、不厚此薄彼的意识，不选择性地进行审查。客观上，对相同或同类的不动产登记事项、类型应执行同一的审查口径、标准，不执行二套口径、标准或多套口径、标准，切实将不动产物权的平等保护落到实处。

2. 确保登记结果合法有效

申请人申请登记的不动产物权或其他相关事项的取得或设立，有的基

第一章 不动产登记审查概说

于生效的法律文书，有的基于行政公文、行政合同，有的基于民事法律行为，有的基于法律事实等，且这些不动产物权或相关事项的权属、内容等以文字、数据、图形的方式体现。因此，不动产登记审查是一项法律性、技术性较强的工作，登记机构对不动产登记申请进行审查后，对满足登记要求的作出准予登记的决定，即基于不动产登记审查作出的准予登记的决定记载在登记簿上的不动产物权或其他相关事项的权属、内容合法、真实、有效，就具有公信力，可以为拟与登记簿上记载的事项为交易的人提供值得信赖的信息，可以维护不动产交易的市场秩序，对不特定的社会公众而言，这就是一种公平与正义的体现。反之，将不符合登记要求的事项或内容记载在登记簿上后，向不特定的社会公众提供的是不合法的、失真的、无效的信息，当事人据此进行交易后，既损害了当事人的利益，也扰乱了市场秩序，不公平与非正义显而易见。

三、促进审查人员强化学习，完善知识结构

目前，我国社会、经济、文化等处于快速、多元化的发展阶段，新问题、新情况在不动产登记实务中层出不穷，如国家实施乡村振兴战略中，大力发展乡镇特色产业，鼓励种植业、养殖业走集约化、规模化发展之路。种植业、养殖业要集约化、规模化发展，就需要建造相应设施的用地，国家也出台了设施农用地政策，此情形下，有申请人持设施农用地使用批文、葡萄架建造证明等材料向登记机构申请设施农用地使用权及地上构筑物所有权登记。登记机构审查后，可否作出受理决定或不予受理决定？受理后，可否作出准予登记决定或不予登记决定？此情形下，审查人员在明确设施农用地使用权不是法定的不动产物权，不能记载在登记簿上的前提下，通过学习国家关于设施农用地政策可以得知，设施农用地是在国有农用地、集体农用地上建造种植、养殖设施的土地，对应的是国有农用地使用权、土地承包经营权、土地经营权，国有农用地使用权、土地承包经营权、土地经营权属于法定的、可以记载在登记簿上的不动产物权，因此，对申请人的申请，登记机构经过审查后可以作出不予受理的决定，

同时书面告知申请人可以凭相关登记申请材料申请国有农用地使用权及地上构筑物所有权登记、土地承包经营权及地上构筑物所有权登记或土地经营权及地上构筑物所有权登记。再如，申请人持保理合同、抵押合同等材料申请抵押权登记，被担保的债权是基于保理合同建立的债权，登记机构审查后，可否作出受理决定或不予受理决定？受理后，可否作出准予登记决定或不予登记决定？此情形下，审查人员通过学习《民法典》第七百六十一条规定可以得知，保理合同是应收账款债权人将现有的或者将有的应收账款转让给保理人，保理人提供资金融通、应收账款管理或者催收、应收账款债务人付款担保等服务的合同。基于保理合同，当事人间可以建立资金融通债权、应收账款管理服务债权、应收账款催收服务债权和应收账款债务人付款担保债权。简言之，基于保理合同建立的债权是合法的债权，当事人可以设立抵押权保障其实现。登记机构进行审查后，可以作出准予受理的审查决定。受理后，也可以作出予以登记的审查决定。据此可知，审查人员在面对新问题、新情况时，要及时查阅、学习法律、法规、规章和政策的相关规定，据此判断面对的新问题、新情况是否合法，是否满足登记要求，从而作出合法、合理、公正、可行的审查决定。换个角度讲，不动产登记审查中出现的新问题、新情况，可以敦促审查人员及时学习法律、法规、规章和政策的相关规定或其他相关知识，从而充实了审查人员的知识，完善了审查人员的知识结构，对审查人员审查能力的整体提高有积极的意义。

第二章 不动产登记审查模式和审查方法

第一节 不动产登记审查模式

不动产登记审查模式，即不动产登记的审查方式。关于不动产登记的审查方式，我国现时有效的法律、法规、规章和政策均没有作规定。在司法实务中，江苏省宿迁市宿城区人民法院在"原告张某霞诉被告某不动产登记局房屋登记纠纷一案"中认为"不动产登记机构对登记材料的审查究竟仅是形式审查义务还是实质审查义务，法律并无明确规定，但是不动产登记机构应该在其能力范围内尽到审慎的审查义务"[①]。据此可知，人民法院的认为表明，关于我国现行的不动产登记审查模式，法律没有作明确规定。

学理上，不动产登记审查模式主要有形式审查模式、实质审查模式、形式审查与实质审查相结合模式。

一、形式审查模式

形式审查，是指登记机构对申请人提出的不动产登记申请，只进行程序上的审查，即只要用于登记的文件或资料符合法定要求（主要指文件或资料的齐全完整），就核准登记，至于申请人申请登记的不动产权利或其他相关事项是否客观真实或有无瑕疵等，登记机构无须过问。如甲购买了乙的房屋，申请转移登记时，按法规规定提交了不动产权属证书、买卖合同、税费缴纳凭证等资料，登记机构可以核准此转移登记。至于不动产权属证书记载的房地产权利有无争议，或导致房地产权利转

[①] 江苏省宿迁市宿城区人民法院："原告张某霞诉被告某不动产登记局房屋登记纠纷一案"，http://police.news.sohu.com，访问日期：2022年5月7日。

移的合同行为有无瑕疵等，登记机构无须审查。采用这种审查模式实施的不动产登记，不是不动产权利或其他相关事项的生效要件，仅仅是对抗第三人的要件，即不动产权利或其他相关事项在被登记机构核准登记前，已经在当事人间发生物权设立、变更、转移和消灭的效力，同时，对第三人有对抗力。

采用形式审查模式完成的不动产权利或其他相关事项登记不具有公信力，即不具有完全值得信赖的确定的效力。所谓确定的效力，是指被核准登记的不动产权利或其他相关事项是真实的、无瑕疵的，即使设立、变更、转移和消灭该不动产权利或其他相关事项的法律行为因无效或被撤销，已被核准登记的不动产权利或其他相关事项并不随之消失。但采用形式审查核准的不动产权利或其他相关事项登记则与此相反。如因房屋买卖而被核准的转移登记，若买卖合同被人民法院或其他有权部门认定无效或撤销，已被核准的转移登记也随之消失。

形式审查模式的特点是登记效率高，不动产登记启动后，不动产权利或其他相关事项可以在较短的期限内被记载在登记簿上，但登记簿上记载的不动产权利或其他相关事项没有公信力，不利于当事人权益的充分保护，对不动产交易市场秩序的维护作用有限。在司法实务中，内蒙古自治区商都县人民法院在"原告张某 1 诉被告某不动产登记局，第三人张某 2 土地行政登记一案"中认为"原告称土地证变更协议中原告签名非本人所签等理由并提出笔迹鉴定申请，因协议中当事人签名是否为其本人所签不属于被告的审查范围，被告收到第三人持有双方签字的协议只负责对该协议的形式审查而无需进行实质审查，故对于原告的笔迹鉴定申请本院予以驳回，对原告主张的理由不予采纳"[①]。据此可知，人民法院的认为表明，登记机构对作为不动产登记原因材料的土地证变更协议只作形式审查，申言之，在司法实务中，有人民法院认为不动产登记审查是形式审查。

---

① 内蒙古自治区商都县人民法院："原告张某 1 诉被告某不动产登记局，第三人张某 2 土地行政登记一案"，http://police.news.sohu.com，访问日期：2022 年 5 月 7 日。

第二章 不动产登记审查模式和审查方法

二、实质审查模式

实质审查，指登记机构对申请人提出的不动产登记申请，不仅要审查申请人提交的用于登记的文件或资料是否符合法定要求，而且要对申请登记的不动产权利或其他相关事项是否客观真实，设立、变更、转移和消灭不动产权利或其他相关事项的法律行为是否真实、是否合法、有无瑕疵等进行审查。即文件或资料符合法定要求，不动产权利或其他相关事项客观真实，设立、变更、转移和消灭不动产权利或其他相关事项的行为合法且无瑕疵时，才会被登记机构核准登记。如某人在城市规划区范围内新建的房屋竣工后申请房屋所有权首次登记，在依法提交了载明国有建设用地使用权的不动产权属证书、建设工程规划许可证、竣工验收证明等资料后，登记机构还要到现场核实房屋的实际情况与申请登记的内容是否吻合，调查房屋所有权有无争议等。法定手续（文件或资料）齐全、完整，实地查看的房屋情况与申请登记的房屋情况相吻合，房屋所有权无争议，登记机构才能核准此首次登记。再如，在因房屋买卖申请的转移登记中，申请人按法规规定提交了原不动产权属证书、买卖合同、税费缴纳凭证等资料后，登记机构还要通过查阅、核对档案的方式审查原不动产权属证书记载的权利是否合法，是否客观真实，有无查封登记、预告登记等限制处分的措施设定，房地产转让合同是否合法、真实。权利合法、真实且有效，也无限制处分设定，房地产转让合同合法、真实，登记机构才能核准此转移登记。采用这种审查方式完成的不动产权利或其他相关事项登记，是不动产权利或其他相关事项生效的要件，即不动产权利或其他相关事项必须经过登记后才能产生法律效力，非经登记没有法律效力，更不能对抗第三人。

采用实质审查模式核准的不动产权利或其他相关事项登记具有公信力，即不动产权利或其他相关事项一旦被核准登记，就具有确定的效力，即使设立、变更、转让和消灭不动产权利或其他相关事项的法律行为无效或被撤销，也不影响已登记的不动产权利或其他相关事项的效力，如因房屋买卖而被核准的转移登记，若买卖合同被人民法院或其他有权部门认定无效或撤销，已被核准的转移登记仍然有效。

实质审查模式的特点是不动产权利或其他相关事项要经过较长期间才能被记载在登记簿上，登记效率不高，但登记簿上记载的事项有公信力，能有效维护不动产交易市场的秩序。在司法实务中，江苏省苏州市姑苏区人民法院在"原告朱某不服被告某国土资源局不动产行政登记"案中认为"本案中，第三人程某葆 20××年 9 月 13 日提出换证登记申请，即要求将原有的房屋所有权证与土地使用权证统一记载于不动产登记簿上。因其提供的原某房权证市区字第××号房屋所有权证显示房屋所有权人仅程某葆一人，且共有人栏空白，在程某葆承诺对申请材料真实性负责并在申请书上特别注明'无其他共有人'的情形下，被告经审核作出苏（20××）某不动产权第 8022330 号不动产权证登记，履行了相应的形式审查义务。关于案涉房屋权属可能存在的继承析产等问题，第三人程某葆作为权利主体，对房屋是否属于婚后共同财产、配偶死亡后是否进行分割等情况应当有所认识，但其在申请时仍作为个人单独所有、无其他共有权人的不动产进行登记，有违诚实信用原则。被告对上述问题虽向申请人程某葆进行了询问，但对该申请人年过八旬、子女陪同等情况未予特别注意，对可能存在的权属争议未进一步调查核实，存在不当。鉴于案涉房屋未进行产权分割、程某葆及其三子均享有法定继承权，被告将该不动产登记为程某葆单独所有，缺乏客观事实依据，依法应予撤销"[1]。据此可知，人民法院关于"关于案涉房屋权属可能存在的继承析产等问题，第三人程某葆作为权利主体，对房屋是否属于婚后共同财产、配偶死亡后是否进行分割等情况应当有所认识，但其在申请时仍作为个人单独所有、无其他共有权人的不动产进行登记，有违诚实信用原则。被告对上述问题虽向申请人程某葆进行了询问，但对该申请人年过八旬、子女陪同等情况未予特别注意，对可能存在的权属争议未进一步调查核实，存在不当"的认为表明，登记机构

---

[1] 江苏省苏州市姑苏区人民法院："原告朱某不服被告某国土资源局不动产行政登记"，http://police.news.sohu.com，访问日期：2022 年 5 月 7 日。

应当对申请人申请登记的房屋权属是否清晰进行实质审查，即在司法实务中，有人民法院认为不动产登记审查是实质审查。

三、形式审查与实质审查相结合的模式

形式审查与实质审查相结合，指登记机构对申请人提出的不动产登记申请进行审查时，对登记机构自身出具或提供的材料实施实质审查，对非登记机构出具或提供的材料实施形式审查的审查模式。即登记机构对其颁发的不动产权属证书或其提供的不动产登记资料查询证明等实施实质审查，但对申请人提交的其他用于登记的文件或资料形式上符合法定要求即可，至于申请登记的不动产权利或其他相关事项是否客观真实，设立、变更、转移和消灭不动产权利或其他相关事项的行为是否合法且有无瑕疵，则无须过问。如某人申请不动产抵押权登记时，按要求提交了不动产权属证书、抵押合同、借款合同等登记申请材料，登记机构须对不动产权属证书的合法性、真实性、关联性进行全面审查，抵押合同、借款合同等其他登记申请材料只要符合法定形式即可，至于其是否合法、真实则无须过问。

四、我国的不动产登记审查模式

如前所述，我国的不动产登记审查是形式审查模式，还是实质审查模式，抑或是形式审查与实质审查相结合的模式？现时有效的法律、法规、规章和政策均没有作明确规定。

（1）《民法典》第二百一十四条规定，不动产物权的设立、变更、转让和消灭，依照法律规定应当登记的，自记载于不动产登记簿时发生效力。该法第二百一十五条规定，当事人之间订立有关设立、变更、转让和消灭不动产物权的合同，除法律另有规定或者当事人另有约定外，自合同成立时生效；未办理物权登记的，不影响合同效力。据此可知，法律的规定严格区分物权与债权，一般情形下，基于合同等民事法律行为产生的不动产物权设立、变更、转让和消灭，自记载于登记簿上时起生效，换言

之，一般情形下，记载于登记簿是基于合同等民事法律行为产生的不动产物权设立、变更、转让和消灭生效的条件。因此，我国的不动产登记审查具有实质审查的特点。

（2）《民法典》第二百一十六条规定，不动产登记簿是物权归属和内容的根据。质言之，不动产登记簿记载的内容是有公信力的。不动产物权登记的公信力，指登记机关在登记簿册上所做的不动产物权登记，具有使社会公众信其正确的法律效力。基于登记簿册的登记的公信力，即便登记有错误或有遗漏，因相信登记正确而与登记名义人（登记簿上所记载的物权人）进行交易的善意第三人，其所得的利益也受法律保护[1]。据此可知，法律的规定再次表明，我国的不动产登记审查具有实质审查的特点。

（3）按《民法典》第二百一十二条第一款第（一）项规定，登记机构对申请人提交的登记申请材料有查验的职责。《不动产登记暂行条例》第十六条第一款规定："申请人应当提交下列材料，并对申请材料的真实性负责：（一）登记申请书；（二）申请人、代理人身份证明材料、授权委托书；（三）相关的不动产权属来源证明材料、登记原因证明文件、不动产权属证书；（四）不动产界址、空间界限、面积等材料；（五）与他人利害关系的说明材料；（六）法律、行政法规以及本条例实施细则规定的其他材料。"据此可知，虽然法律规定了登记机构对申请人提交的登记申请材料有审查的责任，行政法规又明确规定登记申请材料的真实性由申请人负责，但登记机构是否对申请人提交的登记申请材料的真实性和产生不动产登记申请材料的民事法律行为的合法性进行审查，法律、行政法规均没有作规定。因此，法律、行政法规的规定又表明我国的不动产登记审查具有形式审查的特点。

如前所述，我国的不动产登记虽然兼具形式审查和实质审查的特点，但笔者认为，我国的不动产登记审查，既不是形式审查，也不是实质审查。那么，我国的不动产登记审查究竟是什么审查模式呢？

---

[1] 陈华彬：《物权法》，法律出版社2004年版，第160页。

第二章　不动产登记审查模式和审查方法

按《民法典》第二百一十二条规定，查验申请人提供的权属证明和其他必要材料是登记机构的职责，且申请登记的不动产的有关情况需要进一步证明的，登记机构可以要求申请人补充材料，必要时可以实地查看。据此可知，登记机构对不动产登记的审查，是基于申请人申请登记的内容，对申请人提交的不动产登记申请材料进行审查，被不动产登记申请材料证明的申请登记的内容满足登记要求的，登记机构核准登记，需要进一步证明申请登记的内容满足登记要求的，登记机构可以要求申请人补充材料，必要时可以实地查看。笔者据此认为，我国的不动产登记审查模式实质上是以不动产登记申请材料为中心进行的审查，即证据审查。登记机构如何实施证据审查？

登记机构如何实施证据审查，与其履行的不动产登记审查职责密切相关。关于登记机构在不动产登记审查中履行什么样的职责，法律、行政法规、规章和政策均没有作规定。在司法实务中，《最高人民法院关于审理房屋登记案件若干问题的规定》（法释〔2010〕15号）第十二条规定，申请人提供虚假材料办理房屋登记，给原告造成损害，房屋登记机构未尽合理审慎职责的，应当根据其过错程度及其在损害发生中所起作用承担相应的赔偿责任。据此可知，登记机构办理的房屋登记产生诉讼时，人民法院认为登记机构在房屋登记审查中履行的是合理审慎的职责。申言之，登记机构实施不动产登记审查时应当履行的是合理审慎的职责。何谓合理审慎的职责？笔者认为，所谓合理审慎的职责，是指登记机构在现有的设备、设施条件下，对申请人或其代理人提交的申请材料、嘱托机关送达或发送的嘱托登记材料的合法性、真实性和关联性尽到力所能及的注意义务。所谓力所能及的注意义务，笔者认为：一是关于登记机构自身制作、出具的不动产权属证书、不动产登记查询证明等材料，登记机构须以专业的认知标准对该类材料的合法性、真实性、关联性作出判断。换言之，登记机构自身制作、出具的材料作为不动产登记材料的，登记机构对该类材料进行审查时，对其合法性、真实性、关联性承担完全责任。二是关于非登记机构制作、出具的其他材料，登记机构则以一般社会人的认知标准对该类材料的合法性、真实性、关联性作出判断。所谓一般社会人的认知标准，笔者认为，是指具有完全民事行为能力的人，在冷静、清醒的状态下，对非由登记机构制作、出具的不动产登记材料的合法性、真实性、关联性应当具有的社会公允的认知水平。如对住房买卖合同，合同载明的买卖标的物是登记在卖方名下的商品房，买卖合同上有买卖双方的签名和合同签订时间，合同上没有另外约定合同的生效时间和条件。对一般的社会人而言，该住房买卖合同就是合法、真实且与申请的转移登记直接相关的合同。

第二节 不动产登记审查方法

登记机构实施不动产登记审查的方法主要有：一是查验登记申请材料或嘱托登记材料、查询核对登记簿与登记档案材料；二是询问申请人；三是实地查看不动产；四是公告等。

一、查验登记申请材料或嘱托登记材料、核对登记簿和登记档案材料

1. 查验登记申请材料或嘱托登记材料

查验登记申请材料或嘱托登记材料，是指登记机构对申请人或其代理人提交的登记申请材料、嘱托人送达或发送的嘱托登记材料进行检查、核对、比较、分析。检查、核对、比较、分析的主要内容有：一是通过查验，确认申请登记或嘱托登记的不动产权利或其他相关事项是否属于本登记机构的登记范围；二是通过查验，确认申请人或其代理人提交的登记申请材料、嘱托人送达或发送的嘱托登记材料是否齐全、真实，是否符合法定形式，确认可否受理该不动产登记申请，或在完成嘱托登记的情形下是否向嘱托机关提出审查建议；三是通过查验，确认登记申请人或其代理人是否适格；四是通过查验，确认申请方式（单方申请、双方申请）或嘱托方式是否合法；五是通过查验，确认申请人申请的不动产登记类型是否准确；六是通过查验，确认登记申请材料与申请登记的内容是否关联，登

申请材料相互间是否关联，确认嘱托登记材料与嘱托登记的内容是否关联，嘱托登记材料相互间是否关联等。

2. 查询核对登记簿、登记档案材料

查询核对登记簿、登记档案材料，是指申请人申请或嘱托人嘱托变更登记、转移登记、抵押权登记、异议登记等后续不动产登记时，不动产登记审核人员在对登记申请材料、嘱托登记材料进行审查后，根据审查需要，对相关的登记簿、登记档案材料进行查询、核对。查询、核对的主要内容有：一是核对不动产登记申请人与不动产登记簿上记载的权利人是否一致，再次审查申请人是否适格；二是核对申请登记或嘱托登记的不动产权利、其他相关事项与登记簿上记载的是否一致，以审查申请人申请或嘱托人嘱托的不动产登记是否具备前提；三是核对申请登记或嘱托登记的不动产上是否有有效的预告登记、查封登记、预查封登记、异议登记等限制权属变动、起提示或警示作用的不动产登记存在，以确定申请人申请或嘱托人嘱托的不动产登记可否办理；四是在对登记簿上记载的不动产权利或其他相关事项的权属存在疑问时，查阅存档的相关的不动产登记材料，核实其权属是否清晰、有效。

二、询问申请人

《民法典》第二百一十二条第一款第（二）项规定，就有关登记事项询问申请人是登记机构的职责。据此可知，询问申请人是登记机构办理因申请启动的不动产登记的必要程序。

在不动产登记实务中，《不动产登记操作规范（试行）》3.4.1 条规定："不动产登记机构工作人员应根据不同的申请登记事项询问申请人以下内容，并制作询问记录，以进一步了解有关情况：1. 申请登记的事项是否是申请人的真实意思表示；2. 申请登记的不动产是否存在共有人；3. 存在异议登记的，申请人是否知悉存在异议登记的情况；4. 不动产登记机构需要了解的其他与登记有关的内容。"据此可知，登记机构询问申请人，通过申请人的回答：一是佐证申请登记的内容是否合法、真实。如办理不动产继承转移登记时，询问申请人是否遗漏或隐瞒了其他继承人，根据其回答佐证由其单独申请的继承转移登记的内容是否合法、真实。再如办理房地产转移登记时，询问申请人中的买方，房地产转移登记为其单独所有，还是转移登记为其和配偶或其他人共同所有，根据其回答结合其提交的登记申请材料确定登记簿上记载的该房地产转移登记的共有情况。二是提醒或警示申请人不依法申请登记可能要承担不利后果。如办理因利害关系人申请的异议登记时，询问申请人是否知道异议登记不当给他人造成损害的要承担法律责任。

如前所述，询问申请人是登记机构办理因申请启动的不动产登记时的必要程序，即询问申请人只适用于依申请启动的不动产登记，不适用于依嘱托启动的不动产登记和登记机构自身依法定职权启动的不动产登记。证明登记机构履行询问申请人职责的凭证是其留存于不动产登记档案中的询问笔录。

三、实地查看不动产

按《民法典》第二百一十二条第二款规定，必要时实地查看不动产是登记机构的职责。在不动产登记实务中，《不动产登记暂行条例实施细则》第十六条规定："不动产登记机构进行实地查看，重点查看下列情况：（一）房屋等建筑物、构筑物所有权首次登记，查看房屋坐落及其建造完成等情况；（二）在建建筑物抵押权登记，查看抵押的在建建筑物坐落及其建造等情况；（三）因不动产灭失导致的注销登记，查看不动产灭失等情况。"《不动产登记操作规范（试行）》4.5.2条规定，实地查看应由不动产登记机构工作人员参加，查看人员应对查看对象拍照，填写实地查看记录。现场照片及查看记录应归档。据此可知，法律、规章和政策的规定明确了登记机构应当实地查看不动产的情形，且查看时要做好实地查看记录，查看后，要保存好实地查看记录。从本质上讲，法律、规章和政策关于登记机构实地查看不动产的规定是落实行政程序法上的调查制度。行政

第二章 不动产登记审查模式和审查方法

程序法上的调查制度,是指行政机关查明事实并收集证据的程序制度,主要体现公正原则[①]。在不动产登记实务中落实调查制度的目的,是使登记机构在实施不动产登记行为时,能客观、公正地处理登记事宜,以确保登记簿记载内容的合法、真实、有效。

1. 实地查看申请所有权首次登记的房屋等建筑物、构筑物

实地查看申请所有权首次登记的房屋等建筑物、构筑物:一是查看该房屋等建筑物、构筑物的用地材料、规划材料、登记申请书等登记申请材料上的坐落与实地是否一致或是否对应;二是查看该房屋等建筑物、构筑物是否已经全部竣工;三是查看该房屋等建筑物、构筑物的建造情况与申请材料、不动产权籍调查成果报告和规划条件是否一致等。

2. 实地查看作为抵押物的在建建筑物

实地查看作为抵押物的在建建筑物:一是查看作为抵押物的在建建筑物是否处于正在建造状态。关于在建建筑物的判定标准,笔者认为,应当以该建筑物的基础已完工为下限,基础是建筑物不可或缺的组成部分,基础已完工,建筑物具备了最主要的组成部分之一,才可以称之为正在建造的建筑物。如果基础没有完工,建筑物不具备最主要的组成部分,称之为正在建造的建筑物实在有些牵强。上限应当以建筑物(房屋)的主要工程量是否完工为标准,即已经封顶且窗和进出的门齐备,水、电、气、光纤等主要项目已经完工,此情形下,建筑物(房屋)的基本功能已经具备,不再是正在建造的建筑物。概言之,建设工程是在建建筑物,还是建筑物(房屋),不以其是否办理竣工验收手续为准,应当以建筑物(房屋)的主要工程量是否完工为准。二是查看该在建建筑物的用地材料、规划材料、登记申请书等登记申请材料上的坐落与实地是否一致或是否对应。三是查看作为抵押物的部分是否已经建成。四是查看作为抵押物的部分的建造情况与申请材料、不动产权籍调查成果报告和规划条件是否一致等。

[①] 王连昌、马怀德:《行政法学》,中国政法大学出版社2002年版,第223页。

3. 实地查看申请注销登记的已灭失的不动产

实地查看申请注销登记的已灭失的不动产：一是查看不动产的实地坐落与登记申请书、登记簿上记载的不动产的坐落是否一致；二是查看申请注销登记的不动产是否已经全部灭失等。

4. 实地查看不动产记录的保存

实地查看不动产记录是登记机构履行不动产登记审查职责的证明材料，也是申请登记的不动产内容合法、真实、有效的佐证材料，是当然的不动产登记的证据材料，应当归入不动产登记案卷保存。

四、公告

公告，是指将相关事项告知公众，使其知晓的意思。不动产登记实务中的公告，是登记机构实施不动产登记审查的一种手段，即通过将申请人申请登记的相关事项向不特定的社会公众广而告之，使其知晓，抉择是否对公告内容提出异议或意见，便于登记机构查清申请登记的相关事项是否合法、是否真实、是否有效，以确保不动产登记的质量和权威。

（一）适用公告的法定情形

在不动产登记实务中，《不动产登记暂行条例实施细则》第十七条第一款规定："有下列情形之一的，不动产登记机构应当在登记事项记载于登记簿前进行公告，但涉及国家秘密的除外：（一）政府组织的集体土地所有权登记；（二）宅基地使用权及房屋所有权，集体建设用地使用权及建筑物、构筑物所有权，土地承包经营权等不动产权利的首次登记；（三）依职权更正登记；（四）依职权注销登记；（五）法律、行政法规规定的其他情形。"据此可知，《不动产登记暂行条例实施细则》以具体列举加概括的方式规定了登记机构办理不动产登记时应当履行公告职责的情形。其中：一是政府组织的集体土地所有权登记，不仅是指对不动产登记机构有领导权的县级以上人民政府组织的集体土地所有权登记，也包括乡镇人民政府组织的集体土地所有权登记；二是登记机构依法分别办理宅基

第二章 不动产登记审查模式和审查方法

地使用权、集体建设用地使用权、地上房屋所有权首次登记的情形下，每次办理首次登记都应当将拟登记事项予以公告；三是依职权更正登记和依职权注销登记中的职权，是指法律、法规、规章和政策的规定明确授予登记机构办理更正登记、注销登记的职权。

（二）公告的内容

在不动产登记实务中，《不动产登记暂行条例实施细则》第十八条规定："不动产登记公告的主要内容包括：（一）拟予登记的不动产权利人的姓名或者名称；（二）拟予登记的不动产坐落、面积、用途、权利类型等；（三）提出异议的期限、方式和受理机构；（四）需要公告的其他事项。"据此可知，《不动产登记暂行条例实施细则》规定了公告应当具备的内容，但笔者认为，如果公告适用于政府组织的集体土地所有权登记，宅基地使用权及地上房屋所有权首次登记，集体建设用地使用权及地上建筑物、构筑物所有权首次登记，土地承包经营权首次登记，依职权注销登记时，《不动产登记暂行条例实施细则》规定的公告内容自无可言。但是，如果公告适用于依职权更正登记的情形下，公告内容还应当包括登记簿上现时记载的权利人姓名或名称、不动产单元代码等。因此，笔者对公告的内容阐释如下。

1. 当事人的姓名或名称

（1）首次登记。

公告适用于首次登记的情形下，当事人的姓名或名称为拟登记的不动产权利人的姓名或者名称。

（2）依职权注销登记。

公告适用于依职权注销登记的情形下，当事人的姓名或名称为登记簿上现时记载的不动产权利人的姓名或名称，即被注销的不动产权利的权利人的姓名或名称。

（3）依职权更正登记。

公告适用于依职权更正登记的情形下，拟更正登记簿上记载的不动产权利人的，当事人的姓名或名称为登记簿上现时记载的不动产权利人的姓名或名称、作为拟登记内容的不动产权利人的姓名或名称。不更正登记簿上记载的不动产权利人的，当事人的姓名或名称为登记簿上现时记载的不动产权利人的姓名或名称。

2. 不动产坐落、面积、用途、权利类型等

（1）首次登记。

公告适用于首次登记的情形下，不动产坐落、面积、用途、权利类型等为拟登记的不动产的坐落、面积、用途、权利类型等。

（2）依职权注销登记。

公告适用于依职权注销登记的情形下，不动产坐落、面积、用途、权利类型等为登记簿上现时记载的不动产的坐落、面积、用途、权利类型等。

（3）依职权更正登记。

公告适用于依职权更正登记的情形下，不动产坐落、面积、用途、权利类型等为登记簿上现时记载的不动产的坐落、面积、用途、权利类型等以及作为拟更正登记内容的不动产的坐落、面积、用途、权利类型等。

3. 提出异议的期限、方式和受理机构

提出异议的期限，以"某年某月某日"的方式表示，如"本机构受理异议的时间为某年某月某日至某年某月某日，逾期不再受理"或"有异议者，请于某年某月某日前向本机构提出，逾期不再受理"。提出异议的方式，主要告知有异议者以书面、电子邮件、在登记机构的门户网站留言等方式提出。提出异议的受理机构，主要告知具体接受异议的机构名称及该机构的地址等。

（三）公告的发布场所和公告期限

在不动产登记实务中，按《不动产登记暂行条例实施细则》第十七条第二款规定，公告应当在不动产登记机构门户网站以及不动产所在地等指定场所进行，公告期不少于15个工作日。据此可知，《不动产登记暂行条

第二章 不动产登记审查模式和审查方法

例实施细则》的规定明确了公告的发布场所和公告期限。

1. 公告的发布场所

按《不动产登记暂行条例实施细则》规定，公告发布的场所是不动产登记机构门户网站和不动产所在地等登记机构指定的其他场所。笔者据此认为，公告同时在登记机构的门户网站和不动产所在地等指定场所发布的，才是合法的：一是将公告发布在登记机构的门户网站和张贴在登记机构的办公场所专门设置的公告栏，是因为访问登记机构的门户网站或到登记机构的办公场所的人员多数是办理不动产登记或者查询、了解、咨询与不动产登记相关事宜的人员，对登记机构在其门户网站或办公场所专门设置的公告栏上发布（张贴）的公告比较关注，可以从"线"上将公告内容送达社会公众。当然，登记机构是否在其办公场所设置的公告栏张贴公告，由登记机构裁量决定，笔者倾向于张贴之。二是将公告发布（张贴）在申请登记的不动产所在地，是因为不动产所在地的人们对该不动产的相关情况可能有所知晓，可以从"点"上将公告内容送达社会公众。概言之，"线"上和"点"上相结合，将公告内容送达社会公众，公告的受众有广度也有深度。

在《不动产登记暂行条例实施细则》规定应当公告的情形下，公告是不动产登记审查中的一个环节，因此，如果是在不动产登记机构的门户网站发布公告的，公告发布后，登记机构应当将公告所在的网页截屏并转化为纸介质资料后归入不动产登记案卷。如果是在登记机构的办公场所、不动产所在地等登记机构指定的场所张贴公告的，公告张贴后，登记机构应当将有张贴人和公告的相片归入不动产登记案卷。概言之，公告发布后，登记机构应当将公告的发布情况纸质化后归入不动产登记案卷，以证明自己履行了发布公告的职责，从而佐证不动产登记程序的充分性。

2. 公告期限

《不动产登记暂行条例实施细则》规定，公告期不少于十五个工作日即符合其规定，但《不动产登记暂行条例实施细则》只规定了公告期间的下限，没有规定公告期间的上限，因此，公告期间的上限由登记机构根据不动产登记的审查情况自行决定。笔者认为，《不动产登记暂行条例》第二十条规定，不动产登记机构应当自受理登记申请之日起 30 个工作日内办结不动产登记手续，法律另有规定的除外。据此可知，一般情形下，不动产登记机构自受理申请人提交的不动产登记申请之日起，办结不动产登记的最长时限是 30 个工作日。基于行政效益原则，参考行政法规关于不动产登记机构办结不动产登记的最长时限，将公告期限的上限确定为 30 个工作日为宜，即公告期间为 15~30 个工作日。所谓行政效益原则，又称效率原则，是指行政法律制度以及管理行政行为要以较小的经济耗费获取最大的社会效果。行政管理的高效对公民来说本身就意味着一种效益，能为公民提供更多的发展机会，与行政法的目的相一致[1]。

（四）公告的作用

公告的作用主要有：一是约束登记机构和行政相对人（登记申请人或其代理人）。登记机构将不动产登记的有关情况以公告的形式告知公众，有政务公开，接受公众监督的意思表示，承诺将公告中载明的不动产登记中的有关权利义务置于公众的监督之下，无论登记机构还是行政相对人都应在监督之下行使权利或履行义务。二是作证据之用。根据《最高人民法院关于适用〈中华人民共和国行政诉讼法〉的解释》（法释〔2018〕1 号）的有关规定，不动产公告是登记机构依职权作出的书面证据，它可以证明：① 就不动产登记情况向公众征询无异议的，作权利归属的证据之一；② 催告、促使不动产权利人或利害关系人主张权利的公告，可以证明登记机构履行了告之义务和"合理审慎的注意"义务，当然，也可以作为产生行政复议或行政诉讼时效起算点的证据；③ 约束登记机构和行政相对人的公告，结合公告后登记机构的行政行为，可以证明登记机构是否依法行政、依程序行政，行政相对人是否依法行使权利和履行义务。

---

[1] 马怀德：《行政法学》，中国政法大学出版社 2007 年版，第 61 页。

（五）登记机构自行启动公告的合法性探讨

《民法典》第二百一十二条规定："登记机构应当履行下列职责：（一）查验申请人提供的权属证明和其他必要材料；（二）就有关登记事项询问申请人；（三）如实、及时登记有关事项；（四）法律、行政法规规定的其他职责。申请登记的不动产的有关情况需要进一步证明的，登记机构可以要求申请人补充材料，必要时可以实地查看。"《不动产登记暂行条例》第十五条规定："不动产登记机构受理不动产登记申请后，还应当对下列内容进行查验：（一）申请人、委托代理人身份证明材料以及授权委托书与申请主体是否一致；（二）权属来源材料或者登记原因文件与申请登记的内容是否一致；（三）不动产界址、空间界限、面积等权籍调查成果是否完备，权属是否清楚、界址是否清晰、面积是否准确；（四）法律、行政法规规定的完税或者缴费凭证是否齐全。"据此可知，如前所述，登记机构对申请人提交的登记申请材料的合法性、真实性和关联性有审查之责，审查的方式或手段有核对登记申请材料、询问申请人、实地查看不动产等。笔者据此认为，公告也属于登记机构履行审查登记申请材料的合法性、真实性和关联性之责的审查方式或手段之一。申言之，登记机构自行启动的公告符合法律和行政法规的规定，与"法无授权不可为"的行政法原则并不相悖，但公告期间应当计入登记办结时限。

此外，不动产登记的审查方法还有通过办公电话、走访、发送电子邮件（E-mail）等方式向相关当事人或知情人、相关机构或组织核实相关情况等。

第三节　登记机构内部的不动产登记审查分工

关于登记机构内部的不动产登记审查分工，法律、法规、规章和政策均没有明确的规定。一般情形下，有的登记机构实行的是二审制，即不动产登记审查由受理审查、综合审查两个环节组成。有的登记机构实行的是三审制，即不动产登记审查由受理审查、复核和综合审查三个环节组成，将二审制中综合审查环节的一些审查内容分离给复核环节。如前所述，不动产登记是以办理个案为主要内容的工作，且不动产登记涉及的法律关系复杂，政策性和技术性强，有明确不动产权利或其他相关事项归属的功能，关系到当事人的实际权益，承担着维护不动产市场秩序的重任，社会的关注度高，因此，不动产登记结果应当合法、真实、有效。基于此，直接决定不动产登记结果的不动产登记审查是不能出错的环节，必须合法、合理、客观、谨慎、可行。实行二审制的，审查环节少，效率高，但少了一个把关层次。实行三审制的，多一个把关层次，可以有效防止审查错误发生，但审查层次多，降低了工作效率。笔者认为，不管是实行二审制还是实行三审制，由登记机构根据自身的审查工作开展情况、审查人员素质和数量决定，适合自身的就是最好的，但须将不动产登记审查的内容细化、落实到各个环节，强调后一环节对前一环节的审查内容有复核的义务，通过不同的审查人员对相同的审查内容进行复核，可以及时发现前一审查环节的疏忽，及时予以修正，以提高审查质量，保证不动产登记结果的合法、有效。基于慎重原则，笔者倾向于实行三审制。

一、受理审查

登记机构接收不动产登记申请材料、嘱托登记材料后对其是否满足受理要求进行审查，审查的内容主要有：一是审查申请登记的内容、嘱托登记的内容是否属于本登记机构实施登记的范围；二是审查不动产登记申请人、不动产登记嘱托人是否适格；三是审查不动产登记申请材料是否齐全、是否符合法定形式，核对嘱托登记材料是否齐全、是否匹配、是否符合法定形式；四是依法对不动产登记申请人实施询问等。受理审查完毕后，须作出受理审查结论。不予受理的，书面告知申请人：不予受理的决定、理由、依据，申请行政复议的期限和受理行政复议申请的行政机关的名称，提起行政诉讼的期限和受理行政诉讼的人民法院的名称。予以受理的：一是向申请人出具受理通知书或收件清单。在嘱托人的送达回证上签名。二是签署受理意见后向复核人员移送不动产登记材料。

二、复核

复核是指复核人员对受理人员移送的申请人申请的或嘱托人嘱托的不动产登记是否满足受理要求、是否满足登记要求进行审查。主要内容有：一是进一步审查申请登记的不动产权利或其他相关事项是否属于本登记机构的登记范围；二是进一步审查不动产登记申请材料是否齐全有效、是否符合法定形式，进一步核对嘱托登记材料是否齐全、是否匹配、是否符合法定形式；三是审查申请人、代理人的身份证明材料及授权委托书与申请主体是否一致或是否对应，审查嘱托登记承办人员的工作身份证明是否真实、有效；四是登记原因材料与登记申请书上申请登记的内容是否一致或是否对应；五是申请登记的不动产界址、面积等权籍调查成果是否完备，权属是否清楚、界址是否清晰、面积是否准确；六是登记申请材料载明的内容是否满足登记簿记载的要求；七是申请登记的不动产或嘱托登记的不动产是否符合不动产单元的设定条件；八是申请登记的事项与不动产登记簿上的既有记载是否相冲突；九是因处分不动产申请的登记或嘱托的登记，该不动产在登记簿上是否有有效的查封登记、预告登记等限制处分的登记存在；十是因处分不动产申请的登记或嘱托的登记，地上定作物与其占用范围内（分摊取得）的土地权利主体是否同一且是否一并登记；十一是实地查看不动产、发布公告等。复核完毕后，对不满足登记要求的作不予登记处理，并书面告知申请人：不予登记决定、理由和依据，申请行政复议的时限和受理行政复议申请的行政机关的名称，提起行政诉讼的时限和受理行政诉讼的人民法院的名称。对满足登记要求的，签署复核意见后向综合审查人员移送不动产登记材料。

三、综合审查

综合审查是指综合审查人员对复核人员移送的不动产登记材料的合法性、真实性和关联性进行全面审查。对不满足登记要求的作不予登记处理，并书面告知申请人：不予登记决定、理由和依据，申请行政复议的时限和受理行政复议申请的行政机关的名称，提起行政诉讼的时限和受理行政诉讼的人民法院的名称。对满足登记要求的，签署审查意见后，将不动产权利或其他相关事项记载在登记簿上，或将不动产登记材料移送给专门的登簿人员，由其将不动产权利或其他相关事项记载在登记簿上。

第三章　不动产登记的合法性审查

按《行政复议法》第三条第（三）项规定，行政复议机关审查行政复议案件，须审查申请行政复议的具体行政行为是否合法与适当。《行政诉讼法》第六条规定，人民法院审理行政案件，对行政行为是否合法进行审查。据此可知，如前所述，登记机构办理的不动产登记属于具体行政行为，产生行政复议、行政诉讼时，行政复议机关、人民法院须审查该不动产登记的合法性。鉴于此，笔者认为，不动产登记的合法性审查，是指登记机构对依申请启动的不动产登记、依嘱托启动的不动产登记和登记机构自身依法定职权启动的不动产登记是否符合法律、法规的规定进行检查、核对、比较、分析。不动产登记的合法性审查与登记簿上记载的不动产权利或其他相关事项的合法性直接相关。

第一节　不动产登记职权的合法性审查

行政主体必须在自己的事务管辖权、地域管辖权和级别管辖权范围内作出行政行为[①]，否则该行政行为无效。如前所述，不动产登记属于具体行政行为，因此，登记机构应当在其不动产登记职权范围内办理不动产登记。对登记机构的不动产登记职权的合法性审查，是指登记机构对依申请启动的不动产登记、依嘱托启动的不动产登记是否属于本登记机构的法定职权进行审查。对不动产登记职权的合法性审查要点有：第一，是否存在对上越权或对下越权，即不动产登记是该本登记机构办理，还是该上级登记机构办理或该下级登记机构办理；第二，是否存在区域越权，即不动产登记是该本登记机构办理，还是该邻县、市的不动产登记机构办理。

---

① 王连昌、马怀德等：《行政法学》，中国政法大学出版社2002年版，第148页。

一、是否存在对上越权、对下越权

《民法典》第二百一十条第一款规定，不动产登记，由不动产所在地的登记机构办理。在不动产登记实务中，《不动产登记暂行条例实施细则》第四条第一款、第二款规定，国务院确定的重点国有林区的森林、林木和林地，由国土资源部（即现时的自然资源部[①]）受理并会同有关部门办理，依法向权利人核发不动产权属证书。国务院批准的项目用海、用岛的登记，由国土资源部受理，依法向权利人核发不动产权属证书。据此可知，我国的不动产登记以属地管理为原则，以级别管理为例外，即一般情形下，县、市行政区域范围内的不动产登记由该行政区域范围内的不动产登记机构办理，但国务院确定的国家重点林区的森林、林木和林地，中央国家机关使用的国有土地等不动产登记，由国务院自然资源主管部门办理。概言之，国务院确定的国家重点林区的森林、林木和林地，中央国家机关使用的国有土地等不动产虽然位于某县、市的行政区域范围内，但其登记管辖权由国务院自然资源主管部门行使，该不动产所在县、市的登记机构不得对其行使登记管辖权。若该不动产所在县、市的登记机构对其行使登记管辖权的，属于对上越权行政。除国务院确定的国家重点林区的森林、林木和林地，中央国家机关使用的国有土地等之外的不动产登记，由所在行政区域内的不动产登记机构办理，若国务院自然资源主管部门办理之，则属于向下越权。

二、是否存在区域越权

因我国社会、经济处于多元化、快速发展阶段，跨行政区域打造、建设的高新经济技术开发区、工业集中区等日益增加，为了方便生产、加工等需要，地上建筑物、构筑物跨行政区域建设的情形时有出现。在农业产业化、集约化发展中，跨行政区域成片流转土地营造经济林、建造蔬菜大棚等情形也时有出现。此类情形下，跨行政区域建造的建筑

[①] 笔者注，下同。

物、构筑物、林木、蔬菜大棚等不动产登记由哪个行政区域的登记机构办理？如前所述，不动产登记实行属地管理原则，但是，《不动产登记暂行条例》第七条第二款规定，跨县级行政区域的不动产登记，由所跨县级行政区域的不动产登记机构分别办理。不能分别办理的，由所跨县级行政区域的不动产登记机构协商办理；协商不成的，由共同的上一级人民政府不动产登记主管部门指定办理。据此可知，一般情形下，不动产登记由该不动产所在行政区域内的登记机构办理。跨行政区域的不动产登记，由相关的行政区域的登记机构协商达成一致后，由其中的一个登记机构办理；协商不成的，由对所跨行政区域有管辖权的人民政府的不动产登记机构，在相关的行政区域的登记机构中指定一个登记机构办理。因此，如果登记机构在没有与相关登记机构协商一致的情形下，或没有取得有权的上级登记机构指定管辖的情形下，办理跨行政区域的不动产登记的，构成区域越权。

按《不动产登记暂行条例》第十七条第一款第（四）项规定，申请登记的不动产不属于本机构登记范围的，登记机构应当当场书面告知申请人不予受理并告知申请人向有登记权的机构申请。据此可知，在受理环节，登记机构对申请人的不动产登记申请进行审查后，对本登记机构没有登记管辖权的不动产登记申请，应当作出不予受理的审查决定，审查决定应当书面送达申请人，审查决定应当包括：不予受理决定、理由和依据、对该不动产有登记管辖权的登记机构名称、申请行政复议的期限和受理行政复议的行政机关名称、提起行政诉讼的期限和受理行政诉讼的人民法院的名称。反之，登记机构对没有登记管辖权的不动产办理了不动产登记的，属于越权登记，属于超越职权行政。

三、越权登记的法律后果

按《行政诉讼法》第七十条第（四）项规定，诉讼中，超越职权的行政行为，人民法院可以判决撤销或者部分撤销，并可以判决被告重新作出行政行为。按《行政复议法》第二十八条第（三）项之4规定，超越职权的具体行政行为，行政复议机关可以决定撤销、变更或者确认该具体行政行为违法，也可以责令作为被申请人的行政机关重新作出具体行政行为。据此可知，登记机构越权办理的不动产登记产生行政诉讼、行政复议的，可能被人民法院判决撤销或被行政复议机关的决定撤销。在司法实务中，广东省佛山市顺德区人民法院在"原告李某贞诉佛山市某区某镇国土城建和水务局（以下简称某镇国土局）作出编号：001 号《不动产登记不予受理告知书》案"中认为"本案登记所涉房屋在佛山市某区内，该房屋涉及的登记事项属某区国土局的职权范围，被告也在庭审中确认，某区国土局已将某镇的房屋产权登记工作委托给某镇国土局实施，本案的《告知书》是以某镇国土局的名义作出。根据上述法律及规范性文件的规定某镇国土局以自己名义作出的涉案《告知书》超越职权，应予撤销，对原告的申请事项，应由被告重新作出行政行为"。[①]据此可知，人民法院的认为表明，登记机构超越职权作出的《不动产登记不予受理告知书》，在诉讼中会被人民法院判决撤销。

四、对依嘱托启动的越权登记的处理

一般情形下，嘱托机关在嘱托登记机构办理相关不动产登记前，应当向登记机构查询、咨询或函询相关情况，根据查询、咨询或函询情况向登记机构发出或送达嘱托文书，要求登记机构办理相关不动产登记。但在不动产登记实务中，由于种种原因，嘱托机关在没有向登记机构查询、咨询或函询相关情况的情形下，向登记机构发出或送达嘱托文书要求办理相关不动产登记的情形时有出现，如某人民法院向登记机构送达裁定书和协助执行通知书，要求登记机构将某公司位于某经济技术开发区的未办理首次登记的 15 幢厂房登记给申请执行人。登记机构经实地查看，查明 15 幢厂房中的 7 幢在邻县的行政区域范围内，有 2 幢跨本

[①] 广东省佛山市顺德区人民法院："原告李某贞诉佛山市某区某镇国土城建和水务局作出编号：001 号《不动产登记不予受理告知书》案"，http://police.news.sohu.com，访问日期：2022 年 4 月 26 日。

县和邻县的行政区域建造。此情形下，登记机构经审查，发现本登记机构对嘱托文书要求办理的不动产没有登记管辖权的，应当即时书面告知嘱托登记的人民法院本登记机构对其嘱托办理登记的不动产没有登记管辖权的事实、理由和依据，同时，告知该人民法院有登记管辖权的登记机构的名称和对跨区域的不动产有指定登记管辖权的上级人民政府的登记机构的名称。

第二节　不动产登记启动主体的合法性审查

不动产登记启动主体的合法性审查，是指登记机构对依申请启动不动产登记的主体、依嘱托启动不动产登记的主体是否符合法律、法规、规章和政策的规定进行审查，简言之，对启动不动产登记的申请人、嘱托机关是否适格作审查。

一、对不动产登记申请人的合法性审查

按《不动产登记暂行条例》第十四条规定，不动产权利设立、变更、转让或者消灭的，当事人可以依法申请不动产登记。在不动产登记实务中，按《不动产登记暂行条例实施细则》第十条、第十一条和第十二条规定，处分共有不动产申请登记的，应当经占份额三分之二以上的按份共有人或者全体共同共有人的同意并共同申请，但是共有人之间另有约定的除外。无民事行为能力人、限制民事行为能力人应当由其监护人代为申请不动产登记。当事人可以委托代理人向不动产登记机构申请不动产登记。按《不动产登记操作规范（试行）》2.1.3 条第一款规定，一般情形下，共有不动产的登记，应当由全体共有人共同申请。因此，对不动产登记申请人进行合法性审查的内容主要有：

（一）不动产登记申请人的合法性审查

不动产登记申请人，是指设立、变更、转移和消灭不动产权利或其他相关事项的自然人、法人或非法人组织，即登记机构对不动产登记申请人合法

性审查的要点有：查验其是否是基于合法、真实、相关的划拨用地批文、建设工程规划材料、土地出让合同、不动产转让合同、不动产抵押合同、不动产继承材料、不动产遗赠材料等不动产登记原因材料设立、变更、转移和消灭不动产权利或其他相关事项的权利人和义务人，这些权利人和义务人包括自然人、法人或非法人组织。其中，法人包括机关法人、事业单位法人、社会团体法人、企业法人、民办非企业法人、特别法人等。非法人组织包括企业性质的非法人组织、民办非企业的非法人组织等。

（二）实施不动产登记申请的自然人的合法性审查

1. 实施不动产登记申请的自然人应当具有完全民事行为能力

申请不动产登记的自然人须具有完全民事行为能力，换言之，不具有完全民事行为能力的自然人实施不动产登记申请不合法。按《民法典》第十七条至第二十二条规定：十八周岁以上的自然人，即成年人，具有完全民事行为能力；十六周岁以上十八周岁以下有独立生活来源的人，视为有完全民事行为能力的人；八周岁以上的未成年人及不能完全辨认自己行为的成年人是限制民事行为能力的人；八周岁以下的儿童及不能辨认自己行为的成年人是无民事行为能力的人。因此，登记机构对实施不动产登记申请的自然人是否具有完全民事行为能力的审查要点有：一是查验申请人提交的身份证明材料，看其是否是成年人。一般情形下，十八周岁以上的自然人为成年人，有完全民事行为能力，可以依法直接申请不动产登记。如果十六周岁以上十八周岁以下的未成年人申请不动产登记的，查验其是否提交经劳动人事部门鉴证的用工合同、以其名义领取的营业执照、社会保险金缴纳证明等有独立生活来源的证明。二是询问实施不动产登记申请的成年人，看其能否辨识自己申请登记的内容。如果其不能辨识自己申请登记的内容，不能正常接受登记机构的询问，不能在登记机构的引导下依法提交登记申请材料的，则其民事行为能力存疑，其申请不动产登记不适格。概言之，具有完全民事行为能力的人可以直接申请不动产登记，限制民事行为能力的自然人和无民事行为能力的自然人可以是不动产登记的申请人，但其不能直接申请不动产登记，由其监护人代为申请不动产登记。

2. 对申请不动产登记的视力残疾、听力残疾、言语残疾、肢体残疾等特殊自然人的合法性审查

在不动产登记实务中，视力残疾、听力残疾、言语残疾、肢体残疾等特殊的自然人申请不动产登记的情形时有出现，登记机构对此类特殊的自然人申请不动产登记的合法性审查的要点有：查验当事人能否在登记机构的引导下按要求提交登记申请材料，能否以点头、手势等肢体语言接受登记机构的询问，能否在登记申请书等材料上签名。当事人不能在登记机构的引导下按要求提交登记申请材料，不能以点头、手势等肢体语言接受登记机构的询问，且不能在登记申请书等材料上签署自己姓名的成年人，不能直接申请不动产登记，登记机构应当书面告知其委托代理人代为申请不动产登记。

视力残疾、听力残疾、言语残疾、肢体残疾等特殊的自然人不是法律规定的限制民事行为能力人或无民事行为能力人，只是因其特殊原因不能依靠自身的能力完成不动产登记，需要依其意思表示委托代理人代其完成不动产登记申请。限制民事行为能力人或无民事行为能力人由其依法产生的监护人代其完成不动产登记申请。此情形下，代理人与监护人的区别是：代理人由视力残疾、听力残疾、言语残疾、肢体残疾等特殊的自然人依自己的意思表示确定，监护人则不能依限制民事行为能力人或无民事行为能力人的意思表示产生，只能依法律的规定产生。当然，有完全民事行为能力人在成为限制民事行为能力人或无民事行为能力人前为自己确定监护人的情形除外。

3. 对不动产登记申请人中的共有人有无遗漏的审查

在不动产登记实务中，按《不动产登记操作规范（试行）》2.1.3 条第一款规定，一般情形下，共有不动产的登记，应当由全体共有人共同申请。笔者认为，申请不动产登记的共有人，是商品房买卖合同、土地经营权流转合同等登记原因材料上的权利人（如土地承包合同中的承包人）和义务人（如不动产抵押中的抵押人）。换言之，一般情形下，不是不动产登记原因材料上的权利人、义务人，不能作为共有人申请登记。因此，登记机构对不动产登记申请人中的共有人有无遗嘱的审查要点：查验不动产登记原因材料上的权利人、义务人是否全部申请不动产登记或委托代理人代为申请不动产登记。

按《民法典》第一千零六十二条、第一千零六十三条规定，一般情形下，婚姻关系存续期间取得的财产为夫妻的共同财产。因此，如果不动产登记原因材料上的权利人只有一个达到法定结婚年龄的自然人，但其提交有效的婚姻关系存续状况证明，请求其配偶作为共有人一并申请登记的，登记机构应当允许该自然人的配偶作为共有人与其共同申请不动产登记。如果该自然人申请将不动产登记为其单独所有的，登记机构通过询问确认其是否坚持将该不动产登记为单独所有，如果其坚持的，将该意思表示记载在询问笔录上后，允许其申请登记为单独所有，此情形下，登记机构对申请人申请登记的不动产共有情况和申请不动产登记的共有人是否有遗漏履行了合理审慎的查验职责。

《不动产登记暂行条例实施细则》第十条第一款规定，处分共有不动产申请登记的，应当经占份额三分之二以上的按份共有人或者全体共同共有人共同申请，但共有人另有约定的除外。据此可知，一般情形下，处分按份共有的不动产产生的登记，申请人为占份额三分之二以上的共有人；处分共同共有的不动产产生的登记，由全体共有人共同申请登记。因此，登记机构办理处分按份共有的不动产产生的登记时，应当审查实施不动产登记申请的共有人占有的份额是否在三分之二以上；处分共同共有的不动产产生的登记时，应当审查申请人是否是全体共有人；申请人基于共有人间的约定申请登记的，须审查申请人是否与该约定相符合。另外，登记机构办理因处分不动产产生的登记时，申请人提交登记簿制度建立前或不动产统一登记前产生的没有载明共有情况的国有土地使用权证、房屋所有权证等不动产权属证书作为申请材料的，应当查验是否有隐名共有存在，即申请人中不要遗漏隐名共有人。

第三章 不动产登记的合法性审查

隐名共有人，是指没有登记在不动产登记簿上或者没有反映在不动产权属证书上，但根据法律规定，又是法律意义上的不动产权利人的人。原《物权法》（2007年10月1日起实施）实施之前，不动产登记簿制度没有建立，不动产权利是否登记，以权利人持有合法、有效的权属证书为准，如《城市房地产管理法》第六十条规定，国家实行土地使用权和房屋所有权登记发证制度。原《城市房屋权属登记管理办法》（建设部令第99号）第五条规定，房屋权属证书是权利人依法拥有房屋所有权并对房屋行使占有、使用、收益和处分权利的唯一合法凭证。按该办法第十一条规定，共有的房屋，由共有人共同申请登记。综合上述第五条和第十一条的规定可知，没有向登记机构申请所有权登记并持有房屋所（共）有权证书的人，就不是法律意义上的房屋所有权人。换言之，该办法不承认隐名共有人的存在。但是，隐名共有人的存在却得到了同时期的法律的认可，即原《婚姻法》（1980年9月10日颁布）第十三条规定："夫妻在婚姻关系存续期间所得的财产，归夫妻共同所有，双方另有约定的除外。夫妻对共同所有的财产，有平等的处理权。"质言之，从法律上确立了夫妻在婚姻关系存续期间取得的财产是夫妻共同财产，当然也包括房屋等不动产，申言之，房屋所有权等不动产权利登记在夫或妻一方名下，另一方也是具有法律意义的共有权人。在同期的司法实务中，《最高人民法院关于人民法院审理离婚案件处理财产分割问题的若干具体意见》（1993年11月3日发布）第六条规定："一方婚前个人所有的财产，婚后由双方共同使用、经营、管理的，房屋和其他价值较大的生产资料经过8年，贵重的生活资料经过4年，可视为夫妻共同财产。"依据该规定，夫或妻婚前登记在一方名下的房屋所有权等不动产权利在婚姻关系存续期间经过8年的，也被视为夫妻共有，即同期的司法解释支持了隐名共有人的存在。因此，隐名共有人是不动产登记进程中的遗留问题，登记机构应当正确对待，即对原《物权法》实施前颁发的国有土地使用权证、房屋所有权证等不动产权属证书，没有载明共有情况的，申请人申请处分房屋等不动产产生的登记时，登记机构应当查明是否存在隐名共有人。在司法实务中,安徽省高级人民法院在"上诉人吉某因诉某自然资源和规划局(以下简称某资规局)房屋抵押登记一案"中查明:2006年3月28日,上诉人吉某与杨某栋登记结婚。2007年11月13日,杨某栋登记获取案涉房屋的房地产权证,房地产权证号为房地权蜀字第××号。2017年12月15日,杨某栋作为借款人与出借人蒋某元签订借款协议一份,约定由蒋某元借给杨某栋人民币160万元整,借款期限自签订协议当日至2018年6月14日。2017年12月15日,杨某栋作为抵押人与抵押权人蒋某元签订房产抵押合同一份,以案涉房产作为抵押,双方亦于当日签字确认案涉房产设定抵押权价值为160万元整。同日,双方提出抵押权设立登记申请,在登记受理机关的询问笔录上,杨某栋申明案涉房产系其单独所有,且"与他人无关,如有不实,自愿承担一切法律责任"。2017年12月18日,原某国土资源局制发皖(2017)某不动产证明第××号不动产登记证明,将杨某栋名下的案涉房产登记抵押权,抵押权人为蒋某元,抵押期限为2017年12月15日至2018年6月14日。安徽省高级人民法院认为"本案中,上诉人吉某于2006年3月28日与杨某栋登记结婚,案涉房屋所有权系两人夫妻关系存续期间取得,故依法应归其夫妻共同所有。以案涉房屋为抵押物申请抵押登记的,应当由杨某栋与吉某共同申请,除非夫妻两人另有约定。某资规局并无证据证明吉某同意或者明知而未反对杨某栋以案涉房屋设定抵押,亦无证据证明吉某提出了案涉房屋抵押登记申请或者吉某与杨某栋就该事项另有约定。故其在案涉房屋抵押合同、抵押登记申请中仅杨某栋一人签名而无吉某签名的情况下,未向吉某核实其是否同意以案涉房屋设定抵押,即作出本案被诉抵押登记行为,主要证据不足,违反法定程序"[1]。据此可知,人民法院查明的事实和认为表明,申请人或其代理人提交权利人于登记簿制度建立前(不动产统一登记前)权利人取得的未载明共有情况的房地产权证书等不动产权属证书

---

[1] 安徽省高级人民法院:"上诉人吉某因诉某自然资源和规划局房屋抵押登记一案",http://police.news.sohu.com,访问日期:2022年8月31日。

作为登记申请材料的,登记机构应当查验该不动产是否存在隐名共有人。

概言之,在不动产登记实务中,是否遗漏不动产登记申请人中的共有人是不动产登记合法性审查的重要内容。

4. 对代为申请不动产登记的监护人、代理人的合法性审查

登记机构对代为申请不动产登记的监护人、代理人的合法性审查的要点有:一是监护人、代理人是否具有完全民事行为能力;二是监护人是否持有有效的监护人资格证明,代理人是否持有有效的代理合同、委托书等代理手续。

(三)对作为不动产登记申请人的法人、非法人组织的合法性审查

1. 作为不动产登记申请人的法人、非法人组织应当是依法成立的法人、非法人组织

《民法典》第五十八条规定,法人应当依法成立。法人应当有自己的名称、组织机构、住所、财产或者经费。法人成立的具体条件和程序,依照法律、行政法规的规定。设立法人,法律、行政法规规定须经有关机关批准的,依照其规定。该法第一百零三条规定,非法人组织应当依照法律的规定登记。设立非法人组织,法律、行政法规规定须经有关机关批准的,依照其规定。按该法第一百零三条规定,非法人组织适用该法关于法人的一般规定。据此可知,法人、非法人组织应当依法成立,依法成立的标准是经有关机关批准或向有关机关登记后成立。因此,登记机构对法人、非法人组织依法成立的审查要点有:一是经登记才成立的法人、非法人组织,查验其是否提交登记机构颁发的登记证明,或登记机构专门为其出具的已依法登记成立的证明;二是经批准即成立的法人、非法人组织,查验其是否提交相关机关准予其成立的批文等。

2. 法人、非法人组织应当具有完全民事行为能力

《民法典》第五十九条规定,法人的民事权利能力和民事行为能力,从法人成立时产生,到法人终止时消灭。按该法第六十八条、第七十一条和《公司法》第一百八十四条规定,法人解散、被宣告破产的应当组织清

算。清理法人财产属于清算组的职权。该法第七十二条第一款规定，清算期间法人存续，但是不得从事与清算无关的活动。按该法第一百零三条规定，非法人组织适用该法关于法人的一般规定。据此可知，一般情形下，法人、非法人组织在存续期间有完全民事行为能力，但自清算时起，法人、非法人组织的民事行为能力受到限制，除其清算组开展清算活动外，不得从事其他活动。清算组代法人、非法人组织申请不动产登记属于清算活动中的财产清理。因此，登记机构对法人、非法人组织具有完全民事行为能力的审查要点是：查验其是否处于正常运行状态。处于正常运行状态的法人、非法人组织，具有完全民事行为能力。机关法人、事业单位法人、特别法人以外的法人、非法人组织处于清算状态的，其民事行为能力受到限制。

3. 对代法人、非法人组织申请不动产登记的清算组、管理人的合法性审查

（1）对清算组的合法性审查。

《民法典》第七十条规定，法人解散的，除合并或者分立的情形外，清算义务人应当及时组成清算组进行清算。法人的董事、理事等执行机构或者决策机构的成员为清算义务人。法律、行政法规另有规定的，依照其规定。清算义务人未及时履行清算义务，造成损害的，应当承担民事责任；主管机关或者利害关系人可以申请人民法院指定有关人员组成清算组进行清算。据此可知，法人、非法人组织解散前，应当组织清算。清算组可以由法人、非法人组织的董事、理事等执行机构或者决策机构的成员组织成立，也可以由人民法院指定成立。因此，登记机构对代法人、非法人组织申请不动产登记的清算组合法性的审查要点是：查验其是否提交法人的董事、理事等执行机构或者决策机构的成员组织成立清算组的证明，或人民法院指定成立清算组的证明。

（2）对管理人的合法性审查。

《企业破产法》第十三条规定，人民法院裁定受理破产申请的，应当同时指定管理人。该法第二十四条规定，管理人可以由有关部门、机构的人员组成的清算组或者依法设立的律师事务所、会计师事务所、破产清算事务所等社会中介机构担任。人民法院根据债务人的实际情况，可以在征询有关社会中介机构的意见后，指定该机构具备相关专业知识并取得执业资格的人员担任管理人。按该法第二十五条规定，接管债务人财产、调查债务人的财产状况属于管理人职权。据此可知，人民法院受理法人、非法人组织破产申请的，应当指定相关组织或个人为管理人，由管理人接管该法人、非法人组织的财产，调查其财产状况。管理人代法人、非法人组织申请不动产登记属于接管债务人财产、调查其财产状况的行为。因此，登记机构对代法人、非法人组织申请不动产登记的管理人合法性的审查要点是：查验其是否提交人民法院指定管理人的证明。

二、不动产登记嘱托机关的合法性审查

登记机构对嘱托其办理相关不动产登记的嘱托机关的合法性的审查要点是：查验该嘱托人是否是有权的国家机关，不能是其他组织。有权的国家机关主要有：一是人民法院、人民检察院；二是监察机关；三是各级人民政府（乡镇人民政府可以嘱托因收回宅基地使用权产生的注销登记）以及县级以上人民政府的公安机关、税务机关、国有资产管理机关等行政部门。

第三节　不动产登记内容的合法性审查

只有内容合法的登记行为才可能是合法的行政行为[①]。为了确保不动产登记的合法，登记机构须对不动产登记内容的合法性进行审查。不动产登记内容的合法性审查，是指登记机构对申请人申请的不动产登记类型、申请登记的不动产权利等不动产登记内容是否符合法律、法规、规章和政策的规定进行的审查。

---

① 王旭军：《不动产登记司法审查》，法律出版社2010年版，第63页。

一、申请登记、嘱托登记的不动产权利的合法性审查

《不动产登记暂行条例》第五条规定："下列不动产权利，依照本条例的规定办理登记：（一）集体土地所有权；（二）房屋等建筑物、构筑物所有权；（三）森林、林木所有权；（四）耕地、林地、草地等土地承包经营权；（五）建设用地使用权；（六）宅基地使用权；（七）海域使用权；（八）地役权；（九）抵押权；（十）法律规定需要登记的其他不动产权利。"据此可知，可以依法在登记簿上记载的不动产权利主要有：一是集体土地所有权，房屋等建筑物、构筑物所有权，森林、林木所有权等所有权；二是国有建设用地使用权、集体建设用地使用权、宅基地使用权、土地承包经营权、地役权、海域使用权等用益物权；三是抵押权，包括一般抵押权、最高额抵押权、在建建筑物抵押权等。此外，《民法典》第一百一十六条第一款规定，物权的种类和内容，由法律规定。《土地管理法》第十二条规定，土地的所有权和使用权的登记，依照有关不动产登记的法律、行政法规执行。依法登记的土地的所有权和使用权受法律保护，任何单位和个人不得侵犯。在不动产登记实务中，按《不动产登记暂行条例实施细则》第五十二条规定，以承包经营以外的合法方式使用国有农用地的国有农场、草场，以及使用国家所有的水域、滩涂等农用地进行农业生产，申请人可以申请国有农用地的使用权登记。据此可知，土地使用权是法律规定的可以在登记簿上记载的不动产物权种类，《不动产登记暂行条例实施细则》规定的申请人可以申请登记的国有农用地的使用权，是对法律规定的土地使用权种类的具体落实，即国有农用地使用权也是法律规定的可以记载在登记簿上的不动产物权。因此，国有农用地使用权，是指在国家所有的土地上依法设立的直接用于农业生产的用益物权，主要有耕地、林地、草地、农田水利用地、养殖水面等。因此，申请人申请登记、嘱托人嘱托登记的不动产权利是否合法的审查要点是：查验申请人申请登记、嘱托人嘱托登记的不动产权利是否属于前述的可以在登记簿上记载的不动产所有权、不动产用益物权、不动产抵押权等，属于该范围的，合法，否则，不合法。

二、申请人申请、嘱托人嘱托的不动产登记类型的合法性审查

不动产登记类型，是指基于启动不动产登记的原因应当适用的登记种类。它有两层含义：一是申请人、嘱托人应当申请、嘱托什么类型的不动产登记；二是登记机构根据申请人申请不动产登记的原因或嘱托人嘱托不动产登记的原因，决定适用什么类型的不动产登记。按《不动产登记暂行条例》第三条规定，不动产登记类型包括首次登记、变更登记、转移登记、注销登记、更正登记、异议登记、预告登记、查封登记等。据此可知，申请人申请、嘱托人嘱托的不动产登记类型和登记机构办理不动产登记时适用的登记类型，均不得超出这些登记类型的范围。不动产登记类型的适用关系到不动产权利或其他相关事项的设立、变更、转移和消灭，因此，不动产登记类型适用的合法性直接关系到不动产权利或其他相关事项的设立、变更、转移和消灭的效力，即不动产登记类型适用合法，基于此登记的不动产权利或其他相关事项的设立、变更、转移和消灭才具有法律上的效力。登记机构对不动产登记类型的适用基于申请人申请、嘱托机关嘱托的不动产登记类型，因此，登记机构应当审查申请人申请的登记类型和嘱托人嘱托的登记类型的合法性。登记机构根据申请人提交的登记申请材料和嘱托机关送达或发送的嘱托登记材料对不动产登记类型合法性的审查要点有：一是不动产权属或其他相关事项第一次记载在登记簿上的，查验是否申请、嘱托首次登记；二是不变更登记簿上记载的权利主体，变更登记簿上记载的权利客体、权利内容等的，查验是否申请、嘱托变更登记；三是只变更登记簿上记载的权利主体，其他内容不变的，是否申请、嘱托转移登记；四是消灭登记簿上记载的不动产权利或其他相关事项的，查验是否申请、嘱托注销登记；五是纠正登记簿上记载的内容错误的，查验是否申请、嘱托更正登记；六是认为登记簿上记载的内容错误且影响其享有或行使不动产权利而对该内容产生异议的，查验是否申请异议登记；七是为保障将来确定地取得基于买卖合同、抵押合同等建立的以取得不动产物权为目的的合同债权实现的，查验是否申请预告登记；八是为保障生

效的法律文书、监察文书、公证文书、行政文书等文书目的实现，限制权利人处分其不动产的，查验是否嘱托查封登记。符合这些要求的，申请人申请、嘱托人嘱托的不动产登记类型，合法。否则，不合法。

三、申请登记、嘱托登记的不动产是否满足不动产单元的条件审查

按《不动产登记暂行条例》第八条第一款规定，不动产以不动产单元为基本单位进行登记。不动产单元具有唯一编码。据此可知，申请人申请、嘱托人嘱托不动产登记和登记机构办理不动产登记，都应当以不动产单元为基本单位。申言之，不以不动产单元为基本单位申请登记、嘱托登记的不动产不能被记载在登记簿上。何谓不动产单元？在不动产登记实务中，《不动产登记暂行条例实施细则》第五条规定："《条例》第八条规定的不动产单元，是指权属界线封闭且具有独立使用价值的空间。没有房屋等建筑物、构筑物以及森林、林木定着物的，以土地、海域权属界线封闭的空间为不动产单元。有房屋等建筑物、构筑物以及森林、林木定着物的，以该房屋等建筑物、构筑物以及森林、林木定着物与土地、海域权属界线封闭的空间为不动产单元。前款所称房屋，包括独立成幢、权属界线封闭的空间，以及区分套、层、间等可以独立使用、权属界线封闭的空间。"据此可知，不动产单元应当同时具备三个条件：一是有明确的界线或界址点，即具有构造上的独立性。界线，主要指由不动产权属分界处的墙、柱、分隔线（条）等构成的使不动产成为一个封闭的范围的线路。界址点，主要指固定的连接后能成为不动产权属界线且使不动产成为一个封闭的范围的基准点，如大型商场里面固定在各个商铺四角的金属地钉等。二是能够按照法定用途独立使用，即具有使用上的独立性。所谓法定用途，一般情形下，是指县级以上人民政府的职能部门，依据法律、法规、规章和规范的规定，对不动产核定的用途。如海洋行政主管机关以批准用海文件的方式核定权利人使用的海域用途为"鲍鱼养殖"；建设规划行政主管机关以建设工程规划许可证的方式核定建筑物用途为"商住"等。所谓独立

使用，是指此不动产单元无须依靠其他不动产单元，仅凭自身功能就可以满足其法定用途的要求。如某个地下车位，无须借助其他车位的进出帮助就能满足停放汽车的法定用途要求等。三是具备唯一的由字符和数字组成的编码。因此，不动产单元是特定和区分申请登记、嘱托登记的不动产与其他不动产的标志，是登记机构实施不动产登记和申请人申请、嘱托人嘱托不动产登记的技术手段。登记机构审查申请人申请、嘱托人嘱托登记的不动产是否满足不动产单元的条件，就是查验该不动产单元是否具备这三个条件。

四、审查申请登记、嘱托登记的不动产权利是否超过规定期限

按《不动产登记暂行条例》第二十二条第（三）项规定，申请登记的不动产权利超过规定期限的，登记机构应当作不予登记处理。此处的规定期限，是指法律、行政法规规定的期限。如《城镇国有土地使用权出让和转让暂行条例》第十二条规定："土地使用权出让最高年限按下列用途确定：（一）居住用地七十年；（二）工业用地五十年；（三）教育、科技、文化、卫生、体育用地五十年；（四）商业、旅游、娱乐用地四十年；（五）综合或者其他用地五十年。"《农村土地承包法》第二十一条第一款规定："耕地的承包期为三十年。草地的承包期为三十年至五十年。林地的承包期为三十年至七十年。"，等等。

生效的法律文书、行政文书中确定的不动产权利的期限是指定期限。当事人在合同、协议中确定的不动产权利的期限是约定期限。笔者认为，指定期限属于生效的法律文书、行政文书的实体内容，在不动产登记实务中，登记机构不对生效的法律文书、行政文书等有权的国家机关出具的材料作实体审查，直接将其用作登记原因材料，如果认为其不符合法律、法规规定的，在按其办理相关不动产登记的情形下，向相关人民法院、行政机关等有权的国家机关提出书面审查建议。因此，在不动产登记实务中，登记机构只查验约定期限是否超过法律、行政法规规定的最长期限。约定

期限没有超过法律、行政法规规定的最长期限为合法，反之，为不合法。如申请人申请基于土地出让合同取得的建设用地使用权首次登记，建设用地使用权用途为住宅，使用期限 50 年，符合前述《城镇国有土地使用权出让和转让暂行条例》第十二条第（一）项规定的居住用地七十年的时限，此申请登记的权利合法。

第四节　不动产登记适用法律、法规的准确性审查

对不动产登记适用法律、法规的准确性审查，是指登记机构对其作出不予受理、予以受理、不予登记、准予登记的审查决定是否符合法律、法规的规定进行的审查。适用法律、法规正确与否，关系到不予受理、予以受理、不予登记、准予登记等审查决定的合法与否、正确与否，从而直接关系到登记机构作出的不予受理决定、不予登记决定和登记簿上记载的不动产登记产生行政复议或行政诉讼时能否得到行政复议机关、人民法院的支持，而且与当事人可否正常办理不动产登记，其权益能否得到法律的充分保护直接相关。按《行政复议法》第二十八条第一款第（三）项之2规定，对适用依据错误的行政行为，行政复议机关可以决定撤销、变更或者确认该具体行政行为违法。按《行政诉讼法》第七十条第（三）项规定，对适用法律、法规错误的行政行为，人民法院判决撤销或者部分撤销，并可以判决被告重新作出行政行为。据此可知，适用法律、法规错误的不予受理决定、不予登记决定和登记簿上记载的不动产登记，在行政复议、行政诉讼中不会得到行政复议机关、人民法院的支持。

一、适用法律、法规的范围界定

从文义上看，"适用法律、法规"应当是指对法律、行政法规、地方法规的适用，即从文义上看，"适用法律、法规"指的是适用狭义的法律、法规。但是，不动产登记是以办理不同个案为常态的工作，产生不动产登记的原因多而杂，而法律、行政法规虽然有列举式规定，但更多的是作原则性、概括性的规定。地方性法规虽然由地方人大根据本地实际情况

颁布实施，在遵守法律、行政法规规定的基础上，对一些问题作细化、补充、完善性规定，但也不能面面俱到，包罗万象，亦远远不能满足不动产登记实务的需要。因此，要解决不动产登记实务中层出不穷的问题，需要行政规章对法律、法规的规定作进一步的细化、补充、完善，据此作为登记机构办理具体的不动产登记事务的依据。即便如此，随着我国社会、经济、文化的多元化、快速发展，不动产登记中的新问题、新情况还是不断出现，此情形下，不动产登记的相关主管部门适时研讨，以规范性文件的方式提出解决问题的方案、办法，这些规范性文件给出的解决不动产登记实际问题的方案、办法，也是登记机构办理不动产登记时不可或缺的依据。因此，在不动产登记实务中，登记机构适用的法律门类多、层级多，有实体法、程序法，有民法、行政法；有旧法、新法，有法律、行政法规、地方法规、规章、规范性文件等。概言之，从不动产登记实务上看，"适用法律、法规"指的是适用广义的法律、法规。在司法实务中，《最高人民法院关于裁判文书引用法律、法规等规范性法律文件的规定》（法释〔2009〕14号）第五条规定，行政裁判文书应当引用法律、法律解释、行政法规或者司法解释。对于应当适用的地方性法规、自治条例和单行条例、国务院或者国务院授权的部门公布的行政法规解释或者行政规章，可以直接引用。该规定第六条规定，对于本规定第三条、第四条、第五条规定之外的规范性文件，根据审理案件的需要，经审查认定为合法有效的，可以作为裁判说理的依据。据此可知，诉讼中，人民法院对登记机构适用广义的法律、法规作为办理不动产登记的依据予以认可。

二、适用法律、法规的准确性审查

在不动产登记实务中，适用法律、法规准确是不动产登记合法有效的灵魂，更是不动产登记审查的重中之重。登记机构对适用法律、法规准确性的审查要点是：查验其进行不动产登记时作出的审查决定是否有法律、法规的规定与之对应，即登记机构对其作出的不予受理、准予受理、不予登记、准予登记等审查决定有无法律、法规的规定作支撑进行审查。如登记机构接收申请人提交的房地产一般抵押权登记申请后，经查验登记申请材料发现：主债权合同成立、生效的时间在抵押合同成立、生效的时间之后。按《民法典》第三百八十八条第一款规定，设立担保物权，应当依照本法和其他法律的规定订立担保合同。担保合同包括抵押合同、质押合同和其他具有担保功能的合同。担保合同是主债权债务合同的从合同。据此可知，建立被作为担保物权的抵押权保障实现的主债权的主债权合同，是设立抵押权的抵押合同的主合同，抵押合同是其从合同，那么，作为主合同的主债权合同应当先于作为从合同的抵押合同成立、生效，如果作为主合同的主债权合同后于作为从合同的抵押合同成立、生效，应当认为该主债权合同不是该抵押合同的主合同，即申请人申请房地产一般抵押权登记时没有提交主债权合同。按《不动产登记暂行条例》第十七条第一款第（三）项规定，申请材料不齐全或不符合法定形式的，登记机构应当作不予受理处理。在不动产登记实务中，按《不动产登记暂行条例实施细则》第六十六条规定，主债权合同是申请人申请抵押权登记时应当提交的材料。据此可知，申请人申请不动产一般抵押权登记时，没有提交主债权合同的，登记机构可以作不予受理处理。登记机构遂根据这些规定作出不予受理决定，并将该决定书面告知申请人，同时告知申请人补正成立、生效时间不在抵押合同成立、生效时间之后的主债权合同后再申请抵押权登记。因此，本案中，登记机构作出的不予受理决定有法律、法规的规定作支撑且适用法律、法规正确。

  在不动产登记实务中，支撑登记机构作出不予受理、准予受理、不予登记、准予登记等审查决定的固然应当是法律、法规的明确、具体的条文，但是，如前所述，法律、法规的条文不可能面面俱到，包罗万象，从法律、法规的明确、具体的条文中抽象出来的法律、法规的精神，也是登记机构作出不予受理、准予受理、不予登记、准予登记等审查决定的支撑，也是判定不动产登记适用法律、法规准确性的标准。如申请人用 10 幢房屋抵押担保一笔借款债权，办理了一般抵押权登记。后来，抵押当事人经协商，签订抵押权变更协议约定：将抵押房屋由 10 幢

第三章　不动产登记的合法性审查

减少为 8 幢,被担保债权、债务履行期限等其他登记内容不变。抵押当事人共同持抵押权变更协议等材料向登记机构申请因减少抵押物产生的抵押权变更登记。受理人员查验后予以受理,复核人员经复核后建议予以登记并提请综合审查。综合审查人员经审查后认为,《不动产登记暂行条例实施细则》第六十八条规定的当事人可以申请抵押权变更登记的具体情形中没有"减少抵押物",即登记机构以"减少抵押物"为由为当事人办理抵押权变更登记没有依据,基于"法无授权不可为"的行政法基本原则,作出不予登记的审查决定。该不予登记的审查决定适用的法律、法规是否准确?《不动产登记暂行条例实施细则》第六十八条规定:"有下列情形之一的,当事人应当持不动产权属证书、不动产登记证明、抵押权变更等必要材料,申请抵押权变更登记:(一)抵押人、抵押权人的姓名或者名称变更的;(二)被担保的主债权数额变更的;(三)债务履行期限变更的;(四)抵押权顺位变更的;(五)法律、行政法规规定的其他情形。因被担保债权主债权的种类及数额、担保范围、债务履行期限、抵押权顺位发生变更申请抵押权变更登记时,如果该抵押权的变更将对其他抵押权人产生不利影响的,还应当提交其他抵押权人书面同意的材料与身份证或者户口簿等材料。"据此可知,《不动产登记暂行条例实施细则》第六十八条规定的当事人可以申请抵押权变更登记的具体情形中确实没有"抵押物减少",但笔者认为,可以从该条规定中抽象出:抵押权变更登记,是指登记簿上记载的抵押权主体不变,抵押权的内容、抵押权的客体变动产生的不动产登记。此情形下,抽象出的是行政规章条文规定的精神。抵押物是登记簿上记载的抵押权的客体,抵押物的数量变更属于抵押权的客体变更,因此,抵押物数量减少虽然不是《不动产登记暂行条例实施细则》第六十八条规定的产生抵押权变更登记的具体情形,却是该条规定的精神的体现,因此,本案中,抵押当事人申请的抵押权变更登记,符合行政规章的规定,综合审查人员作出不予登记的审查决定适用法律不当。

在不动产登记实务中,登记机构经过审查作出的不予受理决定、不予登记决定是要送达申请人的，审查决定中没有引用法律、法规的规定，或者虽然引用了，但引用的法律、法规规定不准确，甚至是失效的，也属于适用法律、法规错误的情形。在司法实务中，四川省南充市中级人民法院在"上诉人四川某照明节能电器有限责任公司因诉被上诉人某自然资源和规划局土地行政登记一案"中认为"被上诉人收到上诉人的申请及材料审查后，认为其不符合受理条件，作出被诉不予受理告知书，并告知上诉人。因被诉不予受理告知书没有引用具体的法律法规规定，应属适用法律错误"[1]。据此可知，人民法院的认为表明，登记机构作出的不予受理决定中没有引用适用的法律、法规规定的，诉讼中会被人民法院确认为适用法律、法规错误。内蒙古自治区通辽市科尔沁区人民法院在"原告周某不服被告某不动产登记局撤销不动产登记决定一案"中认为"通辽市某房地产开发有限责任公司营业执照被吊销后，其与原告周某签订的《商品房买卖合同》的效力应由人民法院或者仲裁机构予以确认，现双方当事人均未提供相关人民法院或者仲裁机构确认合同效力的证据。其依据《房屋登记办法》第十一条、第八十一条、第九十二条的规定，认为原告周某隐瞒真实情况、提供虚假材料取得房屋登记，缺乏事实依据、适用法律错误。且《房屋登记办法》已于 2019 年 9 月 6 日经住房和城乡建设部第 48 号令公布废止。综上，被告某不动产登记局作出案涉决定的事实依据明显与事实不符，依据不足，适用法律错误"[2]。据此可知，人民法院的认为表明，在不动产登记实务中，登记机构运用失效的法律、法规规定办理不动产登记的，诉讼中会被人民法院认定为适用法律、法规错误。

三、不动产登记审查中适用法律、法规应当遵循的原则

登记机构对不动产登记适用法律、法规的准确性进行审查时应当遵循

---

[1] 四川省南充市中级人民法院："上诉人四川某照明节能电器有限责任公司因诉被上诉人某自然资源和规划局土地行政登记一案"，https://wenshu.court.gov.cn，访问日期：2022 年 5 月 12 日。

[2] 内蒙古自治区通辽市科尔沁区人民法院："原告周某不服被告某不动产登记局撤销不动产登记决定一案"，https://wenshu.court.gov.cn，访问日期：2022 年 5 月 13 日。

以下原则。

1. 下位法服从上位法原则

《立法法》第八十七条规定，宪法具有最高的法律效力，一切法律、行政法规、地方性法规、自治条例和单行条例、规章都不得同宪法相抵触。该法第八十八条规定，法律的效力高于行政法规、地方性法规、规章。行政法规的效力高于地方性法规、规章。该法第八十九条规定，地方性法规的效力高于本级和下级地方政府规章。省、自治区的人民政府制定的规章的效力高于本行政区域内的设区的市、自治州的人民政府制定的规章。该法第九十一条规定，部门规章之间、部门规章与地方政府规章之间具有同等效力，在各自的权限范围内施行。在司法实务中，《最高人民法院关于裁判文书引用法律、法规等规范性法律文件的规定》（法释〔2009〕14号）第五条规定，行政裁判文书应当引用法律、法律解释、行政法规或者司法解释。对于应当适用的地方性法规、自治条例和单行条例、国务院或者国务院授权的部门公布的行政法规解释或者行政规章，可以直接引用。据此可知，一般情形下，法律、法规的效力等级：宪法>法律>行政法规>地方法规>规章。在不动产登记审查中，法律、法规就同一事项作出不同的规定时，应当适用效力等级高的法律、法规的规定，即遵从下位法服从上位法原则。

2. 就近适用原则

《立法法》第九十一条规定，部门规章之间、部门规章与地方政府规章之间具有同等效力，在各自的权限范围内施行。据此可知，同一效力等级的规章对同一事项作出不同规定的，优先适用本部门、本地的规章规定。在不动产登记实务中，同一效力等级的规章就同一事项作出不同规定时，适用自然资源部或本地人民政府的规章规定，即遵从规章就近适用原则。

3. 特别规定优于一般规定、新法优于旧法原则

《立法法》第九十二条规定，同一机关制定的法律、行政法规、地方性法规、自治条例和单行条例、规章，特别规定与一般规定不一致的，适用特别规定；新的规定与旧的规定不一致的，适用新的规定。据此可知，在不动产登记实务中，同一法律、法规、规章中，就同一事项，一般规定与特别规定不一致的，遵从特别规定优于一般规定适用的原则。就同一事项，同一机关制定的效力等级相同的新旧法律、法规、规章的规定不一致的，实体上适用旧的法律、法规、规章的规定，程序上适用新的法律、法规、规章的规定，简言之，遵从实体从旧程序从新原则。如申请人申请国有建设用地使用权首次登记时，提交的是20世纪90年代签订的土地出让合同，出让合同上载明的土地用途是"综合"，现时出让的土地用途中已经没有"综合"，但该土地出让合同是申请人取得国有建设用地使用权的实体法上的证据，登记机构应当采用，不能要求申请人提交载明现时用途的土地出让合同或要求变更"综合"用途为现时用途的土地出让合同变更协议。但申请人须按现时的《不动产登记暂行条例》《不动产登记暂行条例实施细则》规定的程序申请国有建设用地使用权首次登记。

此外，还应当遵从分则优于总则、一般列举规定优于概括规定、具体规定优于抽象规定等原则。

第五节 不动产登记程序的合法性审查

行政程序作为法律程序的一种，是行政权力运行的程序，具体指行政机关行使行政权力、做出行政行为所遵循的方式、步骤、时间和顺序的总和[①]。其中，方式指实施和完成某一行为的方法及行为结果的表现形式[②]。步骤指完成某行为所要经历的阶段，行政程序一般由启动、进行和终结三个阶段组成[③]。时间是指完成某一行为的期限[④]。顺序是指完成某一行为所必经的步骤间的前后次序[⑤]。法定顺序不能随意增加、减少或者颠倒。如果违反了法律规定的法定顺序就是程序违法[⑥]。如前所述，不动产登记

[①②③④⑤] 马怀德：《行政法学》，中国政法大学出版社，2007年版，第131页。
[⑥] 王连昌、马怀德等：《行政法学》，中国政法大学出版社2002年版，第220页。

是一种具体行政行为，登记机构通过对申请人申请的不动产登记、嘱托人嘱托的不动产登记的审查，作出不予受理、准予受理、不予登记、准予登记的审查决定属于行政决定，因此，不动产登记程序属于行政程序。行政程序具有明显的条件导向性，即当具备一定的条件时，依行政程序势必会得出正当的结论。只要依严格的要件行使，其结果应视为合理的。同时，合理的行政程序是理性与经验的结合，具有很高的行政效率性，能使程序安排阻碍浪费最小化、效果支持最大化[1]。鉴于此，在不动产登记实务中，登记机构应当对不动产登记程序的合法性进行审查，以确保不动产登记结果正确、合理。

一、作出不动产登记审查决定的方式的合法性审查

《不动产登记暂行条例》第十七条规定："不动产登记机构收到不动产登记申请材料，应当分别按照下列情况办理：（一）属于登记职责范围，申请材料齐全、符合法定形式，或者申请人按照要求提交全部补正申请材料的，应当受理并书面告知申请人；（二）申请材料存在可以当场更正的错误的，应当告知申请人当场更正，申请人当场更正后，应当受理并书面告知申请人；（三）申请材料不齐全或者不符合法定形式的，应当当场书面告知申请人不予受理并一次性告知需要补正的全部内容；（四）申请登记的不动产不属于本机构登记范围的，应当当场书面告知申请人不予受理并告知申请人向有登记权的机构申请。不动产登记机构未当场书面告知申请人不予受理的，视为受理。"据此可知，登记机构经审查，对申请人的不动产登记申请，无论是作出不予受理决定、补正登记申请材料决定，还是作出予以受理决定的，都须按法定的方式告知申请人，换言之，将受理环节审查的结果按法定的方式告知申请人，即申请人到登记机构的办公场所或专门的登记受理窗口申请登记的，以书面方式告知申请人。申请人通过网络途径申请登记的，则通过该网络途径告知申请人。《不动产登记暂

---

[1] 王连昌、马怀德等：《行政法学》，中国政法大学出版社2002年版，第216页。

行条例》第二十一条规定，登记事项自记载于不动产登记簿时完成登记。不动产登记机构完成登记，应当依法向申请人核发不动产权属证书或者登记证明。该暂行条例第二十二条规定："登记申请有下列情形之一的，不动产登记机构应当不予登记，并书面告知申请人：（一）违反法律、行政法规规定的；（二）存在尚未解决的权属争议的；（三）申请登记的不动产权利超过规定期限 的；（四）法律、行政法规规定不予登记的其他情形。"据此可知，登记机构经审查，对申请人申请的不动产登记作出不予登记决定的，应当以书面方式告知申请人。笔者认为，申请人通过网络途径申请不动产登记的，不予登记决定也可以通过该网络途径告知申请人。作出准予登记决定的，一般情形下，应当记载于登记簿后以颁发不动产权属证书的方式告知申请人。 简言之，登记机构应当将最终的不动产登记审查决定以法定的方式告知申请人。

概言之，登记机构对其作出不动产登记审查决定的方式进行合法性审查的要点有：一是申请人到登记机构的办公场所或专门的登记受理窗口申请不动产登记的，登记机构是否将其作出的不予受理决定、补正登记申请材料决定、予以受理决定书面告知申请人；二是申请人通过网络途径申请不动产登记的，登记机构是否通过该网络途径将其作出的不予受理决定、补正登记申请材料决定、予以受理决定告知申请人；三是登记机构对申请人申请的不动产登记作出不予登记决定的，是否书面告知申请人；四是申请人通过网络途径申请不动产登记的，是否将不予登记决定通过该网络途径告知申请人；五是作出准予登记决定的，一般情形下，是否记载于登记簿后向申请人颁发了不动产权属证书，当然，向申请人颁发不动产权属证书是不动产登记审查程序终结后的环节。

二、不动产登记步骤的合法性审查

在不动产登记实务中，《不动产登记操作规范（试行）》1.7.1 条规定："依申请的不动产登记应当按下列程序进行：（一）申请；（二）受理；（三）审核；（四）登簿。"据此可知，一般情形下，登记机构办理依申请启动的不动产登记的步骤有：一是申请人向登记机构申请不动产登记，请求启动不动产登记程序；二是登记机构受理不动产登记申请，不动产登记程序启动；三是登记机构对申请人申请的不动产登记进行审核；四是登记机构将满足登记要求的不动产权利或其他相关事项记载在登记簿上。

1. 申请人向登记机构申请不动产登记，请求启动不动产登记程序

《民法典》第二百一十一条规定，当事人申请登记，应当根据不同登记事项提供权属证明和不动产界址、面积等必要材料。在不动产登记实务中，《不动产登记暂行条例实施细则》第九条第一款规定，申请不动产登记的，申请人应当填写登记申请书，并提交身份证明以及相关申请材料。据此可知，申请人以向登记机构提交登记申请书和登记申请材料的方式申请不动产登记，请求启动不动产登记程序。

2. 登记机构受理不动产登记申请，不动产登记程序启动

《民法典》第二百一十二条第一款第（二）项规定，就有关登记事项询问申请人是登记机构应当履行的职责。据此可知，询问申请人是登记机构办理依申请启动的不动产登记时应当经过的步骤。但是，询问申请人是在受理不动产登记申请环节，还是在之后的复核或综合审查环节？按《不动产登记暂行条例》第十七条规定，申请人向登记机构提交不动产登记申请后，登记机构应当接受不动产登记申请并对登记申请材料进行审查后作出不予受理、补正申请材料、予以受理的审查决定。换言之，登记机构受理申请人的不动产登记申请后，要对其提交的登记申请材料进行审查，通过审查才能确定其申请登记的事项，才能基于申请登记事项中的相关问题询问申请人，通过审查登记申请材料和询问申请人，才可以确定申请人提交的登记申请材料是否齐全，是否需要补正。因此，笔者认为，登记机构询问申请人应当在接收不动产登记申请后作出受理审查决定前进行。当然，受理环节之后，复核或综合审查中，审查人员发现受理人员没有询问申请人，或者询问笔录中有遗漏事项或不清晰的记载的，也可以再次询问申请人，笔者认为，这属于对登记程序缺陷的弥补或对申请人的补充询

问。概言之，登记机构通过审查登记申请材料、询问申请人后，认为满足受理要求的，向申请人出具受理告知书、受理通知书或收件清单，不动产登记程序启动。

3. 登记机构对不动产登记申请进行审核

登记机构对不动产登记申请进行审核，即实行二审制的登记机构对不动产登记申请进行综合审查，实行三审制的登记机构对不动产登记申请进行复核、综合审查。

按前述《不动产登记暂行条例》第十七条、第二十二条规定，登记机构须对申请人提交的不动产登记申请材料作进一步的审查后，再次确定其对不动产登记申请的受理是否合法，在此基础上对不动产登记申请作出不予登记、准予登记（记载于登记簿）的审查决定。

按《民法典》第二百一十二条第二款规定，必要时，登记机构可以实地查看不动产。在不动产登记实务中，《不动产登记暂行条例》第十六条规定："不动产登记机构进行实地查看，重点查看下列情况：（一）房屋等建筑物、构筑物所有权首次登记，查看房屋坐落及其建造完成等情况；（二）在建建筑物抵押权登记，查看抵押的在建建筑物坐落及其建造等情况；（三）因不动产灭失导致的注销登记，查看不动产灭失等情况。"据此可知，登记机构在办理房屋等建筑物、构筑物所有权首次登记，在建建筑物抵押权登记，因不动产灭失产生的注销登记时，应当实地查看不动产。因此，在法定情形下，实地查看不动产是登记机构进行不动产登记的必要步骤。

按《不动产登记暂行条例实施细则》第十七条第一款规定，一般情形下，登记机构办理因政府组织的集体土地所有权登记；宅基地使用权及地上房屋所有权，集体建设用地使用权及地上建筑物、构筑物所有权，土地承包经营权的首次登记；依职权更正登记；依职权注销登记时，在将相关事项记载于登记簿上前应当将该事项进行公告。据此可知，在法定情形下，公告是登记机构进行不动产登记的必要步骤。

那么，实地查看不动产、公告是在受理环节，还是在复核或综合审查环节？《不动产登记暂行条例》第十五条第一款规定，当事人或者其代理人应当向不动产登记机构申请不动产登记。按《优化营商环境条例》第三十六条规定，政府及其有关部门办理政务服务事项，应当根据实际情况，推行当场办结、一次办结、限时办结等制度，实现集中办理、就近办理、网上办理、异地可办。《自然资源部办公厅关于印发〈"互联网＋不动产登记"建设指南〉的通知》（自然资办函〔2020〕1355号）要求，不动产登记系统负责网上申请业务受理、审核、登簿、电子证照生成、电子归档并及时反馈业务办理进度和结果。据此可知，登记机构应当同时提供现场办理不动产登记和网上办理不动产登记的条件。鉴于此，登记机构无论是现场办理不动产登记，还是网上办理不动产登记，现场和网上的受理窗口都要有受理人员值守，实地查看、在不动产所在地张贴公告则需要在办理不动产登记的场所、窗口以外的地方进行。换言之，受理不动产登记申请环节无法履行或不能充分履行实地查看不动产、公告相关事项的职责。因此，笔者认为，法定情形下，对实行二审制的登记机构，实地查看不动产、公告应当在综合审查开始后作出综合审查决定前。对实行三审制的登记机构，如前所述，综合审查是对不动产登记申请材料、询问笔录、实地查看记录、公告等不动产登记材料进行全面审查并作出审查决定，故实地查看、公告应当由复核环节完成，当然，如果复核环节没有履行实地查看、公告职责的，或者实地查看记录、公告中有遗漏事项、不清晰事项的，综合审查环节可以再进行实地查看、公告，当然，这是对不动产登记程序缺陷的弥补或补充查看、补充公告。因此，实地查看、公告应当在复核环节开始后作出复核决定前进行。

4. 登记机构将满足登记要求的不动产权利或其他相关事项记载在登记簿上

《不动产登记暂行条例》第二十一条第一款规定，登记事项自记载于不动产登记簿时完成登记。据此可知，自登记机构经审查将满足登记要求的不动产权利或其他相关事项记载在登记簿上时起，登记程序终结。向申请人颁发不动产权属证书，不属于不动产登记程序中的步骤，是不动产登记程序终结后的行为。因此，登记机构将满足登记要求的不动产权利或其他相关事项记载在登记簿上不属于本书所指的不动产登记审查范围。

概言之，对不动产登记步骤合法性的审查要点是：查验登记机构在进行相应不动产登记时，是否严格按法律、法规、规章和政策规定的步骤、环节完成该不动产登记。登记机构擅自增加或减少不动产登记步骤、环节均属于程序违法。在司法实务中，河南省固始县人民法院在"原告翁某静不服被告某自然资源局行政登记行为案"中认为"被告在履行不动产登记职责时，未尽到审慎审查义务。在结婚证姓名、照片与身份证姓名、照片及到场相关人员明显不一致情况下，未要求相关人员予以合理说明或者补正材料；没有登记申请书。故其登记行为主要证据、违反法定程序"[1]。据此可知，人民法院的认为表明，本案中"没有登记申请书"即不动产登记步骤中缺少"申请"环节，人民法院认定此情形违反法定程序。

在不动产登记实务中，登记机构办理不动产登记的具体步骤如下。

（1）办理一般的不动产登记时的步骤。

① 实行二审制的情形：申请、受理、询问申请人、综合审查、登簿。

② 实行三审制的情形：申请、受理、询问申请人、复核、综合审查、登簿。

（2）办理房屋等建筑物、构筑物所有权首次登记、在建建筑物抵押权登记、因不动产灭失产生的注销登记时的步骤。

① 实行二审制的情形：申请、受理、询问申请人、综合审查、实地查看、登簿。

② 实行三审制的情形：申请、受理、询问申请人、复核、实地查看、综合审查、登簿。

---

[1] 河南省固始县人民法院："原告翁某静不服被告某自然资源局行政登记行为案"，https://wenshu.court.gov.cn，访问日期：2022年4月22日。

（3）办理宅基地使用权及地上房屋所有权，集体建设用地使用权及地上建筑物、构筑物所有权首次登记时的步骤。

① 实行二审制的情形：申请、受理、询问申请人、综合审查、实地查看、公告、登簿。

② 实行三审制的情形：申请、受理、询问申请人、复核、实地查看、公告、综合审查、登簿。

（4）办理因政府组织的集体土地所有权登记，土地承包经营权首次登记，依职权更正登记，依职权注销登记的步骤。

① 实行二审制的情形：申请、受理、询问申请人、综合审查、公告、登簿。

② 实行三审制的情形：申请、受理、询问申请人、复核、公告、综合审查、登簿。

三、不动产登记步骤顺序的合法性审查

对不动产登记步骤顺序的合法性审查，是指登记机构对其办理的不动产登记是否遵循法律、法规、规章和政策规定的步骤的先后顺序进行审查。对不动产登记步骤顺序的合法性审查要点是：查验登记机构是否严格按法律、法规、规章和政策规定的步骤的先后顺序办理不动产登记。登记机构颠倒先后顺序办理的不动产登记，即使结果正确，也属于程序违法。在司法实务中，湖南省湘潭市雨湖区人民法院在"原告卢某龙诉被告某自然资源和规划局、第三人林某琴撤销不动产登记一案"中认为"因第三人东某公司隐瞒涉案房屋已转让给原告卢某龙的事实，欺骗被告为第三人林某琴办理产权转移手续，房屋产权转移登记的基础事实存在重大争议和瑕疵，被告没有尽到合理的审查义务，违反了先受理、后调查审核的基本行政程序"[①]。据此可知，人民法院的认为表明，登记机构办理不动产登记时，先受理后调查审核的不动产登记步骤的顺序是不能颠倒的。

[①] 湖南省湘潭市雨湖区人民法院在"原告卢某龙诉被告某自然资源和规划局、第三人林某琴撤销不动产登记一案"，https://wenshu.court.gov.cn，访问日期：2022年4月22日。

四、不动产登记时限的合法性审查

不动产登记时限的合法性审查，是指登记机构对其是否在法律、法规、规章规定的时限内完成不动产登记进行审查。对不动产登记时限合法性的审查要点是：查验登记机构受理申请人的不动产登记申请后，是否能够在法律、法规、规章规定的不动产登记办理时限内办结不动产登记进行的分析、预判。超过法律、法规、规章和政策规定的时限办结不动产登记属于程序违法行为。《不动产登记暂行条例》第十七条第二款规定，不动产登记机构未当场书面告知申请人不予受理的，视为受理。当然，申请人通过网络途径申请的，不动产登记机构应当及时通过该网络告知申请人受理结果。据此可知，申请人在登记机构的办公场所或专门的不动产登记申请受理窗口申请不动产登记的，登记机构接收申请人的不动产登记申请后，当场作出予以受理决定的自无可言，未书面告知申请人不予受理决定的，视为已经受理，受理始期为不动产登记申请提交之日。申请人通过网络途径申请的，不动产登记机构应当及时通过该网络途径告知申请人受理结果，其中的"及时通过网络途径告知申请人受理结果"，笔者认为应当是自申请人的申请信息通过网络途径到达登记机构的网上接收端口时起，登记机构即时作出受理决定的自无可言，未通过该网络途径告知申请人不予受理决定的，视为已经受理，受理始期为不动产登记申请到达登记机构的网上接收端口之日。因此，对不动产登记时限的合法性审查不包括对受理环节的时限审查。

关于登记机构办理不动产登记的时限，《不动产登记暂行条例》第二十条规定，不动产登记机构应当自受理登记申请之日起 30 个工作日内办结不动产登记手续，法律另有规定的除外。据此可知，《不动产登记暂行条例》将不动产登记的办结时限统一规定为 30 个工作日。在不动产登记实务中，不动产登记政策对此做了细化，即《国土资源部办公厅关于印发〈压缩不动产登记时间实施方案〉的通知》（国土资厅函〔2017〕585 号）附《压缩不动产登记时间实施方案》第二条第（三）项规定，根据《不动产登记暂行条例》规定，不动产登记申请受理后应在 30 个工作日办结。通过采取措施，将一般登记办理时限压缩至 20 个工作日，对政府组织开展的农村不动产登记以及未公证的继承、受遗赠涉及不动产登记等较为复杂的登记情形仍按照 30 个工作日规定。在此基础上，根据不同登记类型的难易程度，将查封登记和异议登记的办结时限压缩至即时办理，抵押登记不超过 10 个工作日，确保不动产登记便民利民。

第六节　不动产登记材料的合法性审查

《民法典》第二百一十六条第一款规定，不动产登记簿是物权归属和内容的根据。质言之，不动产登记簿上记载的内容是有公信力的。不动产物权登记的公信力，指登记机关在登记簿册上所做的不动产物权登记，具有使社会公众信其正确的法律效力。基于登记簿册的登记的公信力，即便登记有错误或有遗漏，因相信登记正确而与登记名义人（登记簿上所记载的物权人）进行交易的善意第三人，其所得的利益也受法律保护[①]。笔者认为，登记簿的公信力的支撑是登记簿记载的内容必须合法、真实、有效。而登记簿上记载的内容来源于不动产登记材料，因此，不动产登记材料应当合法、真实、有效。在司法实务中，四川省绵阳市涪城区人民法院在"原告唐某本诉被告某自然资源局、某不动产登记中心某分中心其他行政管理行政登记纠纷一案"中认为"一、何某芳作为占有共同财产四分之三份额的共有权人作出的处分决定不违反法律之规定，合法有效；二、双方在履行遗赠抚养协议过程中，没有证据表明毛某新对该协议提出过异议，且其享受了原告对其尽到的养老送终的权利，应当按照协议由原告继承其遗产。假如认为何某芳单方代表其签订协议的行为可能损害其合法权益，也应由毛某新对何某芳主张权利，现没有证据证明原告在签订、履行协议过程中存在损害毛某新合法权益的事实存在，故原告继承毛某新遗产份额的权利并不违反法律的规定，其申请办理转移登记，被告依法应当办

---

① 陈华彬：《物权法》，法律出版社2004年版，第160页。

理"①。据此可知，人民法院的认为表明，登记机构办理的不动产登记产生诉讼时，登记材料的合法性是人民法院审查的内容。因此，对不动产登记材料的合法性审查也是不动产登记审查的重中之重。笔者认为，对不动产登记材料合法性审查的要点有：一是查验不动产登记材料的收集渠道是否合法；二是查验不动产登记材料的出具、制作主体是否合法；三是查验不动产登记材料的内容是否合法；四是查验不动产登记材料的形式是否合法等。

一、对不动产登记材料收集渠道的合法性审查

对不动产登记材料收集渠道的合法性审查，是指登记机构对不动产登记材料的来源渠道是否符合法律、法规、规章和政策的规定进行审查。因此，对不动产登记材料收集渠道的合法性的审查要点是：查验不动产登记材料的来源渠道是否符合法律、法规、规章和政策的规定。那么，不动产登记材料的来源渠道有哪些呢？

1. 申请人或其代理人向登记机构提交

在不动产登记实务中，《不动产登记暂行条例实施细则》第九条第一款规定，申请不动产登记的，申请人应当填写登记申请书，并提交身份证明以及相关申请材料。据此可知，申请人或其代理人可以到登记机构的办公场所或专门的不动产登记受理场所申请不动产登记并提交书面的登记申请材料。如前所述，申请人或其代理人也可以通过网络途径向登记机构在互联网上设置的不动产登记窗口申请不动产登记并提交电子登记申请材料。因此，登记机构在其办公场所或专门的不动产登记受理窗口和在互联网上设置的不动产登记窗口接收申请人或其代理人提交的不动产登记申请材料符合法律、法规、规章和政策的规定。此外，邮寄、快递、电话等渠道不是法律、法规、规章和政策规定的登记机构收集不动产登记材料的渠道。

---

① 四川省绵阳市涪城区人民法院："原告唐某本诉被告某自然资源局、某不动产登记中心某分中心其他行政管理行政登记纠纷一案"，https://wenshu.court.gov.cn，访问日期：2022年4月9日。

2. 嘱托人送达或发送

《民事诉讼法》第二百四十九条第二款规定，人民法院决定扣押、冻结、划拨、变价财产，应当作出裁定，并发出协助执行通知书，有关单位必须办理。在司法实务中，《最高人民法院、国土资源部、建设部关于依法规范人民法院执行和国土资源房地产管理部门协助执行若干问题的通知》（法发〔2004〕5 号）第一条第一款规定，人民法院在办理案件时，需要国土资源、房地产管理部门协助执行的，国土资源、房地产管理部门应当按照人民法院的生效法律文书和协助执行通知书办理协助执行事项。据此可知，人民法院嘱托登记机构办理相关登记时，向登记机构送达生效法律文书和协助执行通知书启动不动产登记。《监察法》第四条第三款规定，监察机关在工作中需要协助的，有关机关和单位应当根据监察机关的要求依法予以协助。《国家监察委员会办公厅 自然资源部办公厅关于不动产登记机构协助监察机关在涉案财物处理中办理不动产登记工作的通知》（国监办发〔2019〕3 号）第一条第一款规定，县级以上监察机关经过调查，对违法取得且已经办理不动产登记或者具备首次登记条件的不动产作出没收、追缴、责令退赔等处理决定后，在执行没收、追缴、责令退赔等决定过程中需要办理不动产转移等登记的，不动产登记机构应当按照监察机关出具的监察文书和协助执行通知书办理。据此可知，监察机关嘱托登记机构办理相关不动产登记时，向登记机构送达监察文书和协助执行通知书启动不动产登记。申言之，登记机构在其办公场所或专门的不动产登记受理窗口、党政网接收嘱托人送达或发送的嘱托文书符合法律、法规、规章和政策的规定。

3. 登记机构通过信息技术手段和信息共享平台获取

《不动产登记暂行条例》第二十四条第一款规定，不动产登记有关信息与住房城乡建设、农业、林业、海洋等部门审批信息、交易信息等应当实时互通共享。不动产登记机构能够通过实时互通共享取得的信息，不得要求不动产登记申请人重复提交。该暂行条例第二十五条规定，国土资源、公安、民政、财政、税务、工商、金融、审计、统计等部门应当加强不动产登记有关信息互通共享。据此可知，登记机构通过信息技术手段和信息共享平台获取申请人的身份证明、不动产权属来源材料（不动产登记原因材料）符合法律、法规的规定。

4. 登记机构履行不动产登记职责时获取

按《民法典》第二百一十二条规定，询问申请人、实地查看不动产是登记机构办理不动产登记时应当履行的职责。在不动产登记实务中，按《不动产登记暂行条例实施细则》第十七条规定，登记机构办理土地承包经营权首次登记、依职权启动的更正登记等不动产登记时，应当对不动产的有关事项进行公示。按《不动产登记操作规范（试行）》3.4.1条规定，不动产登记机构应当根据不同的申请登记事项就相关内容询问申请人，并制作询问记录。按该规范4.5.2条规定，不动产登记机构进行实地查看的，应当填写并保存实地查看记录。据此可知，登记机构通过履行询问申请人、实地查看不动产、公告不动产登记的相关事项等不动产登记职责时取得的材料符合法律、法规、规章和政策的规定。

概言之，登记机构通过以下渠道收集的不动产登记材料，符合法律、法规、规章和政策的规定：一是登记机构在其办公场所或专门的不动产登记受理场所以及在互联网上设置的不动产登记窗口接收申请人或其代理人提交的书面申请材料、电子申请材料；二是登记机构在其办公场所或专门的不动产登记受理窗口、党政网接收嘱托人送达或发送的嘱托登记材料；三是登记机构通过信息技术手段和信息共享平台获取申请人的身份证明、不动产权属来源材料（不动产登记原因材料）；四是登记机构履行询问申请人、实地查看不动产、公告不动产登记相关情况等不动产登记职责时取得的书面材料等。

二、对不动产登记材料制作主体的合法性审查

对不动产登记材料制作主体的合法性审查，是指登记机构对制作不动产登记材料的主体是否符合法律、法规、规章和政策的规定进行审查。法

律、法规、规章和政策规定的材料制作主体包括自然人、法人和非法人组织。如用作首次登记材料的建设工程规划许可证的制作主体是该建设工程所在地县级以上人民政府的规划行政主管机关或省级人民政府赋予规划许可权的镇人民政府；某人委托他人代为申请房屋登记的委托书的制作主体是该自然人；申请抵押权首次登记时，申请人提交的抵押合同的制作主体是抵押权人和抵押人等。因此，对不动产登记材料制作主体的合法性审查要点是：根据个案查验不动产登记材料的制作主体是否符合法律、法规、规章和政策的规定。

三、对不动产登记材料内容的合法性审查

对不动产登记材料内容的合法性审查，是指登记机构对不动产登记材料载明的与该不动产登记能否被核准记载于登记簿直接相关的内容是否符合法律、法规、规章和政策的规定进行审查。如不动产登记申请书上载明的申请登记的不动产权利是否是《不动产登记暂行条例》第五条规定的不动产物权和法律、行政法规、规章和政策明确规定可以在登记簿上记载的其他内容；再如按《民法典》第三百九十五条第一款第（七）项规定，法律、行政法规未禁止抵押的财产都可以抵押。在司法实务中，《最高人民法院关于适用〈中华人民共和国民法典〉有关担保制度的解释》（法释〔2020〕28号）第六十三条规定，债权人与担保人订立担保合同，约定以法律、行政法规尚未规定可以担保的财产权利设立担保，当事人主张合同无效的，人民法院不予支持。当事人未在法定的登记机构依法进行登记，主张该担保具有物权效力的，人民法院不予支持。据此可知，作为抵押合同主要内容的被抵押的不动产，只要不是法律、行政法规的规定明确禁止抵押的不动产，据此签订、成立的抵押合同产生诉讼时，就不会被人民法院认定无效。登记机构据此办理的抵押权登记就具有法律效力。申言之，作为抵押合同主要内容的被抵押的不动产，只要不是法律、行政法规的规定明确禁止抵押的不动产，抵押合同的主要内容就合法。法律、行政法规的规定禁止抵押的不动产，如《民法典》第三百九十九条规定："下列财

产不得抵押：（一）土地所有权；（二）宅基地、自留地、自留山等集体所有土地的使用权，但是法律规定可以抵押的除外；（三）学校、幼儿园、医疗机构等为公益目的成立的非营利法人的教育设施、医疗卫生设施和其他公益设施；（四）所有权、使用权不明或者有争议的财产；（五）依法被查封、扣押、监管的财产；（六）法律、行政法规规定不得抵押的其他财产。"《文物保护法》第二十四条规定，国有不可移动文物不得转让、抵押。建立博物馆、保管所或者辟为参观游览场所的国有文物保护单位，不得作为企业资产经营。《宗教事务条例》第五十四条规定，宗教活动场所用于宗教活动的房屋、构筑物及其附属的宗教教职人员生活用房不得转让、抵押或者作为实物投资等。因此，对不动产登记材料内容的合法性审查要点是：查验不动产登记材料载明的拟记载在登记簿上的事项或对该事项能否被核准记载于登记簿有直接因果关系的内容是否符合法律、法规、规章和政策的规定。在司法实务中，江苏省南京市中级人民法院在"上诉人许某铭因诉被上诉人某规划和自然资源局（以下简称某规划资源局）房屋行政登记一案"中认为"遗赠扶养协议的内容不违反法律法规规定、不损害公共利益、不违反社会主义道德准则的，从协议成立时发生法律效力，遗赠人与受遗赠人任何一方都不能随意变更或解除。本案中，从涉案书面材料的内容分析，其中载明遗赠人姜某芳没有子女，明确了许某铭负有帮助料理姜某芳的日常生活、财物管理及养老送终的义务，在姜某芳去世后享有其两套房产及财物的权利，有双方当事人签名、明确了有关遗赠扶养的权利义务，已经具备了遗赠扶养协议的实质要件和基本要素，还有一名证人证明是双方当事人的真实意思表示，是一份有偿的、互享权利、互负义务的双务合同。因此，上诉人主张涉案书面材料应当理解为遗赠扶养协议的理由能够成立。某规划资源局主张'涉案书面材料是代书遗嘱或附条件的遗赠，即使是遗赠扶养协议也应不低于遗嘱的标准，也需要两个以上的见证人'的抗辩意见，没有相应的法律法规依据"[1]。据此可知，

---

[1] 江苏省南京市中级人民法院："上诉人许某铭因诉被上诉人某规划和自然资源局房屋行政登记一案"，https://wenshu.court.gov.cn，访问日期：2022年4月9日。

人民法院的认为表明,本案中,遗赠扶养协议载明的内容是否合法决定其是否有效,遗赠扶养协议是否有效与申请人申请的因遗赠扶养产生的不动产登记能否被核准记载于登记簿直接相关。因此,不动产登记申请材料载明的内容(登记簿上应当记载的内容)应当合法。

四、对不动产登记材料形式的合法性审查

对不动产登记材料形式的合法性审查,是指登记机构对不动产登记材料是否符合法律规定的形式进行审查。《行政诉讼法》第三十三条第一款规定:"证据包括:(一)书证;(二)物证;(三)视听资料;(四)电子数据;(五)证人证言;(六)当事人的陈述;(七)鉴定意见;(八)勘验笔录、现场笔录。"据此可知,法律以具体列举的方式规定了行政诉讼中的证据形式。换言之,登记机构办理的不动产登记产生诉讼时,能够作为诉讼证据的不动产登记材料有书证、电子数据、当事人的陈述(询问笔录)、鉴定意见、现场查看记录和作为物证的不动产(详细内容参见本书第四章"不动产登记的真实性审查"),其中,有的证据以两种以上的方式存在,如鉴定意见、现场笔录也可以同时是书证。换言之,形式合法的不动产登记材料主要有:书面材料、电子数据、询问申请人的笔录、鉴定意见、实地查看不动产的记录等。

1. **书面材料**

书面材料,是指申请人提交的、嘱托人送达的、登记机构履行不动产登记职责获取或制作的以书面载体形式体现的文件材料。

2. **电子数据**

电子数据,是指登记机构通过其在互联网上设置的不动产登记窗口、党政网接收的申请人或其代理人提交的电子登记申请材料、嘱托机关发送的电子嘱托登记材料,以及通过技术手段或从信息共享平台中获取的不动产登记电子材料等。

3. 询问申请人的笔录

询问申请人的笔录，是指登记机构制作的记载其基于不同的申请登记事项询问申请人和申请人的陈述情况的书面材料。

4. 鉴定意见

鉴定意见，是指有资质的鉴定机构出具的有效的能够证明不动产登记相关事项的书面材料。如申请人申请因转让不动产产生的转移登记时，提交了不动产权属证书，但登记机构没有纸介质档案和电子介质档案作支撑，委托有资质的鉴定机构对该不动产权属证书上的公章是否是登记机构的公章作鉴定，以证明该证书是否真实，此情形下，该鉴定机构出具的鉴定报告就是本处所指的鉴定意见。

5. 实地查看不动产的记录

实地查看不动产的记录，是指登记机构依法实地查看不动产时制作的记载查看情况的书面材料。

第四章 不动产登记的真实性审查

不动产登记的真实性审查，是指登记机构对不动产登记的启动主体、申请登记的不动产、不动产登记材料是否真实进行的检查、核对、比较、分析。不动产登记的真实，是指依靠合法有效的证据支撑的真实，即法律真实，而不是指原本存在的现实真实，即客观真实。法律真实可能是客观真实，客观真实不一定是法律真实。如张三将其享有的土地经营权及地上林木所有权转让给李四，双方签订了转让合同后凭张三名下的不动产权属证书、转让合同等材料申请转让转移登记，此情形下，张三名下的不动产权属证书证明张三有权转让该土地经营权及地上林木所有权，双方签订的转让合同表明李四通过转让方式受让取得了该土地经营权及地上林木所有权，即李四是该土地经营权及地上林木所有权新的权利人，有双方签订的转让合同、张三名下的不动产权属证书等主要证据支撑，概言之，李四是该土地经营权及地上林木所有权新的权利人既是法律真实，又是客观真实。再如王五为了借 50 万元给朋友赵六做生意，但又不想让自己的妻子知道，就将 50 万元现金交给弟弟王七，让王七以他自己的名义借给赵六，王五、王七之间的现金交付没有任何手续。之后，王七、赵六签订借款抵押合同，王七以自己的名义将 50 万元借给赵六，赵六将登记在其名下的房地产抵押给王七。王七、赵六共同持赵六名下的不动产权属证书、借款抵押合同等材料向登记机构申请一般抵押权登记，此情形下，王七是抵押权人，有赵六名下的不动产权属证书、双方签订的借款抵押合同等主要材料支撑。王五是事实上的抵押权人，但没有任何有效的材料支撑。此情形下，王七是真实的抵押权人，即法律真实，但不是客观真实。王五也是真实的抵押权人，即客观真实，但不是法律真实。概言之，登记机构对不动产登记真实性的审查，是对不动产登记的启动主体、申请登记的不动产、不动产登记材料的法律真实进行审查。

第一节　不动产登记启动主体的真实性审查

如前所述，不动产登记的启动方式有依申请人或其代理人的申请启动、依嘱托人的嘱托启动和登记机构依自身的法定职权启动，因此，登记机构对不动产登记启动主体真实性的审查，是指对启动该不动产登记的申请人的真实性的审查和嘱托机关的真实性的审查。

一、对不动产登记申请人的真实性审查

在不动产登记实务中，《不动产登记暂行条例实施细则》第二条第一款规定，不动产登记应当依照当事人的申请进行，但法律、行政法规以及本实施细则另有规定的除外。据此可知，一般情形下，不动产登记依当事人的申请启动，换言之，未经当事人的申请，不动产登记程序不得启动。因此，一般情形下，如果登记机构未经申请人的申请启动不动产登记程序，属于缺失不动产登记步骤导致的程序违法情形，据此办理的不动产登记产生行政复议或行政诉讼时不会得到行政复议机关、人民法院的支持。

在不动产登记实务中，假人冒充真人申请不动产登记的情形时有出现，如有一间门市登记为甲、乙共同共有，甲因投资需要用该门市作抵押向银行获取贷款。由于种种原因，甲不想让乙知道其要用门市抵押获取贷款。甲编造理由拿到了乙的居民身份证后找到外貌与乙酷似的丙，让丙冒充乙。之后，甲、丙与银行签订了抵押合同，其后，甲、丙与银行共同持居民身份证、借款合同、抵押合同等材料向登记机构申请抵押权登记。登记机构经审查后办理了该抵押权登记。那么，登记机构办理的假人冒充真人申请的不动产抵押权登记合法、有效吗？

笔者认为，一般情形下，假人冒充真人申请不动产登记，实质上真人没有申请不动产登记，换言之，如果不动产登记程序因假人的申请而启

动，实质上是未经真人的申请而启动，如果登记机构办理了该件不动产登记，则其办理的不动产登记步骤不齐全，有程序违法的事实存在，即登记机构办理的假人冒充真人申请的不动产登记不合法。那么，登记机构对申请人的真假有识别责任吗？

笔者认为，如前所述，因真、假申请人的申请启动的不动产登记直接决定登记机构办理不动产登记的程序（步骤）是否齐全、完整，是否符合法律的规定，最终决定登记机构办理的不动产登记是否合法、有效，因此，登记机构对申请人的真假有识别的责任。在司法实务中，河南省固始县人民法院在"原告翁某静不服被告某自然资源局行政登记行为案"中认为"被告在履行不动产登记职责时，未尽到审慎审查义务。在结婚证姓名、照片与身份证姓名、照片及到场相关人员明显不一致情况下，未要求相关人员予以合理说明或者补正材料；没有登记申请书。故其登记行为主要证据、违反法定程序"[①]。据此可知，人民法院关于"结婚证姓名、照片与身份证姓名、照片及到场相关人员明显不一致"的认为，表明到场的不动产登记申请人系他人冒充，即诉争的不动产登记系由假人冒充真人申请，且登记机构对该假的申请人没有尽到合理审慎的识别责任，故登记机构办理的该件不动产登记被人民法院认定为违反法定程序。

在不动产登记实务中，登记机构如何对不动产登记申请人的真实性进行审查呢？换言之，登记机构对不动产登记申请人的真实性该如何履行合理审慎的审查职责呢？

笔者认为，登记机构只是人民政府的负责办理不动产登记的社会事务管理、服务机构，不是专业的人脸识别、基因检测等精确辨别真人、假人的机构。登记人员除具有不动产登记专业知识外，在真人、假人的识别能力上与一般的社会人并无不同，因此，登记机构应当以一般社会人的认知标准对不动产登记申请人的真实性进行审查，即查验申请人的相貌与身份证明上的人像是否相像或是否相似。如果相像或相似，就可以判定其为真

---

① 河南省固始县人民法院："原告翁某静不服被告某自然资源局行政登记行为案"，https://wenshu.court.gov.cn，访问日期：2022年4月22日。

人，否则作假人判定。为了慎重起见，笔者认为，登记机构对不动产登记申请人的真实性的审查要点有：一是查验申请人的相貌与其提交的居民身份证上的相貌是否相像或是否相似；二是询问申请人的年龄、居住地址、出身年月等信息，查验其回答与居民身份证上载明的年龄、居住地址、出身年月等信息是否相符合；三是明确告知申请人冒充他人申请不动产登记要承担法律责任，且要对其进行不动产登记申请时的状况现场拍照后转化为纸介质材料存档备查，从心理上威慑冒充真人申请不动产登记的假人；四是如果申请人申请的是变更登记、转移登记等后续登记的，还应当调取存档的申请人的身份证明复印件，查验存档的身份证明复印件上载明的信息与现时收取的身份证明上载明的信息是否一致或是否对应，查验现场的申请人相貌、现时收取的身份证上的人像、存档的身份证明复印件上的人像是否相像或是否相似。另外，如果存档的申请人在申请材料上的签名字体、字迹与现时的申请人在申请材料上签名的字体、字迹差异较大的，应当要求申请人做出合理的说明并记录在案等。若如此，笔者认为，登记机构对不动产登记申请人的真实性的审查履行了合理审慎的职责。

二、不动产登记嘱托机关的真实性审查

如前所述，依嘱托登记，是指登记机构根据人民法院等国家机关依法定职权作出的要求办理不动产登记的公文启动的不动产登记。因此，嘱托机关是人民法院、监察机关、各级人民政府及县级以上人民政府的行政部门（如公安机关、税务机关等）等有权的国家机关。在司法实务中，《最高人民法院、国土资源部、建设部关于依法规范人民法院执行和国土资源房地产管理部门协助执行若干问题的通知》（法发〔2004〕5号）第二条第三款规定，人民法院执行人员到国土资源、房地产管理部门办理土地使用权或者房屋查封、预查封登记手续时，应当出示本人工作证和执行公务证，并出具查封、预查封裁定书和协助执行通知书。据此可知，人民法院嘱托登记机构办理相关房地产登记时，是由其执行人员持本人工作证和执行公务证具体实施，而非审判人员、司法警察或其他法院工作人员实施。

第四章　不动产登记的真实性审查

《国家监察委员会办公厅　自然资源部办公厅关于不动产登记机构协助监察机关在涉案财物处理中办理不动产登记工作的通知》（国监办发〔2019〕3号）第二条规定，监察机关到不动产登记机构办理不动产登记时，应当出具监察文书和协助执行通知书，由两名工作人员持上述文书和本人工作证件办理。根据工作需要，也可以出具委托函，委托财政部门、国有资产管理部门或者其他被授权协助处理涉案财物的单位，由其两名工作人员持本人工作证件、委托函、监察机关出具的监察文书和协助执行通知书办理。据此可知，监察机关嘱托登记机构办理相关不动产登记时，由其两名工作人员持工作证件具体实施。受监察机关委托的其他国家机关嘱托登记机构办理相关不动产登记时，由受托的国家机关的两名工作人员持其工作证件和监察机关出具的委托函具体实施。概言之，有权的国家机关嘱托登记机构办理相关不动产登记时，没有要求该国家机关提交身份证明的规定，但有明确的要求该国家机关具体承办嘱托登记的人员提交工作证件的规定。我国幅员辽阔，登记机构可能接受来自全国各地的有权的国家机关的嘱托办理相关不动产登记，如四川某县的登记机构曾经按东北某县的监察机关的嘱托办理转移登记；广东某市的登记机构按西北某市人民法院的嘱托办理查封登记等。因此，登记机构对嘱托其办理相关不动产登记的国家机关是否存在或是否真实的审查，以及对该国家机关具体承办嘱托登记的人员的真实性的审查存在难度。为此，笔者认为，登记机构对嘱托其办理相关不动产登记的国家机关及其具体承办嘱托登记的人员的真实性的审查要点有：一是对异地的国家机关，从互联网上登录该国家机关的官网或所在行政区域的政务服务网，核实是否存在该国家机关。依该官网上的联系方式联系该国家机关，核实其是否对本登记机构有嘱托不动产登记事宜。对本地的国家机关，则只需通过办公电话或网络途径核实其是否对本登记机构有嘱托不动产登记的事宜。二是查验嘱托机关具体承办嘱托登记的工作人员的工作证件上的人像与该工作人员是否相像或是否相似。工作证件上没有人像，或没有工作证件但有工作联系公文的工作人员，登记机构应当查看工作证件、工作联系公文上的人员姓名与其居民身份证件上的姓名是否一致等。

第二节　申请登记的不动产的真实性审查

土地、建筑物、构筑物、海域、林木等不动产，是承载记载在登记簿上的不动产权利或其他相关事项的物质实体，"皮之不存在，毛将焉附"，如果不动产不存在或不真实，附于其上的不动产权利或其他相关事项岂能存在或真实。因此，对申请登记的不动产的真实性进行审查，也是不动产登记审查的关键。

一、对申请登记的不动产的真实性审查

对申请登记的不动产的真实性审查，笔者认为，登记机构主要通过实地查看的方式对申请登记的不动产的真实性进行审查。在不动产登记实务中，《不动产登记暂行条例实施细则》第十六条规定："不动产登记机构进行实地查看，重点查看下列情况：（一）房屋等建筑物、构筑物所有权首次登记，查看房屋坐落及其建造完成等情况；（二）在建建筑物抵押权登记，查看抵押的在建建筑物坐落及其建造等情况；（三）因不动产灭失导致的注销登记，查看不动产灭失等情况。"据此可知，登记机构办理房屋等建筑物、构筑物所有权首次登记，在建建筑物抵押权登记和因不动产灭失导致的注销登记时才应当实地查看。办理其他的不动产登记时，实地查看不是登记机构应当履行的职责。但是，《民法典》第二百一十二条第二款规定，申请登记的不动产的有关情况需要进一步证明的，登记机构可以要求申请人补充材料，必要时可以实地查看。据此可知，登记机构办理不动产登记时，认为有必要实地查看的，可以实地查看申请登记的不动产。虽然这是裁量性的规定，但登记机构实地查看的目的是审查申请登记的不动产的真实性，确保登记簿上记载的不动产内容合法、真实、有效，这个目的是正当的，不违反法律的规定授予登记机构实地查看不动产的裁量权的初衷，即这个实地查看是符合法律规定的。因此，笔者认为，登记机构

第四章 不动产登记的真实性审查

可以实地查看申请登记的不动产的情形主要有：一是不动产首次登记；二是不动产自然状况（界址、面积、层数等）、用途变更产生的变更登记；三是在建建筑物抵押权登记；四是因不动产实体（物理）灭失产生的注销登记等。换言之，这些情形也是登记机构对申请登记的不动产的真实性进行审查的情形。登记机构对申请登记的不动产的真实性进行审查的要点有：一是从空间上确定实地查看的不动产与申请登记的不动产是否一致；二是查验申请登记的不动产内容与实地查看的不动产情况是否相符合；三是查验不动产有无变更情形等。

（一）从空间上确定实地查看的不动产与申请登记的不动产是否一致

在不动产登记实务中，申请人虚报不动产登记的情形时有发生，如一工业集中区内，通过招商引资进来的甲、乙是相邻的二厂，且甲、乙二厂的用地面积、形状和厂房建造规模、标准相同。当地招商引资部门同时为甲、乙二厂代办了用地、建设工程规划许可等手续。一年后，甲厂建造了 20 幢标准厂房，但一直未申请办理首次登记，因业主投资方向转变，一直空置。乙厂却没有开工建造，乙厂为了获取贷款，凭自己的用地、建设工程规划材料及伪造的 20 幢厂房的竣工材料、不动产权籍调查成果材料向登记机构申请首次登记。登记机构经审查受理了乙厂的首次登记申请，查看现场时，乙厂引领登记人员查看的却是甲厂空置的厂区，遗憾的是登记人员没有仔细核实、查看，没有发现乙厂申请登记的是此不动产，实地查看的却是彼不动产，最终核准了乙厂的首次登记。首次登记完成后，乙厂负责人用该不动产抵押获取贷款后消失。因此，登记机构应通过实地查看不动产，核实申请登记的不动产的坐落、坐标，从空间上确定申请登记的不动产与实地查看的不动产是否一致，以避免此类张冠李戴的现象产生：一是查验实地查看的不动产的坐落名称与登记申请书上载明的申请登记的不动产的坐落名称是否同一。如果不同一，是否有县级以上人民政府地名管理、住房与城乡建设、水利等行政机关依法出具的坐落名称变更证明。二是查验实地查看的不动产的界址点坐标与申请登记的不动产的权籍调查成果报告上的界址点坐标是否一致等。

（二）查验申请登记的不动产内容与实地查看的不动产情况是否相符合

通过实地查看，核实实地查看的不动产存在状况与申请登记的不动产的内容是否相符合：一是首次登记的，查验建筑物、构筑物是否已经竣工，建筑物、构筑物的层数、套数或间数、用途、面积与申请登记的内容是否相符合或是否对应，林木等其他定作物的整体形状、林班、小班、林（树）种与申请登记的内容是否相符合等；二是申请在建建筑物抵押权登记的，查验抵押范围是否是该在建建筑物的已完工部分，查验抵押范围与登记申请书上载明的是否相符合；三是申请因不动产实体（物理）灭失产生的注销登记的，查验该不动产是否已经全部灭失等。

（三）查验不动产有无变更情形

在不动产登记实务中，房屋建造完工后一直没有申请首次登记，后来，房屋发生变更后才申请首次登记的情形时有出现，如张某办理了用地、建设工程规划许可手续后，建造了一幢砖木结构的瓦房自住，后来，张某将该房屋改造成砖混结构的自住房，但房屋面积不变。现张某持最初办理的用地、建设工程规划许可手续等材料向登记机构申请首次登记，但建设工程规划许可手续载明房屋结构是"砖木"，登记人员实地查看时，发现房屋结构是砖混，且房屋有明显的改造痕迹，遂作出不予登记决定。当事人在签订抵押合同后，办理在建建筑物抵押权登记前擅自变更抵押标的物的情形也时有出现，如甲厂正在修建一幢五楼一底的厂房，一至三层完工后，甲厂为了获取贷款，与银行协商，用已完工的一至三层作抵押。抵押合同签订后，甲厂采纳施工企业的建议，擅自在第一层的两侧各增建了一间房屋。甲厂、银行向登记机构申请在建建筑物抵押权登记。登记机构受理在建建筑物抵押权登记申请后，登记人员实地查看时，发现了第一层的两侧增建的房屋，由于其擅自增建导致整个在建建筑物的建造行为违法，即该幢在建建筑物为违法的在建建筑物。在司法实务中，按《最高人民法院关于适用〈中华人民共和国民法典〉有关担保制度的解释》（法释〔2020〕28号）第四十九条第一款规定，一般情形下，以违法的建筑物抵押的，抵押合同无效。因此，登记机构对该在建建筑物抵押权登记申请作出不予登记决定。因此，通过实地查看，核实不动产是否有变更情形发生，从而确定其与申请登记的不动产是否一致。

概言之，通过实地查看，掌握不动产的坐落、界址点坐标、存在状况信息、变更情形等，从而判断其与申请登记的不动产是否一致，以确保申请登记的不动产的真实性。

二、对嘱托登记的不动产的真实性审查

关于嘱托登记中的不动产的真实性审查，笔者认为审查要点有：一是对首次登记的不动产，嘱托机关送达不动产权籍调查成果报告的，登记机构不再对其真实性进行审查。否则，登记机构按照依申请登记的不动产的真实性审查要求对其真实性进行审查。二是嘱托变更登记、转移登记、更正登记等后续不动产登记的，对不存在实体（物理）分割或合并的不动产，或存实体（物理）分割，但嘱托机关送达了分割后的不动产权籍调查成果报告的，登记机构不再对其进行真实性审查。否则，登记机构按照依申请登记的不动产的真实性审查要求对其真实性进行审查。三是通过前述审查，登记机构对嘱托登记的不动产的真实性仍然存疑的，也不得停止嘱托登记的办理，同时，根据审查掌握的情况向嘱托机关提出审查建议。

第三节 不动产登记材料的真实性审查

笔者认为，登记机构对嘱托机关送达或发送的嘱托登记材料和登记机构依法定职权启动不动产登记的材料的真实性不作审查，因此，本节不动产登记材料的真实性审查，是指登记机构对依申请启动的不动产登记材料的真实性进行审查。如前所述，不动产登记材料包括：一是申请人或其代理人提交的登记申请材料；二是登记机构通过技术手段、信息共享等方式

获取的材料；三是登记机构履行询问申请人、实地查看不动产、公告等不动产登记职责时产生的材料。对这些材料的真实性该如何审查？

《不动产登记暂行条例》第二十四条规定，不动产登记有关信息与住房城乡建设、农业、林业、海洋等部门审批信息、交易信息等应当实时互通共享。不动产登记机构能够通过实时互通共享取得的信息，不得要求不动产登记申请人重复提交。该暂行条例第二十五条规定，国土资源、公安、民政、财政、税务、工商、金融、审计、统计等部门应当加强不动产登记有关信息互通共享。据此可知，"不动产登记机构能够通过实时互通共享取得的信息，不得要求不动产登记申请人重复提交"表明：通过信息共享或者交换等方式由其他部门依职责分工提供的材料或者信息，登记机构应当依法予以采信。信息提供部门应当及时维护和更新共享信息，对信息的真实性、完整性、可用性和安全性负责。因此，在不动产登记实务中，登记机构原则上不对其通过信息共享或者交换等方式由其他部门依职责分工提供的材料或者信息的真实性作审查，将其直接用作办理不动产登记的证据材料，这些材料或者信息的真实性由其发布或提供部门负责。登记机构履行询问申请人、实地查看不动产、公告等不动产登记职责时产生的材料，系由登记机构自身制造或出具，对其真实性也无须再审查。概言之，本节中不动产登记材料的真实性审查，是指登记机构对申请人或其代理人提交的不动产登记申请材料的真实性进行审查。

《不动产登记暂行条例》第十六条第一款规定："申请人应当提交下列材料，并对申请材料的真实性负责：（一）登记申请书；（二）申请人、代理人身份证明材料、授权委托书；（三）相关的不动产权属来源证明材料、登记原因证明文件、不动产权属证书；（四）不动产界址、空间界限、面积等材料；（五）与他人利害关系的说明材料；（六）法律、行政法规以及本条例实施细则规定的其他材料。"在司法实务中，《最高人民法院关于审理房屋登记案件若干问题的规定》（法释〔2010〕15号）第十二条规定，申请人提供虚假材料办理房屋登记，给原告造成损害，房屋登记机构未尽合理审慎职责的，应当根据其过错程度及其在损害发生中所起作用承担相应的赔偿责任。据此可知，一般情形下，申请人对其提交的登记申请材料的真实性负责，但是，登记机构对申请人提交的登记申请材料的真实性没有履行合理审慎的审查职责就办理的不动产登记，产生诉讼的，也要承担相应的不利后果。在司法实务中，湖南省株洲市芦淞区人民法院在"原告陈某与被告某自然资源和规划局、第三人杨某房屋所有权登记一案"中认为"办理房屋转移登记时，第三人提交了虚假的《离婚协议书》，致使被告错误地为第三人办理了房屋转移登记，该登记行为依据不足，实体违法，损害了原告的合法权益。被告为第三人办理的房屋转移登记行为违反了《中华人民共和国行政诉讼法》第七十条第（一）项、第（三）项的规定，应当确认违法，并予以撤销"[1]。据此可知，人民法院的认为表明，登记机构基于不真实的登记申请材料办理的不动产登记，在诉讼中不会得到人民法院的支持。概言之，登记机构对申请人提交的登记申请材料的真实性有审查职责。笔者认为，登记机构对申请人提交的登记申请材料的真实性的审查要点有：一是用通过技术手段获取的相关材料替代申请人或其代理人提交的相应的登记申请材料；二是区别申请材料介质审查其真实性；三是从申请材料的内容上审查其真实性；四是通过查阅、比对与申请材料相关的登记簿、存档的不动产登记材料审查其真实性等。

一、用通过技术手段获取的相关材料替代申请人或其代理人提交的相应的登记申请材料

如前所述，登记机构不对其通过信息共享渠道获取的不动产登记材料的真实性进行审查，且《不动产登记暂行条例》第二十四条规定，不动产登记有关信息与住房城乡建设、农业、林业、海洋等部门审批信息、交易信息等应当实时互通共享。不动产登记机构能够通过实时互通共享取得的信息，不得要求不动产登记申请人重复提交。据此可知，登记机构可以通

---

[1] 湖南省株洲市芦淞区人民法院："原告陈某与被告某自然资源和规划局、第三人杨某房屋所有权登记一案"，https://wenshu.court.gov.cn，访问日期：2022年4月9日。

过信息技术手段和信息共享渠道获取申请人的身份证明、权属来源材料（不动产登记原因材料）替代申请人或其代理人提交的同种或同类登记申请材料。因此，在不动产登记实务中，在条件成就的情形下，登记机构应当用通过信息技术手段获取的相关材料替代申请人或其代理人提交的相应的登记申请材料，确保不动产登记材料的真实性。登记机构获取这些材料时，采用截屏后打印或直接打印的方式将这些电子介质材料转化为纸介质材料，转化后的纸介质材料应当保留、保存获取这些材料的途径或渠道，使获取的材料更具有真实性，且该纸介质材料上应当注明截屏日期或打印日期，还应当有申请人或其代理人、打印人的确认签名。

二、区别申请材料介质审查其真实性

1. 对纸介质登记申请材料的真实性审查

在司法实务中，按《最高人民法院关于行政诉讼证据若干问题的规定》（法释〔2002〕21号）第六十三条第（三）项规定，证明同一事实的数个证据，原件的证明效力优于复印件、复制件。据此可知，登记机构办理的不动产登记产生诉讼时，就不动产登记中的同一事实，证明该事实的证据中同时出现原件、复印件或复制件时，原件的效力优于复印件或复制件。因此，对申请人现场申请的不动产登记，在受理环节，登记机构在接收申请人或其代理人提交的登记申请材料后，不能用通过技术手段获取的相关材料替代申请人或其代理人提交的相应的登记申请材料的，原则上应当收取原件。对实在不能收取原件的，如申请人的军官证，登记机构须收取与该原件一致的复印件，且该复印件上应当有申请人或其代理人和验证的登记人员的签名、验证日期。在诉讼中，对于不动产登记档案中存档保存的登记材料复印件，登记机构能够清楚、合理说明收取复印件原因的，人民法院不应轻易否定该登记材料复印件的证明效力[1]。据此可知，一般情形下，诉讼中，合理收取的不动产登记申请材料复印件也会被人民法院采信。

---

[1] 王旭军：《不动产登记司法审查》，法律出版社2010年版，第221页。

2. 电子介质申请材料

《自然资源部办公厅关于印发〈"互联网+不动产登记"建设指南〉的通知》(自然资办函〔2020〕1355号)要求,面向社会公众,以互联网为载体,通过PC端、手机App等多种形式,提供不动产登记业务在线申请的统一入口。网上"一窗办事"平台按照一体化平台的相关标准要求,实现与统一身份认证系统、统一电子印章系统、统一电子证照共享服务系统对接,依托一体化平台公共支撑能力,实现用户线上申请统一注册、统一身份认证和人像比对,实现符合登记要求的电子证照及文件跨地区、跨部门共享,促进材料免提交。据此可知,申请人通过"一窗办事"平台的网络途径申请的不动产登记,由于其提交的是电子介质登记申请材料,登记机构应当审查登记申请书及其他材料上申请人的电子签名或者电子印章是否符合国家的相关规定,对其中扫描、拍照纸质材料形成的登记申请材料的真实性不作审查,直接采用。

三、从申请材料的内容上审查其真实性

内容真实是申请材料的灵魂,内容不真实的申请材料对申请登记的事项没有证明效力,登记机构不得用作办理不动产登记的证据材料。因此,从申请材料的内容上审查其真实性是有效的方法,审查要点有:一是查验申请材料上有无涂抹、刮擦、删改等痕迹。如果有,在涂抹、刮擦、删改处有无当事人的签名、签章。有涂抹、刮擦、删改等痕迹,且相应的痕迹处无当事人的签名、签章的,申请材料的真实性存疑。二是查验申请材料上的签名、签章是否清晰。签名、签章不清晰的申请材料真实性存疑,登记机构不得采用为办理不动产登记的证据材料。三是查验申请材料的制作或产生日期是否符合常理,如某市不动产登记机构受理申请人申请的转移登记时,收到的民事判决书的出具日期是某年2月30日,每年的2月只有28日或29日,受理人员认为该判决书的出具日期不合乎常理,于是通过办公电话与出具该判决书的人民法院核实,人民法院明确告知登记机构该判决书并非其出具。因此,制作日期或产生日期不符合常理的申请材

料，登记机构应当慎重对待，可以通过电话、走访、发送电子邮件（E-mail）等有效方式核实其真实性，否则，真实性存疑。四是审查有骑缝章的申请材料时，查看是否每一页材料都有骑缝章的印痕，且印痕是否清晰、衔接。审查有钢印的申请材料时，如果第一页和最后一页材料上的相应位置有钢印印痕的，则应当每一页材料上的相应位置都应当有钢印印痕。笔者在曾经的房屋登记实务中，办理继承转移登记时，查验一份首页和末页有公证机构钢印印痕的继承权公证书时，发现其中一页完全没有钢印印痕，经与制作该公证书的公证机构电话核实得知，该页为当事人擅自抽取原件篡改后加入的。显然，此继承权公证书不真实。五是查验申请材料内容是否清楚明白，材料间的内容是否相互印证。材料内容不清楚、不明白，材料间的内容不能相互印证的，该材料的真实性存疑。如申请人用未成年人的不动产作借款抵押，申请抵押权登记时，提交的借款合同上的借款用途是"流动资金"，但未成年人的监护人出具的借款用途保证书的借款用途却是"为未成年人筹集学费"，即借款合同与借款用途保证书上的内容不能相互印证，借款合同或借款用途保证书的真实性存疑。

四、通过查阅、比对与申请材料相关的登记簿、存档的不动产登记材料审查其真实性

登记机构办理变更登记、转移登记、异议登记等后续登记时，对申请人或其代理人提交的登记申请材料的真实性存疑时，应当通过查阅、比对与申请材料相关的登记簿、存档的不动产登记材料审查其真实性：一是查验现时提交的登记申请材料中申请人的身份证明与登记簿上记载的权利人信息是否相符，与存档的权利人的身份证明复印件是否一致或是否对应。查验现时提交的身份证明上的人像与存档的身份证明复印件上的人像是否相像或是否相似。二是查验现时的登记申请材料上申请人的签名、签章与存档的申请材料上的签名、签章是否相符合。在司法实务中，黑龙江省七台河市桃山区人民法院经审理查明："20××年6月7日，被告人王某娟在为谢某（已死亡）、王某2（另案处理）办理某总工会综合楼，产籍号

第四章　不动产登记的真实性审查

为 1-717831-022-000501、1-717831-022-000601、1-717831-022-000701 的三户房屋抵押权注销登记业务过程中，对其提交的虚假的'关于解除抵押说明'没有认真审核，在受让方'中国华某资产管理股份有限公司黑龙江分公司'公章与原始印章不一致的情况下，仍按照正常程序办理了解除抵押登记手续。"黑龙江省七台河市桃山区人民法院认为"被告人王某娟作为某房产管理局档案室工作人员，在办理房屋抵押注销业务过程中，严重不负责任，不认真履行职责，致使被害人遭受重大经济损失，情节特别严重，其行为已构成玩忽职守罪，公诉机关指控罪名成立，应予支持"，遂作出被告人王某娟有罪的判决。目前，该判决已经生效①。三是查验申请登记的内容与登记簿上的记载或存档的不动产登记材料上的记载是否一致或是否对应。如张三持银行的授权委托书、还款证明等材料向登记机构申请抵押权注销登记时，还款证明上载明"在我行的流动资金借款 50 万元本息已结清"，登记人员查询存档的借款合同，借款合同上载明的借款用途是"消费"，显然，作为抵押权注销登记申请材料的还款证明上的借款用途与存档的借款合同上载明的借款用途不对应，还款证明的真实性存疑，应当要求申请人补正材料后再申请抵押权注销登记。四是查验登记申请材料上载明的不动产与登记簿或存档的不动产登记材料上载明的不动产是否一致。如赵某擅自将登记为其妻子单独所有的房屋转让给王某，赵某持其妻子的居民身份证、授权委托公证书、不动产权属证书等材料，与王某一起向登记机构申请因转让房屋产生的转移登记，登记机构查阅登记簿和存档的不动产权籍调查成果报告，发现登记簿上的附图和存档的不动产权籍调查成果报告中分户图上房屋的阳台宽度均是 1.65 米，但赵某提交的不动产权属证书上却是 1.63 米，即关于房屋阳台的宽度，登记簿上的附图和存档的不动产权籍调查成果报告载明的数据与作为转移登记申请材料的不动产权属证书载明的数据不同一，不动产权属证书的真实性存疑，后经调查才知道该不动产权属证书系赵某伪造。

---

① 黑龙江省七台河市桃山区人民法院："七台河市桃山区人民检察院指控被告人王某娟犯玩忽职守罪"，https://wenshu.court.gov.cn/，2022 年 4 月 8 日访问。

第五章 不动产登记的关联性审查

不动产登记的关联性审查，实质上是登记机构对不动产登记材料进行关联性审查，即登记机构对申请人申请和嘱托人嘱托不动产登记时提交的登记申请材料、送达或发送的嘱托登记材料间是否有内在联系，能否对不动产登记中的不动产权利或其他相关事项的合法、真实、有效予以证明进行检查、核对、比较、分析。如果申请人申请登记和嘱托人嘱托登记的不动产权利或其他相关事项，与其提交的登记申请材料、送达或发送的嘱托登记材料间没有内在联系，则这些材料对拟记载在登记簿上的不动产权利或其他相关事项没有证明作用。如果申请人提交、嘱托人送达或发送的不动产登记材料相互间没有内在联系，相互间不对应，则不能共同证明拟记载在登记簿上的不动产权利或其他相关事项的合法、真实、有效。换言之，拟记载在登记簿上的不动产权利或其他相关事项没有证据支撑，就不能被登记机构记载在登记簿上。在司法实务中，湖北省武穴市人民法院在"原告湖北某楚置业有限公司（以下简称'某楚公司'）诉被告某不动产登记中心、第三人武汉东湖高新区某生小额贷款有限公司（以下简称'某生公司'）和某青建设集团有限公司（以下简称'某青公司'）撤销抵押登记行政行为一案"中认为"某楚公司提供的某生公司《交易对手查询报表》显示，自20××年11月30日起至20××年12月26日止某生公司与某楚公司没有发生交易行为。但该款项的支付与否，属某生公司、某青公司与某楚公司之间的借贷关系成立与否，与抵押登记行为并无关联性"[①]。

---

① 湖北省武穴市人民法院："原告湖北某楚置业有限公司诉被告某不动产登记中心、第三人武汉东湖高新区某生小额贷款有限公司和某青建设集团有限公司撤销抵押登记行政行为一案"，https://wenshu.court.gov.cn，访问日期：2022年4月10日。

据此可知，人民法院的认为表明，申请人申请登记的不动产抵押权与其提交的登记申请材料间应当有关联性，否则不能被登记机构采用为办理抵押权登记的证据材料。申言之，申请人申请登记的不动产权利或其他相关事项与其提交的登记申请材料间应当有关联性，否则登记机构不应当采用为办理不动产权利或其他相关事项登记的证据材料。笔者认为，登记机构对不动产登记材料关联性的审查要点有：一是审查单个的不动产登记材料与不动产登记间是否存在关联；二是审查各个不动产登记材料相互间是否存在关联。

第一节　单个的不动产登记申请材料与不动产登记间的关联性审查

单个的不动产登记申请材料与不动产登记间的关联性审查，是指该材料与申请人申请或其代理人代为申请的不动产登记的合法性、真实性间是否有内在联系，是否能证明该不动产登记事实的合法、真实。

在不动产登记实务中，申请人或其代理人提交的登记申请材料要证明的事实主要有：一是不动产登记是由申请人或其代理人申请启动的；二是申请登记的不动产权利或其他相关事项权属清晰；三是申请人有权处分或变更不动产权利、其他相关事项；四是申请登记的不动产自然状况合法、真实等。因此，登记机构对单个的不动产登记申请材料与不动产登记间是否存在关联的审查要点有：一是查验不动产登记申请书与申请人身份证明或其代理人的代理手续间是否存在关联；二是查验登记原因材料与申请书上申请登记的不动产权利或其他相关事项间是否存在关联；三是查验申请人有权处分、变更不动产权利或其他相关事项的材料与被处分、被变更的不动产权利或其他相关事项间是否存在关联；四是查验不动产权籍调查成果报告与申请登记的不动产间是否存在关联等。

一、不动产登记申请书与申请人身份证明或其代理人的代理手续间的关联性审查

不动产登记申请书与申请人身份证明或其代理人的代理手续间的关联性审查，是指登记机构对申请人或其代理人提交的不动产登记申请书和申请人的身份证明或其代理人的代理手续间是否存在内在联系进行审查。

登记机构对不动产登记申请书与申请人的身份证明或其代理人的代理手续间的关联性进行审查的要点有：一是查验不动产登记申请书上的申请人与申请人的身份证明是否一致或是否对应，即不动产登记申请书上的申请人与申请人身份证明上的人是否系同一人。如集体建设用地使用权及地上房屋所有权首次登记申请书上的申请人（权利人）、申请人身份证明上的人均是甲。再如王五为了向张三借款，将登记为其单独所有的不动产抵押给张三，申请一般抵押权登记时，不动产抵押权登记申请书上的申请人是张三（权利人）、王五（义务人），但申请人身份证明中有张三、王五及其妻子赵六的居民身份证，则王五的妻子赵六的居民身份证与登记申请书间没有内在联系，即没有关联性。二是查验不动产登记申请书与申请人的代理人的代理手续间是否有内在联系。如抵押人甲公司与抵押权人乙银行共同申请最高额抵押权登记时，最高额抵押权登记申请书上的抵押人是甲公司，申请人中有甲公司和甲公司的代理人丙，登记申请材料中有甲公司委托丙代其申请最高额抵押权登记的委托书，据此可知，最高额抵押权登记申请书与甲公司委托丙代其申请最高额抵押权登记的委托书间存在内在联系，即最高额抵押权登记申请书与甲公司委托丙代其申请最高额抵押权登记的委托书间有关联性。再如张三将登记为其单独享有的房地产转让给李四，张三书面委托王五代其配合李四申请转移登记，但委托书中没有载明王五有转委托权。后来，王五因事不能代张三配合李四申请转移登记，就书面转委托赵六配合李四申请转移登记。李四、赵六持转移登记申请书、张三给王五的委托书、王五给赵六的转委托书等材料申请转移登记，转移登记申请书上的申请人是张三（义务人），但代理人是赵六。赵六作

为张三的代理人不适格。由于张三给王五的委托书没有载明王五有转委托权，因此，王五给赵六的转委托书与转移登记申请书间没有内在联系，即王五给赵六的转委托书与转移登记申请书间没有关联性。

二、登记原因材料与申请登记的不动产权利或其他相关事项间的关联性审查

登记原因材料与申请登记的不动产权利或其他相关事项间的关联性审查，是指登记机构对登记原因材料能否证明申请登记的不动产权利或其他相关事项的权属、权利性质、权利内容是否清晰进行的审查。

登记机构对登记原因证明材料与申请登记的不动产权利或其他相关事项间的关联性进行审查的要点是：查验登记原因材料对申请人申请登记的不动产权利或其他相关事项的权属、权利性质、权利内容是否清晰有充分的证明作用。如陈五申请国有建设用地使用权及地上房屋所有权首次登记时，提交的登记申请材料中的土地出让合同、建设工程规划核实证明和建设工程竣工备案表证明：陈五在其依法取得国有建设用地使用权的宗地上，按照建设工程规划条件建造了房屋并竣工。因此，陈五提交的土地出让合同、建设工程规划核实证明和建设工程竣工备案表组合后能够清晰地证明其依法享有国有建设用地使用权及地上房屋所有权，即登记原因材料与申请登记的不动产权利间有关联性。再如抵押权人张三与抵押人李四申请因债务履行期间变更产生的一般抵押权变更登记，提交的抵押权变更协议载明的变更内容却是抵押期限变更。债务履行期间与抵押期限是两个不同的概念，即抵押权变更协议不能清晰地证明抵押权内容的变更，此登记原因材料与申请登记的事项间无关联性。在司法实务中，四川省乐山市市中区人民法院在"原告邓某华诉被告某自然资源局不履行土地使用权更正登记一案"中认为"其次，根据 1990 年 5 月 19 日施行的中华人民共和国国务院令 55 号《中华人民共和国城镇国有土地使用权出让和转让暂行条例》第八条及 1992 年 3 月 8 日施行的《划拨土地使用权管理暂行办法》第六条之规定，以出让等有偿使用方式取得土地使用权，土地使用者应当

与市、县人民政府管理部门签订土地使用权出让合同，并向国家支付土地使用权出让金。本案原告在取得案涉土地使用权时既未与市、县人民政府管理部门签订土地使用权的出让合同，也未缴纳土地出让金，不符合法律法规所规定的以出让方式取得土地使用权的情形。第三，原告与建筑公司签订的《产权转让协议》约定建筑公司将其自有房屋和生产场地的产权转让给原告，由原告向其支付相应价款。该协议只是为了申请登记而履行的手续，不具有证明权属的绝对效力，并不意味着该宗土地的性质发生改变。故《产权转让协议》不能证明原告主张土地权属为'出让'"①。据此可知，人民法院的认为表明，申请人提交的约定建筑公司将其自有房屋和生产场地的产权转让给原告的《产权转让协议》，不是其与市、县人民政府自然资源管理部门签订的土地使用权出让合同，与其申请登记的土地权属性质为"出让"没有关联。

三、申请人有权处分、变更不动产权利或其他相关事项的材料与被处分、被变更的不动产权利或其他相关事项间的关联性审查

申请人有权处分、变更不动产权利或其他相关事项的材料与被处分、被变更的不动产权利或其他相关事项间的关联性审查，是指登记机构对申请人有权处分、变更不动产权利或其他相关事项的材料与被处分、被变更的不动产权利或其他相关事项间是否对应进行的审查。

登记机构对申请人有权处分、变更不动产权利或其他相关事项的材料与被处分、被变更的不动产权利或其他相关事项间的关联性进行审查的要点是：查验申请人有权处分、变更不动产权利或其他相关事项的材料与被处分、被变更的不动产权利或其他相关事项间是否对应。如甲是无民事行为能力人乙的弟弟，为了给乙筹集医疗费，甲将登记为乙单独所有的一套住房转让给丙，甲、丙持转让合同、人民法院指定甲为乙的监护人的判决

---

① 四川省乐山市市中区人民法院："原告邓某华诉被告某自然资源局不履行土地使用权更正登记一案"，https://wenshu.court.gov.cn，访问日期：2022年5月25日。

书等材料申请转让转移登记。此情形下，作为弟弟的甲转让了属于乙单独所有的住房是履行其监护职责，即人民法院指定甲为乙的监护人的判决书与其转让乙单独所有的房屋权利相对应，二者相关联。再如有一处不动产登记为甲、乙共同共有，甲、乙持有的不动产权属证书上记载的共有情况也是共同共有。甲、乙书面约定将不动产由共同共有变更为按份共有，其中，甲占三分之二份额，乙占三分之一份额。甲、乙持不动产权属证书、变更共有性质的书面约定等材料向登记机构申请变更登记。此情形下，载明共同共有人为甲、乙的不动产权属证书，表明甲、乙有权将不动产的共有情况由共同共有变更为按份共有，即不动产权属证书与甲、乙将不动产的共有情况由共同共有变更为按份共有的事项相对应，二者相关联。

四、不动产权籍调查成果报告与申请登记的不动产间的关联性审查

不动产权籍调查成果报告与申请登记的不动产间的关联性审查，是指登记机构对不动产权籍调查成果报告与申请登记的不动产的实际情况、不动产的自然状况发生变动的情况是否对应进行审查。

登记机构对不动产权籍调查成果报告与申请登记的不动产的实际情况、不动产自然状况发生变动的情况间的关联性进行审查的要点是：查验不动产权籍调查成果报告与申请登记的不动产的实际情况、不动产的自然状况发生变动的情况是否对应。如甲持土地经营权合同、不动产权籍调查成果报告等材料申请土地经营权及地上林木所有权首次登记，登记机构受理后，在甲的引领下实地查看，发现不动产权籍调查成果报告上标注的界址点与实地查看情况不一致，经随机抽测，抽测的界线尺寸也与实际情况不一致，此情形下，此不动产权籍调查成果报告与甲申请首次登记的土地经营权及地上林木所有权不对应，即二者不关联。再如张三将登记在其名下的两宗毗邻的国有建设用地合并后，持不动产权属证书、两宗地合并后的不动产权籍调查成果报告等手续申请因宗地合并产生的变更登记，登记机构受理后，在张三的引领下实地查看，经核实，不动产权籍调查成果报

告上宗地的界址、界线尺寸等与实际相符合，即不动产权籍调查成果报告与张三将两宗毗邻的国有建设用地合并成一宗地的情况相对应，即二者相关联。

第二节　各个不动产登记申请材料相互间的关联性审查

各个不动产登记申请材料相互间的关联性审查，是指登记机构对申请人或其代理人提交的全部登记申请材料相互间是否具有内在联系，且彼此间是否能够形成一个证明申请登记的不动产权利或相关事项权属清晰、合法、真实的证据链进行审查。因此，笔者认为，登记机构对各个不动产登记申请材料相互间的关联性进行审查的要点有：一是查验登记申请材料上的当事人是否关联；二是查验登记申请书上申请登记的不动产权利或其他相关事项的内容与登记申请材料上的内容间是否关联；三是查验登记申请材料彼此间是否关联等。

一、登记申请材料上的当事人的关联性审查

登记申请材料上的当事人的关联性审查，是指登记机构对申请人提交的登记申请书、登记原因材料、不动产权籍调查成果材料等申请材料上的申请人、权利人、义务人是否一致或是否对应进行的审查。

登记机构对登记申请材料上的当事人的关联性进行审查的要点是：查验登记申请书、登记原因证明材料、不动产权籍调查成果材料等申请材料上的申请人、权利人、义务人是否一致或相互之间是否有内在联系。如张三、李四是夫妻，张三以其名义取得一宗国有建设用地使用权后，在地上建造了一幢房屋，房屋竣工后，张三又以其名义取得了建设工程规划核实验收凭证和房屋竣工验收备案表。现张三、李四共同持土地出让合同、建设工程规划核实验收凭证、房屋竣工验收备案表、结婚证等材料向登记机构申请国有建设用地使用权及地上房屋所有权首次登记。登记申请书上的申请人（权利人）为张三、李四，申请登记的共有情况是共同共有。此情

形下，登记申请书上的申请人（权利人）为张三、李四，作为登记原因材料的土地出让合同、建设工程规划核实验收凭证、房屋竣工验收备案表上的当事人却是张三，但张三、李四的结婚证建立起了登记申请书上的申请人（权利人）和登记原因材料（土地出让合同、建设工程规划核实验收凭证、房屋竣工验收备案表）上的当事人间的内在联系，即登记申请书上的申请人（权利人）和登记原因材料上的当事人间存在关联。

二、申请登记的不动产权利或其他相关事项与登记申请材料上的内容间的关联性审查

申请登记的不动产权利或其他相关事项与登记申请材料上的内容间的关联性审查，是指登记机构对登记申请书上申请登记的不动产权利或其他相关事项与登记申请材料上载明的内容是否一致或是否对应进行的审查。

登记机构对申请登记的不动产权利或其他相关事项的内容与登记申请材料上载明的内容间的关联性进行审查的要点是：查验登记申请书上申请登记的不动产权利或其他相关事项与登记申请材料上载明的内容是否一致或是否对应。如某村民以出让方式取得一宗集体建设用地使用权后，依法在地上建造了一幢房屋用于农产品加工，房屋竣工后，该村民持登记申请书、土地出让合同、建设工程规划核实验收凭证、房屋竣工验收备案表、不动产权籍调查成果报告等材料向登记机构申请集体建设用地使用权及地上房屋所有权首次登记，登记申请书上的宗地面积、房屋结构、房屋层数、土地和房屋用途等与土地出让合同、建设工程规划核实验收凭证、房屋竣工验收备案表、不动产权籍调查成果报告等材料上的相关内容一致，但登记申请书上申请登记的房屋建筑面积与不动产权籍调查成果报告上的房屋建筑面积不同一，比建设工程规划核实验收凭证上载明的房屋建筑面积大。此情形下，房屋取得的建设工程规划核实验收凭证，证明房屋建造符合规划条件，即房屋整体建造情况合法，申请登记的房屋建筑面积来源于不动产权籍调查成果报告，虽然大于建设工程规划核实验收凭证上载明的房屋建筑面积，但因其建造合法而有效，建设工程规划核实验收凭证、

登记申请书、不动产权籍调查成果报告间存在内在联系,即建设工程规划核实验收凭证、登记申请书、不动产权籍调查成果报告间存在关联。至于申请登记的房屋的建筑面积大于建设工程规划核实验收凭证上载明的房屋建筑面积,可能是房屋竣工测量与进行房屋权籍调查测量的计算标准不同所致。再如张三为了获取银行的借款,用不动产和机器设备作还款的抵押担保,借款合同上载明的借款数额是 1500 万元,抵押合同上载明的不动产和机器设备担保的债权数额也是 1500 万元。现张三、银行持登记申请书、借款合同、抵押合同、不动产权属证书等材料向登记机构申请一般抵押权登记,但申请书上申请登记的被担保的主债权数额是 800 万元。此情形下,登记申请书上载明的申请登记的被担保的债权数额虽然是 800 万元,少于抵押合同上载明的不动产和机器设备共同担保的 1500 万元,但登记申请书、不动产权属证书、抵押合同组合后表明抵押合同中载明的不动产只担保 1500 万元借款债权中的 800 万元,剩余的 700 万元由抵押合同中载明的机器设备担保。因此,关于申请登记的不动产担保的债权数额,登记申请书、借款合同、抵押合同、不动产权属证书间能充分、清晰地证明其合法、真实,即登记申请书、借款合同、抵押合同、不动产权属证书间存在关联。

三、申请材料彼此间的关联性审查

申请材料彼此间的关联性审查,是指登记机构对不动产登记申请材料相互间是否存在矛盾或冲突,是否能够清晰地证明申请登记的不动产权利或其他相关事项归权利人进行的审查。

登记机构对申请材料彼此间的关联性进行审查的要点是:查验不动产登记申请材料相互间是否存在矛盾或冲突,是否能够清晰地证明权利人基于登记申请材料享有不动产权利或其他相关事项。如张三申请因承包土地造林产生的土地经营权及地上林木所有权首次登记时,提交了登记申请书、土地经营权合同、造林合同、造林情况验收证明、不动产权籍调查成果报告等申请材料,登记机构经审查:登记申请书、土地经营权合同、造林合同、造林情况验收证明、不动产权籍调查成果报告上的权利人同一；登记申请书上申请登记的原因、宗地面积、宗地用途、林种、林班等内容与土地经营权合同、造林合同、造林情况验收证明、不动产权籍调查成果报告上的相关内容相符合。据此可知，登记申请书、土地经营权合同、造林合同、造林情况验收证明、不动产权籍调查成果报告等登记申请材料间不存在相互矛盾或冲突，能够清晰地证明张三享有申请登记的因承包土地取得的土地经营权及造林取得的地上林木所有权，即登记申请材料间相互关联。再如王五、赵六是夫妻，其在婚姻关系存续期间以王五的名义购买了一间门市，夫妻书面约定该门市归王五单独所有（无偿），该门市转移登记到王五名下后，王五领取了不动产权属证书，不动产权属证书记载的共有情况是"单独所有"。后来，王五与赵六离婚，离婚协议约定该门市归赵六。王五、赵六持登记申请书、不动产权属证书、离婚协议等材料向登记机构申请因离婚析产产生的转移登记。登记机构经审查认为：按《民法典》第一千零八十七条第一款规定，离婚时，夫妻的共同财产由双方协议处理。据此可知，夫妻离婚时，可以通过协议方式处理的是其共同财产。王五、赵六通过离婚协议将不属于其夫妻共同财产而属于王五单独所有的财产的门市约定归赵六，不符合法律关于离婚析产的规定，即赵六不能基于离婚析产取得该门市的权利。因此，登记申请书上载明的申请登记原因"离婚析产"与离婚协议、不动产权属证书相矛盾，即登记申请书、离婚协议、不动产权属证书相互间不关联。但是，按《民法典》第一千零六十五条第一款规定，男女双方可以约定婚姻关系存续期间所得的财产以及婚前财产归各自所有、共同所有或者部分各自所有、部分共同所有。约定应当采用书面形式。据此可知，王五、赵六通过离婚协议将不属于其夫妻共同财产而属于王五单独所有的财产的门市约定归赵六，虽然不符合法律关于离婚析产的规定，但也于法有据，此情形下，应当视为王五对赵六的赠与，即王五、赵六申请转移登记的原因应当是"赠与"而非"离婚析产"。在司法实务中，江西省于都县人民法院在"原告胡某兰不服被告某自然资源局对第三人曾某林、赣州金某阳科技林业有限公司林业行政登记一案"中认为"本案中第三人曾某林提交的常住人口登记表和法定继承人关于不动产分配的协议明显存在矛盾,该遗产继承协议书并非全部法定继承人签订,被告据此将谢某彬的林权登记为第三人曾某林单独所有违法,应予撤销"[1]。据此可知,人民法院的认为表明,申请人申请不动产登记时提交的登记申请材料相互间不应当存在矛盾,应当相互对应、印证。

第三节　嘱托登记材料的关联性审查

嘱托登记材料的关联性审查,是指登记机构对嘱托机关送达或发送的嘱托登记材料相互间是否对应进行的核对。在司法实务中,上海市静安区人民法院在"原告王某英、王某红诉被告某自然资源确权登记局要求确认行政行为违法一案"中认为"本案被告下属某中心在收到嘉定法院出具的法律文书时,应当对相关法律文书、协助执行通知书中记载的案号、当事人、查封、注销查封对象等信息是否与被告登记内容一一对应作必要的审查,但某中心在办理嘉定法院20××年10月17日司法协助事项过程中,未认真、仔细核查嘉定法院出具的涉案协助执行通知书、民事裁定书记载的案号、当事人名称等内容,与被告登记系统中记载的涉案房屋尚存的司法查封登记所记载的事项是否一一对应、相符,而简单认为嘉定法院于20××年10月17日出具涉案注销查封手续时,涉案房屋仅存最后一个司法查封登记,故直接办理了注销涉案房屋的司法查封登记手续,进而导致注销查封登记后涉案房屋被再次过户给案外人。嘉定法院就137××号案件的判决事项已无执行可能,被告的错误注销查封登记属被告工作人员在办理司法协助事项中扩大执行范围的范畴,被告下属某中心工作人员明显存在过错。对该过错,对外应由被告承担相应后果"[2]。据此可知,人民法院的认为表明,登记机构在办理依人民法院送达的协助执行通知书

---

[1] 江西省于都县人民法院:"原告胡某兰不服被告某自然资源局对第三人曾某林、赣州金某阳科技林业有限公司林业行政登记一案",https://wenshu.court.gov.cn,访问日期:2022年5月27日。

[2] 上海市静安区人民法院:"原告王某英、王某红诉被告某自然资源确权登记局要求确认行政行为违法一案",https://wenshu.court.gov.cn,访问日期:2022年4月18日。

第五章　不动产登记的关联性审查

及相关法律文书产生的不动产登记时，应当对协助执行通知书和相关法律文书中记载的案号、当事人、查封、注销查封对象等信息进行检查、核对，以履行自己的审查职责。换言之，登记机构依人民法院送达的协助执行通知书办理不动产登记时，应当对该协助执行通知书与附随送达的相关法律文书的关联性进行审查。申言之，登记机构应当对嘱托机关送达或发送的嘱托登记材料相互间的关联性进行审查。

在不动产登记实务中，登记机构对嘱托登记材料相互间的关联性进行审查的要点有：一是查验启动不动产登记的嘱托文书与附随其送达或发送的法律文书、公证文书、检察文书、监察文书、行政文书间是否对应。如办理人民法院基于经公证赋予强制执行效力的债权合同嘱托的不动产登记时，对人民法院出具的协助执行通知书中载明的公证书号码、当事人姓名或名称等相关信息进行核对，如果这些信息同一，则协助执行通知书与附随其送达的公证书相对应，即协助执行通知书与公证书间存在关联。再如办理人民政府因征收房地产嘱托的注销登记时，对要求办理注销登记的通知等嘱托公文上载明的房地产坐落与附随送达的征收决定上载明的征收范围进行核对，如果要求办理注销登记的通知等嘱托公文上载明的房地产坐落属于附随送达的征收决定上载明的征收范围的，则要求办理注销登记的通知等嘱托公文与征收决定相对应，即要求办理注销登记的通知等嘱托公文与征收决定存在关联。又如登记机构办理监察机关嘱托的转移登记时，协助执行通知书上要求将张小某名下的房地产变更登记到某市国有资产管理局名下，附随该协助执行通知书送达的监察文书上载明"对张某登记在其女儿张小某名下的房地产予以没有"，此情形下，协助执行通知书上的当事人是张小某，监察文书上载明的是"张某登记在其女儿张小某名下的房地产"，故协助执行通知书与监察文书相对应，即协助执行通知书与监察文书间存在关联。二是查验启动不动产登记的嘱托文书上的嘱托登记事项与附随送达或发送的法律文书、公证文书、检察文书、监察文书、行政文书载明的事项是否对应。如登记机构办理某行政机关嘱托的查封登记时，发现要求办理查封登记的通知书上的嘱托登记事项是对登记在某行政相对人名下的房地产办理查封登记，但附随该通知书送达的行政决定书上载明的行政决定事项不是"查封"，而是"证据先行登记保存"。"查封"是《行政强制法》第九条规定的行政强制措施，"证据先行登记保存"则是《行政处罚法》第五十六条规定的证据保全措施，即查封与证据先行登记保全属于不同的行政行为。因此，要求办理查封登记的通知书与附随该通知书送达的行政决定不对应，即该行政机关要求办理查封登记的通知书与附随该通知书送达的行政决定间不存在关联。再如登记机构办理人民法院因抵债嘱托的转移登记时，协助执行通知书上载明的嘱托登记事项是"将甲公司名下房地产变更登记到张三名下"，附随该协助执行通知书送达的执行裁定书上载明的裁定事项是"将甲公司名下的房地产抵债给张三"，据此可知，协助执行通知书上载明的嘱托登记事项与附随该协助执行通知书送达的执行裁定书上载明的裁定事项相对应，即协助执行通知书与附随该协助执行通知书送达的执行裁定书间存在关联。

第六章 不动产登记启动材料审查

如前所述,不动产登记启动方式主要有:一是依申请人或其代理人的申请启动;二是依有权的国家机关的嘱托启动;三是登记机构自身依法定职权启动。因此,登记机构对不动产登记启动材料的审查包括:一是对不动产登记申请书进行审查;二是对嘱托机关送达或发送的嘱托文书进行审查;三是对登记机构自身依法定职权启动不动产登记的决定进行审查。

第一节 不动产登记申请书审查

不动产登记申请书审查,是指登记机构对申请人或其代理人提交的启动不动产登记程序的不动产登记申请书的合法性、真实性和关联性进行的审查。不动产登记申请书的审查要点有以下三个方面。

一、不动产登记申请书上的申请人(权利人、义务人)和代理人审查

《不动产登记暂行条例》第十四条规定:"因买卖、设定抵押权等申请不动产登记的,应当由当事人双方共同申请。属于下列情形之一的,可以由当事人单方申请:(一)尚未登记的不动产首次申请登记的;(二)继承、接受遗赠取得不动产权利的;(三)人民法院、仲裁委员会生效的法律文书或者人民政府生效的决定等设立、变更、转让、消灭不动产权利的;(四)权利人姓名、名称或者自然状况发生变化,申请变更登记的;(五)不动产灭失或者权利人放弃不动产权利,申请注销登记的;(六)申请更正登记或者异议登记的;(七)法律、行政法规规定可以由当事人单方申请的其他情形。"在不动产登记实务中,《不动产登记暂行条例实施细

则》第十一条第一款规定，无民事行为能力人、限制民事行为能力人申请不动产登记的，应当由其监护人代为申请。该实施细则第十二条第一款规定，当事人可以委托他人代为申请不动产登记。无民事行为能力人、限制民事行为能力人应当由其监护人代为申请不动产登记。据此可知，《不动产登记暂行条例》将不动产登记的申请方式分为当事人双方申请和当事人单方申请。对由当事人双方申请或单方申请的判定标准：一般情形下，因合同、协议等基于当事人合意的民事法律行为产生的不动产登记（如基于不动产买卖合同产生的转移登记、基于不动产抵押合同产生的抵押权登记等），由当事人双方共同申请。反之，非基于当事人合意的民事法律行为（如因合法建造房屋产生的首次登记、基于继承房屋产生的转移登记等）产生的不动产登记，由当事人单方申请。基于此，对不动产登记申请书上的申请人（权利人、义务人）的审查要点有八个方面。

1. 因合同、协议等基于当事人合意的民事法律行为产生的不动产登记，由当事人双方共同申请登记的情形

审查要点：一是查验不动产登记申请书上的申请人中的权利人、义务人是否是合同、协议等民事法律行为的具体体现材料上载明的权利人和义务人；二是申请变更登记、转移登记、抵押权登记等后续登记的，查验不动产登记申请书上申请人中的权利人（变更登记）、义务人（转移登记中的卖方、抵押权登记中的抵押人）与不动产登记簿或存档的不动产登记材料上记载的权利人是否一致。

2. 对尚未登记的不动产，由当事人单方申请首次登记的情形

当事人对尚未登记的不动产单方申请首次登记，即该当事人对其依法取得或享有的不动产权利申请登记机构在登记簿上予以记载：一是自权利记载于登记簿上时起发生法律效力；二是向不特定的社会公众宣示权利；三是为后续的因变更、处分该不动产产生的变更登记、转移登记、抵押权登记等建立前提。此情形下，审查要点：查验不动产登记申请书上的申请人（权利人）是否是土地出让合同、建设工程规划手续和建设工程竣工手续、土地承包合同等登记原因材料上载明的不动产权利或其他相关事项的权利主体。

3. 当事人单方申请基于继承、受遗赠取得的不动产权利或其他相关事项（如因继承产生的预购商品房预告登记转移登记）转移登记的情形

审查要点：查验不动产登记申请书上的申请人（权利人）是否是继承手续上载明的继承人或遗赠手续上载明的受遗赠人。

4. 当事人单方申请基于人民法院、仲裁机构生效的法律文书或者人民政府生效的决定等设立、变更、转移、消灭不动产权利产生的首次登记、变更登记、转移登记、注销登记的情形

审查要点：一是申请首次登记的，查验不动产登记申请书上申请人（权利人）是否是人民法院、仲裁机构生效的法律文书或者人民政府生效的决定确定的权利取得人；二是申请变更登记、转移登记、注销登记等后续登记的，查验不动产登记申请书上的权利人是否是人民法院、仲裁机构生效的法律文书或者人民政府生效的决定确定的权利取得人（申请人），义务人（权利失去人）与登记簿或存档的不动产登记材料上记载的权利人是否一致或是否对应。

5. 当事人单方申请因权利人姓名、名称或者不动产自然状况变化产生的变更登记的情形

审查要点：查验不动产登记申请书上的申请人（权利人）是否是登记簿或存档的不动产登记材料上记载的权利人。

6. 当事人单方申请因不动产灭失或者权利人放弃不动产权利产生的注销登记的情形

审查要点：查验不动产登记申请书上的申请人（权利人）是否是登记簿或存档的不动产登记材料上记载的权利人。

7. 当事人申请更正登记、异议登记的情形

按《民法典》第二百二十条规定，权利人、利害关系人认为不动产登记簿记载的事项错误的，可以申请更正登记。不动产登记簿记载的权利人不同意更正的，利害关系人可以申请异议登记。据此可知，单方申请更正登记的当事人是指权利人、利害关系人。单方申请异议登记的当事人是指利害关系人。其中，权利人是指登记簿上现时记载的权利人；利害关系人是指有证据证明登记簿上现时记载的内容妨碍其行使权利，或对其正常享有权益有不利影响的人。此情形下，审查要点：一是权利人单方申请更正登记的，查验不动产登记申请书上的申请人（权利人）是否是登记簿或存档的不动产登记材料上记载的权利人；二是利害关系人单方申请更正登记、异议登记的，查验不动产登记申请书上的权利人（申请人）是否是该利害关系人，义务人是否是登记簿或存档的不动产登记材料上记载的权利人。

8. 由代理人、监护人代为申请不动产登记的情形

审查要点：查验不动产登记申请书上签名、签章的代理人、监护人与代理合同、委托合同或委托书、监护关系证明等代理手续、监护手续上载明的代理人、监护人是否一致。一般情形下，未成年人的父母是其共同监护人，应当共同行使监护权，共同代为申请不动产登记，因此，登记申请书上应当有作为共同监护人的父母的签名。父或母单方签名的，是否提交对方（父或母）的委托手续、对方（父或母）的死亡证明、对方（父或母）被依法撤销监护资格的证明。在司法实务中，安徽省庐江县人民法院在"原告刘某艳诉被告某自然资源和规划局行政撤销一案"中认为"按被告核发的不动产产权证载明该房屋属共同共有，应由共有人共同提交登记申请书，但共有人之一的原告未提交登记申请书；虽然原告不直接抚养郭某，但刘某艳仍系郭某的监护人之一，在存在两个监护人时，监护人需共同提交登记申请书。故，被告在原告刘某艳未到场申请，于20××年7月9日将登记在某县某房地产开发有限公司名下的某县某城37幢606室、10幢1103室的住宅，转移登记至刘某艳和郭某名下，并颁发了（20××）某县不动产权第0005152号、第0005184号不动产权证书，该发证行为违反法定程序"[1]。据此可知，人

---

[1] 安徽省庐江县人民法院："原告刘某艳诉被告某自然资源和规划局行政撤销一案"，https://wenshu.court.gov.cn，访问日期：2022年4月19日。

民法院的认为表明，未成年人存在两个共同监护人时，应当由两个共同监护人共同代未成年人申请不动产登记。

二、不动产登记申请书上申请登记的内容审查

1. 不动产登记申请书上申请登记的不动产坐落及其自然状况审查

按《不动产登记暂行条例》第八条第三款第（一）项规定，不动产的坐落、界址、空间界限、面积、用途等自然状况是登记簿记载的内容。据此可知，基于依申请登记原则，不动产的坐落及其界址、层数、套数或间数、面积、用途等自然状况是不动产登记申请书应当载明的内容。登记机构对登记申请书上申请登记的不动产的坐落及其自然状况的审查要点有：一是申请不动产所有权、国有建设用地使用权、集体建设用地使用权、宅基地使用权、土地承包经营权或土地经营权、国有农用地使用权、海域使用权首次登记的，查验登记申请书上记载的不动产的坐落及其界址、层数、套数或间数、面积、用途等自然状况与申请人取得该不动产所有权、国有建设用地使用权、集体建设用地使用权、宅基地使用权、土地承包经营权或土地经营权、国有农用地使用权、海域使用权等不动产权利的登记原因材料、不动产权籍调查成果材料上的相关内容是否一致。申请其他的不动产权利（如不动产抵押权）或其他相关事项（如房屋所有权转移预告登记）首次登记的，查验不动产的坐落及其界址、层数、套数或间数、面积、用途等自然状况与登记簿或存档的不动产登记材料上的记载是否一致或是否对应。二是申请变更登记、转移登记、注销登记等后续登记的，查验登记申请书上载明的不动产的坐落及其界址、层数、套数或间数、面积、用途等自然状况与登记簿或存档的不动产登记材料上的记载是否一致或是否对应。

2. 不动产登记申请书上申请登记的不动产权利或其他相关事项审查

《不动产登记暂行条例》第五条规定："下列不动产权利，依照本条例的规定办理登记：（一）集体土地所有权；（二）房屋等建筑物、构筑物

所有权；（三）森林、林木所有权；（四）耕地、林地、草地等土地承包经营权；（五）建设用地使用权；（六）宅基地使用权；（七）海域使用权；（八）地役权；（九）抵押权；（十）法律规定需要登记的其他不动产权利。"据此可知，可以依法在登记簿上记载的不动产权利有：一是集体土地所有权，房屋等建筑物、构筑物所有权，森林、林木的所有权等所有权；二是国有建设用地使用权、集体建设用地使用权、宅基地使用权、土地承包经营权、国有农用地使用权、地役权、海域使用权等用益物权；三是抵押权，包括一般抵押权、最高额抵押权、在建建筑物抵押权等。此外，按《民法典》第二百二十条、第二十一条规定，更正登记、异议登记、预告登记是当事人可以申请登记的其他相关事项。按该法第三百四十一条、第三百六十八条规定，土地经营权、居住权也是当事人可以申请登记的不动产用益物权。《民法典》第一百一十六条第一款规定，物权的种类和内容，由法律规定。《土地管理法》第十二条规定，土地的所有权和使用权的登记，依照有关不动产登记的法律、行政法规执行。依法登记的土地的所有权和使用权受法律保护，任何单位和个人不得侵犯。在不动产登记实务中，按《不动产登记暂行条例实施细则》第五十二条规定，以承包经营以外的合法方式使用国有农用地的国有农场、草场，以及使用国家所有的水域、滩涂等农用地进行农业生产，申请人可以申请国有农用地的使用权登记。据此可知，土地使用权是法律规定的可以在登记簿上记载的不动产物权种类，《不动产登记暂行条例实施细则》规定的申请人可以申请登记的国有农用地的使用权，是对法律规定的土地使用权种类的具体落实，即国有农用地使用权也是法律规定的可以记载在登记簿上的不动产物权。因此，国有农用地使用权，是指在国家所有的土地上依法设立的直接用于农业生产的用益物权，主要有耕地、林地、草地、农田水利用地、养殖水面等。因此，对不动产登记申请书上申请登记的不动产权利或其他相关事项的审查要点有：一是查验不动产登记申请书上载明的申请登记的不动产权利或其他相关事项是否超出前述不动产所有权、不动产用益物权、不动产抵押权等法律、行政法规、规章规定的可以在登记簿上记载的不动产权利或其他相关事项的范围;二是申请变更登记、转移登记、注销登记、异议登记等后续登记的,查验登记申请书上申请登记的不动产权利或其他相关事项的内容与登记簿或存档的不动产登记材料上的记载是否一致或是否对应。

3. 不动产登记申请书上载明的不动产登记类型与登记原因审查

《不动产登记暂行条例》第三条规定,不动产登记类型包括首次登记、变更登记、转移登记、注销登记、更正登记、异议登记、预告登记、查封登记等。因此,对不动产登记申请书上载明的不动产登记类型与登记原因的审查要点有:一是查验不动产登记申请书上载明的不动产登记类型与不动产登记原因材料载明的原因是否一致或是否对应;二是查验不动产登记类型是否超出首次登记、变更登记、转移登记、注销登记、更正登记、异议登记、预告登记、查封登记等法律、行政法规规定的不动产登记类型的范围。

三、不动产登记申请书上的申请人、代理人签名、签章审查

如前所述,申请人申请不动产登记的途径有:一是通过互联网提交电子介质的登记申请书、登记申请材料;二是到登记机构的办公场所或其专门设立的不动产登记窗口提交纸介质的登记申请书、登记申请材料。因此,登记机构对登记申请书上申请人的签名、签章的审查要点有:一是无论是电子介质的登记申请书还是纸介质的登记申请书,由申请人自行申请的。若申请人是自然人的,查验申请书上是否有申请人的签名;若申请人是法人、非法人组织的,由于法人、非法人组织不是"人",故查验不动产登记申请书上是否有其代理人的签名、签章。不动产登记申请书上有其代理人的签名、签章的情形下,也可以同时有该法人、非法人组织的签章。二是查验电子介质的登记申请书上申请人、代理人的签名、签章是否符合《电子签名法》的相关规定。三是查验纸介质的登记申请书上申请人、代理人的签名、签章是否在登记人员的见证下完成。申请人、代理人

的签名、签章的真实性，直接决定登记申请书的真实性，从而直接决定不动产登记的合法与否。在司法实务中，湖南省衡阳市中级人民法院在"上诉人衡阳某融资担保有限公司因与被上诉人雷某莲、原审被告某自然资源局行政登记一案"中认为"雷某莲向原某国土资源局提交了身份证复印件、案涉房屋的不动产权属证书及由其亲笔签名的抵押反担保合同、不动产登记申请书等，上述材料可以认定办理案涉抵押登记系雷某莲真实意思表示，故案涉抵押登记行为真实、合法、有效"[①]。据此可知，人民法院的认为表明，因申请人的申请启动的抵押权登记中，申请人亲笔签名的登记申请书是抵押权登记真实、合法、有效的前提。湖南省宁远县人民法院在"原告某县某镇某村第2、3村民小组诉被告某自然资源局不履行林业行政登记法定职责纠纷一案"中认为"根据相关法律规定，土地分别属于村内两个以上农民集体所有的，由村内各集体经济组织代为申请，没有集体经济组织的，由村民小组代为申请，因此，原告的申请书载明的申请主体为某县某镇某村第2、3村民小组，由其代表人雷某宏、雷某明代为申请符合法律规定，并无不当"[②]。据此可知，人民法院的认为表明，代理人代为申请的林权登记中，申请书上的申请主体是非法人组织的村民小组，但登记申请书上签名的是该村民小组的代表人的，该申请书符合法律的规定。申言之，代理人代为申请的不动产登记中，申请书上的申请人是不动产权利或其他相关事项的权利人，但在申请书上签名的是申请人的代理人的，该申请书符合法律的规定。四是申请变更登记、转移登记、注销登记、抵押权登记等后续登记的，查验登记申请书上申请人的签名、签章与存档的电子介质、纸介质的登记申请材料上的签名、签章是否一致或相对应等。

[①] 湖南省衡阳市中级人民法院："上诉人衡阳某融资担保有限公司因与被上诉人雷某莲、原审被告某自然资源局行政登记一案"，https://wenshu.court.gov.cn，访问日期：2022年6月30日。

[②] 湖南省宁远县人民法院："原告某县某镇某村第2、3村民小组诉被告某自然资源局不履行林业行政登记法定职责纠纷一案"，https://wenshu.court.gov.cn，访问日期：2022年6月30日。

第二节 嘱托登记文书审查

如前所述，有权嘱托登记机构办理不动产登记的国家机关主要有人民法院、人民检察院、监察机关、各级人民政府和县级以上人民政府的公安、税务等行政机关。由于法律、法规、规章和政策对有权的国家机关嘱托登记机构办理不动产登记的嘱托文书没有作明确、具体、统一的规定，因此，不同的国家机关嘱托登记机构办理不动产登记的嘱托文书也不相同，登记机构对不同的国家机关送达或发送的嘱托文书的审查要点亦不相同。

一、对人民法院送达的嘱托文书的审查

《民事诉讼法》第二百三十五条第一款规定，执行工作由执行员进行。该法第二百五十八条规定，在执行中，需要办理有关财产权证照转移手续的，人民法院可以向有关单位发出协助执行通知书，有关单位必须办理。在司法实务中，按《最高人民法院关于人民法院执行工作若干问题的规定（试行）》（法释〔2020〕21号修正）第七条规定，执行人员执行公务时，应向有关人员出示工作证件。《最高人民法院、国土资源部、建设部关于依法规范人民法院执行和国土资源房地产管理部门协助执行若干问题的通知》（法发〔2004〕5号）第一条第一款规定，人民法院在办理案件时，需要国土资源、房地产管理部门协助执行的，国土资源、房地产管理部门应当按照人民法院的生效法律文书和协助执行通知书办理协助执行事项。该通知第二条第三款规定，人民法院执行人员到国土资源、房地产管理部门办理土地使用权或者房屋查封、预查封登记手续时，应当出示本人工作证和执行公务证，并出具查封、预查封裁定书和协助执行通知书。据此可知，人民法院以向登记机构送达协助执行通知书的方式启动转移登记、查封登记等不动产登记程序。作为执行工作环节之一的协助执行通知书等执行文书，由人民法院的执行员向协助执行单位或个人送达，不能使用邮政信函、特快专递等其他方式送达。

因此，登记机构对人民法院送达的嘱托文书的审查要点有：一是查验嘱托文书是否是协助执行通知书。二是查验协助执行通知书是否由人民法院的执行员送达。协助执行通知书只能由人民法院的执行员送达登记机构，不能由其他人员或通过其他途径发送。三是查验协助执行通知书上的案件号码（或法律文书、公证文书号码）和要求办理的不动产登记，与附随该协助执行通知书送达的法律文书、公证文书上的案件号码（或法律文书、公证文书号码）和查封不动产、变更不动产、转移不动产等有关事项是否一致或是否对应。四是查验附随协助执行通知书送达的法律文书、公证文书上的不动产的坐落、当事人、不动产单元代码等相关内容与登记簿或存档的不动产登记材料上的记载是否一致或是否对应。五是查验协助执行通知书上的印章是否是人民法院的公章。六是嘱托办理查封登记注销登记、变更登记、转移登记的不动产上有该人民法院的查封登记的，还应当查验存档的查封文书上的案由、当事人的姓名或名称、人民法院的印章与现时的嘱托文书上的案由、当事人的姓名或名称、人民法院的印章是否一致等。

二、对人民检察院送达的嘱托文书的审查

按《人民检察院刑事诉讼涉案财物管理规定》第一款第（一）项规定，查封的不动产和置于该不动产上不宜移动的设施等财物，以及涉案的车辆、船舶、航空器和大型机械、设备等财物，及时将查封决定书副本送达有关登记、管理部门，并告知其在查封期间禁止办理抵押、转让、出售等权属关系变更、转移登记手续。据此可知，人民检察院以向登记机构送达查封决定书副本的方式启动不动产查封登记程序。因此，登记机构对人民检察院送达的嘱托文书的审查要点有：一是查验嘱托文书是否是查封决定书副本。二是查验查封决定书副本是否由人民检察院的检察官送达。查封决定书副本只能由人民检察院的检察官送达登记机构，不能由其他人员或通过其他途径发送。三是查验查封决定书副本上的不动产的坐落、当事人、不动产单元代码等相关内容与登记簿或存档的不动产登记材料上的

记载是否一致或是否对应。四是查验查封决定书副本上的印章是否是人民检察院的公章。五是嘱托办理查封登记注销登记的，还应当查验存档的查封决定书副本上的案由、当事人的姓名或名称、人民检察院的印章与现时的嘱托文书上的案由、当事人的姓名或名称、人民检察院的印章是否一致等。

三、对监察机关送达的嘱托文书的审查

《关于不动产登记机构协助监察机关在涉案财物处理中办理不动产登记工作的通知》（国监办发〔2019〕3号）第一条规定，县级以上监察机关经过调查，对违法取得且已经办理不动产登记或者具备首次登记条件的不动产作出没收、追缴、责令退赔等处理决定后，在执行没收、追缴、责令退赔等决定过程中需要办理不动产转移等登记的，不动产登记机构应当按照监察机关出具的监察文书和协助执行通知书办理。该通知第二条规定，监察机关到不动产登记机构办理不动产登记时，应当出具监察文书和协助执行通知书，由两名工作人员持上述文书和本人工作证件办理。据此可知，监察机关以向登记机构送达协助执行通知书的方式启动查封登记、转移登记等不动产登记程序。因此，登记机构对监察机关送达的嘱托文书的审查要点有：一是查验嘱托文书是否是协助执行通知书。二是查验协助执行通知书是否由两名以上（包括两名）的监察机关的工作人员送达。协助执行通知书只能由两名以上（包括两名）的监察机关的工作人员送达登记机构，不能通过其他途径发送。三是查验协助执行通知书上的案件号码和要求办理的不动产登记，与附随该协助执行通知书送达的监察文书上的案件号码和查封不动产、变更不动产、转移不动产等有关事项是否一致或是否对应。四是查验协助执行通知书上的不动产的坐落、当事人、不动产单元代码等相关内容与登记簿或存档的不动产登记材料上的记载是否一致或是否对应。五是查验协助执行通知书上的印章是否是监察机关的公章。六是嘱托办理不动产登记的不动产上有该监察机关的查封登记的，还应当查验存档的查封文书上的案由、当事人的姓名或名称、监察机关的印章与

现时的嘱托文书上的案由、当事人的姓名或名称、监察机关的印章是否一致等。

四、对各级人民政府以及县级以上人民政府的公安、税务等行政机关送达或发送的嘱托文书的审查

按《民法典》《土地管理法》《行政强制法》《行政处罚法》等法律、法规的规定，乡镇人民政府、县级以上人民政府及其公安、税务等行政机关在收回宅基地使用权、国有建设用地使用权，实施查封、没收、以不动产抵税等行政强制措施、行政处罚措施以及解除行政强制措施后，需要登记机构协助办理相关的不动产查封登记、转移登记、注销查封登记等。但据笔者查询，法律、法规、规章和政策对行政机关要求登记机构办理不动产查封登记、转移登记、注销查封登记等不动产登记的嘱托文书的样式及其送达或发送方式没有作统一、明确的规定，因此，笔者认为，登记机构对各级人民政府以及县级以上人民政府的行政机关送达或发送的嘱托文书的审查要点有：一是查验嘱托文书是否是通知、函等公文。《公安机关办理刑事案件适用查封、冻结措施有关规定》（公通字〔2013〕30号）第六条第一款规定，查封涉案财物需要国土资源、房地产管理、交通运输、农业、林业、民航等有关部门协助的，应当经县级以上公安机关负责人批准，制作查封决定书和协助查封通知书，明确查封财物情况、查封方式、查封期限等事项，送交有关部门协助办理，并及时告知有关当事人。据此可知，公安机关要求登记机构办理查封登记的嘱托文书的统一样式是协助查封通知书。因此，如果相关的行政机关对其要求登记机构办理不动产登记的嘱托文书的样式自上而下有统一规定的，从其规定。二是查验嘱托文书是否由嘱托机关的工作人员送达登记机构或通过党政网发送给登记机构。三是查验嘱托文书上的案件号码和要求办理的不动产登记，与附随该嘱托书送达的行政强制决定、行政处罚决定或其他行政决定上的号码和查封不动产、变更不动产、转移不动产等有关事项是否一致或是否对应。四是嘱托文书上的不动产的坐落、当事人、不动产单元代码等相关内容与登记簿或存档的不动产登记材料上的记载是否一致或是否对应。五是查验嘱托文书上的印章是否是嘱托机关的公章。六是嘱托办理不动产登记的不动产上有该嘱托机关的查封登记的，还应当查验存档的查封文书上的案由、当事人的姓名或名称、嘱托机关的印章与现时的嘱托文书上的案由、当事人的姓名或名称、嘱托机关的印章是否一致等。

第三节 依职权启动不动产登记文书审查

在不动产登记实务中，按《不动产登记暂行条例实施细则》第十七条规定，登记机构依职权启动、办理的不动产登记是更正登记和注销登记。但据笔者查询，法律、法规、规章和政策对登记机构如何启动依职权办理不动产登记没有作规定。笔者认为，既然是依职权办理不动产登记，那么，该不动产登记是否启动应当由登记机构决定，不是由登记机构的具体部门决定，更不是由登记人员决定。如果登记机构决定启动该不动产登记的，应当作出书面的决定，当然，登记机构决定启动不动产登记的文书可以是办理不动产更正登记或注销登记决定，也可以是发送给不动产登记具体承办部门的办理不动产更正登记或注销登记通知书。因此，笔者认为，登记机构对依职权启动不动产登记文书的审查要点有：一是查验依职权启动不动产登记文书是否是办理不动产更正登记或注销登记决定，或是否是办理不动产更正登记或注销登记通知书等公文；二是查验依职权启动不动产登记文书上的不动产的坐落、当事人、不动产单元代码等相关内容与登记簿或存档的不动产登记材料上的记载是否一致或是否对应；三是查验依职权启动不动产登记文书上的印章是否是县级以上人民政府自然资源管理机关的公章等。

第七章 不动产登记启动主体身份证明材料审查

如前所述，不动产登记程序的启动包括：一是依申请人或其代理人的申请启动；二是依嘱托人的嘱托启动；三是登记机构自身依法定职权启动。因此，不动产登记的启动主体有申请人或其代理人、嘱托机关、登记机构。按法律、法规、规章和政策的相关规定，申请人申请不动产登记或其代理人代为申请不动产登记时，须提交身份证明。嘱托人以向登记机构送达嘱托文书的方式要求其办理不动产登记时，嘱托人的嘱托登记承办人员须向登记机构出示执行公务证等工作身份证明。基于此，登记机构审查的不动产登记启动主体的身份证明材料有作为申请人或其代理人的自然人的身份证明材料、法人或非法人组织的身份证明材料以及嘱托机关的嘱托登记承办人员的工作身份证明材料等。

第一节 自然人的身份证明材料审查

作为不动产登记申请人或代理人的自然人有境内自然人、港澳台地区自然人、华侨、外籍自然人。因此，不动产登记申请人或代理人中的自然人是多元化的，提交的身份证明材料也是多元化的，登记机构应当区别身份证明材料的种类对其进行审查。

一、境内自然人

按《居民身份证法》第一条和第三条规定，居民身份证是我国公民的身份证明。《户口登记条例》第四条第四款规定，户口登记簿和户口簿登记的事项，具有证明公民身份的效力。因此，我国公民作为不动产登记申请人或代理人时，提交给登记机构的身份证明：一是居民身份证；二是户

第七章　不动产登记启动主体身份证明材料审查

口登记簿或户口簿。此外，按相关法律、法规、政策的规定，申请人或代理人中的现役军人提交的身份证明还可以是军官证、士官证、义务兵证、文职干部证、学员证等。

1. 对居民身份证的审查

《居民身份证法》第三条第一款规定，居民身份证登记的项目包括：姓名、性别、民族、出生日期、常住户口所在地住址、公民身份号码、本人相片、指纹信息、证件的有效期和签发机关。该法第八条规定，居民身份证由居民常住户口所在地的县级人民政府公安机关签发。据此可知，登记机构对作为登记申请材料的居民身份证的审查要点有：一是查验居民身份证上的人像与不动产登记申请人或其代理人是否相像或是否相似。在司法实务中，河南省固始县人民法院在"原告翁某静不服被告某自然资源局行政登记行为一案"中认为"在结婚证姓名、照片与身份证姓名、照片及到场相关人员明显不一致情况下，未要求相关人员予以合理说明或者补正材料；没有登记申请书。故其登记行为主要证据违反法定程序"[①]。据此可知，人民法院的认为表明，登记机构受理申请人的不动产登记申请时，须查验当事人与其提交的居民身份证上的人像是否相像或是否相似。如果不相像或不相似，应当要求当事人作出合理的说明或补正相关证明材料。否则，登记机构就没有履行合理审慎的审查责任。二是查验申请人提交的居民身份证原件上的姓名、性别、民族、出生日期、住址、公民身份号码、本人相片、证件的有效期和签发机关等信息是否齐全。三是查验居民身份证是否在有效期限内，签发机关是否是县级人民政府公安机关。四是通过居民身份证识别器验证申请人提交的居民身份证的真假，也可以通过人民政府的信息共享渠道、数据大平台或颁发居民身份证的公安机关的官方网站查验申请人的居民身份登记信息，以核实其提交的居民身份证原件的真假。五是查验收取的复印件与居民身份证原件是否一致，且该复印件

---

① 河南省固始县人民法院："原告翁某静不服被告某自然资源局行政登记行为一案"，https://wenshu.court.gov.cn，访问日期：2022年7月5日。

上是否有申请人或其代理人的确认签名。如果是通过人民政府的信息共享渠道、数据大平台或颁发居民身份证的公安机关的官方网站获取的居民身份信息打印件，该打印件上是否有申请人或其代理人、打印人的确认签名。六是申请变更登记、转移登记、抵押权登记等后续登记的，还应当查验存档的身份证明与现时提交的居民身份证是否一致或是否对应等。

2. 对户口登记簿和户口簿的审查

《户口登记条例》第四条第一款、第二款和第四款规定，户口登记机关应当设立户口登记簿。城市、水上和设有公安派出所的镇，应当每户发给一本户口簿。户口登记簿和户口簿登记的事项，具有证明公民身份的效力。据此可知，户口登记簿是户口登记机关掌握的证明公民身份的证明。户口簿，也称户口本，是户口登记机关按户颁发给公民持有的证明其身份的有效凭证。按《公安部关于启用新的常住人口登记表和居民户口簿有关事项的通知》（公通字〔1995〕91号）第一条第一款规定，户口簿中的常住人口登记表是证明公民身份状况以及家庭成员间相互关系的基本法律文书，是公安机关进行户籍登记管理的基础性资料。表中登记的事项，由申报人如实申报，经户口登记机关审核登记，承办人签章并加盖户口专用章后，具有证明公民身份和家庭成员间相互关系的法律效力。按该通知第三条第二款规定，户别、户主姓名、住址、姓名、户主或与户主关系、曾用名、性别、民族、籍贯、出生日期、公民身份证件编号、登记日期等是户口簿登记的内容。因此，登记机构对户口登记簿和户口簿的审查要点有：一是查验户口簿上是否有公安派出所的户口专用章和户口登记承办人员的印章，或者户口登记簿打印件、复（制）印上是否有公安派出所的户口专用章。二是查验户口簿或户口登记簿上当事人的姓名、住址等需要在登记簿上记载的信息是否齐全。三是通过人民政府的信息共享渠道、数据大平台或负责户籍登记的公安机关的官方网站查验户籍登记信息，以核实该户口簿或户口登记簿的真假。四是查验收取的户口簿复印件与户口簿原件是否一致，且该复印件上是否有申请人或其代理人的确认签名。如果是通过

第七章 不动产登记启动主体身份证明材料审查

人民政府的信息共享渠道、数据大平台或负责户籍登记的公安机关的官方网站获取的户口登记信息打印件,该打印件上是否有申请人或其代理人、打印人的确认签名。五是申请变更登记、转移登记、抵押权登记等后续登记的,还应当查验存档的身份证明与现时提交的户口簿或户口登记簿是否一致或是否对应等。

3. 军官证、文职干部证、士官证、义务兵证、学员证等特殊的身份证明的审查

军官证、文职干部证、士官证、义务兵证、学员证等属于申请人或代理人提交的特殊的身份证明,笔者认为,登记机构对此类身份证明(下称统称证书)的审查要点有:一是查验当事人与证书上持证人的相片是否相像或是否相似。查验证书上持证人穿着军装,佩戴肩章上的军衔符号与证书上记载的军衔是否一致。二是查验证书上持证人的照片处是否盖有钢印,在发证机关处是否盖有红印且红印与发证机关记载的单位名称是否一致,红印的底部是否有"证件专用章"字样。军官证、文职干部证、士官证、义务兵证、学员证的发证机关一般为部队、院校的政治工作部门。三是申请变更登记、转移登记、抵押权登记等后续登记的,还应当查验存档的身份证明与现时提交的证书是否一致或是否对应。五是通过前述查验后对证书的真实性仍然存疑时,可以拨打证书颁发单位的电话核实并做好电话核实记录,电话核实记录包括双方的办公电话号码、双方通话人姓名、对方回复的证书的真假情况、核实时间等。电话核实记录是该证书真假情况的佐证材料。

二、我国港澳台地区自然人

1. 港澳自然人

按《香港特别行政区基本法》第二十四条规定,香港居民身份证是香港居民依法取得的合法身份证明,香港居民身份证包括香港永久性居民身份证、香港居民身份证。按该法第一百五十四条规定,香港特别行政区护照是香港居民依法取得的旅行证件。按《澳门特别行政区基本法》第二十

四条规定，澳门居民身份证是澳门居民依法取得的合法身份证明，澳门居民身份证包括澳门永久性居民身份证、澳门居民身份证。按该法第一百三十九条规定，澳门特别行政区护照是澳门居民依法取得的旅行证件。《中国公民因私事往来香港地区或者澳门地区的暂行管理办法》（1986年12月3日国务院批准 1986年12月25日公安部公布）第四条规定，港澳同胞来往于香港、澳门与内地之间，凭我国公安机关签发的港澳同胞回乡证或者入出境通行证，从中国对外开放的口岸通行。据此可知，港澳居民作为不动产登记申请人或代理人时，向登记机构提交的身份证明有：香港居民提交香港永久性居民身份证、香港居民身份证或香港特别行政区护照，澳门居民提交澳门永久性居民身份证、澳门居民身份证或澳门特别行政区护照，以及港澳同胞回乡证、港澳居民来往内地通行证。

（1）港澳居民身份证、护照的审查。

登记机构对作为不动产登记申请材料的香港永久性居民身份证、香港居民身份证、香港特别行政区护照与澳门永久性居民身份证、澳门居民身份证、澳门特别行政区护照（下统称证件）的审查要点有：一是查验当事人与证件上持证人的相片是否相像或是否相似；二是查验收取的复印件与证件原件是否一致，且该复印上是否有申请人或其代理人的确认签名；三是当事人申请变更登记、转移登记、抵押权登记等后续登记的，还应当查验存档的身份证明与现时提交的身份证明是否一致或是否对应等。

（2）港澳同胞回乡证、港澳居民来往内地通行证的审查。

按《中国公民因私事往来香港地区或者澳门地区的暂行管理办法》第十四条、第十五条规定，港澳同胞回乡证、港澳居民来往内地通行证系我国广东省公安厅依法颁发给港澳自然人的身份证明。因此，登记机构对港澳同胞回乡证、港澳居民来往内地通行证（下统称证书）的审查要点有：一是查验当事人与证书上持证人的相片是否相像或是否相似。二是查验证书颁发机关是否是我国广东省公安厅。三是通过人民政府的信息共享渠道、数据大平台或广东省公安厅的官方网站查验证书颁发信息，以核实该证书的真假。四是查验收取的复印件与证书原件是否一致，且该复印件上是否有申请人或其代理人的确认签名。如果是通过人民政府的信息共享渠道、数据大平台或广东省公安厅的官方网站获取的证书颁发信息打印件，该打印件上是否有申请人或其代理人、打印人的确认签名。五是申请变更登记、转移登记、抵押权登记等后续登记的，还应当查验存档的身份证明与现时提交的证书是否一致或是否对应等。

2. 台湾自然人

《中国公民往来台湾地区管理办法》（国务院令第661号）第四条规定，台湾居民来大陆，凭国家主管机关签发的旅行证件，从开放的或者指定的入出境口岸通行。该管理办法第十三条规定："台湾居民要求来大陆的，向下列有关机关申请办理旅行证件：（一）从台湾地区要求直接来大陆的，向公安部出入境管理局派出的或者委托的有关机构申请；有特殊事由的，也可以向指定口岸的公安机关申请；（二）到香港、澳门地区后要求来大陆的，向公安部出入境管理局派出的机构或者委托的在香港、澳门地区的有关机构申请；（三）经由外国来大陆的，依据《中华人民共和国护照法》，向中华人民共和国驻外国的外交代表机关、领事机关或者外交部授权的其他驻外机关申请。"该管理办法第二十三条规定，台湾居民来往大陆的旅行证件系指台湾居民来往大陆通行证和其他有效旅行证件。据此可知，台湾居民来往大陆通行证是台湾居民依法取得的在大陆的证明身份的证件。台湾居民往来大陆通行证由我国公安部出入境管理局、我国公安部出入境管理局委托的港澳机构、我国驻外机构办理。因此，台湾自然人作为不动产登记申请人或代理人时，提交给登记机构的身份证明是台湾居民往来大陆通行证（下称证书），登记机构对其审查要点有：一是查验当事人与证书上持证人的相片是否相像或是否相似。二是对我国公安部出入境管理局颁发的证书，可以通过人民政府的信息共享渠道、数据大平台或公安部出入境管理局的官方网站查验证书颁发信息，以核实该证书的真假。对公安部出入境管理局委托的我国驻外机构办理的证书，可以通过其官方网站查验该证书的颁发信息，也可以通过发送电子邮件（E-mail）查验该证书的颁发信息，以核实证书的真假。对公安部出入境管理局委托的港澳机构办理的证书，可以通过发送电子邮件（E-mail）查验该证书的颁发信息，以核实证书的真假。电子邮件的查询、回复情况转化为纸介质材料后归入不动产登记档案。三是查验收取的复印件与证书原件是否一致，且该复印件上是否有申请人或其代理人的确认签名。如果是通过人民政府的信息共享渠道、数据大平台或公安部出入境管理局的官方网站获取的证书颁发信息打印件，该打印件上是否有申请人或其代理人、打印人的确认签名。四是申请变更登记、转移登记、抵押权登记等后续登记的，还应当查验存档的身份证明与现时提交的证书是否一致或是否对应等。

三、华侨

《归侨侨眷权益保护法》第二条规定，华侨是指定居在国外的中国公民。《出境入境管理法》第十四条规定，定居国外的中国公民在中国境内办理金融、教育、医疗、交通、电信、社会保险、财产登记等事务需要提供身份证明的，可以凭本人的护照证明其身份。按该法第十二条规定，因私事出境的中国公民所使用的护照由公安部或者公安部授权的地方公安机关颁发。中国公民在国外申请护照、证件，由中国驻外国的外交代表机关、领事机关或者外交部授权的其他驻外机关颁发。据此可知，华侨持有的我国护照是其在我国证明身份的证件。因此，华侨作为不动产登记申请人或代理人时，提交给登记机构的身份证明是公安机关或我国驻外使（领）馆颁发的护照。华侨持有的护照为普通护照。登记机构对华侨提交的护照的审查要点有：一是查验当事人与护照上持照人的相片是否相像或是否相似。二是通过人民政府的信息共享渠道或数据大平台、颁发护照的公安机关或我国驻外使（领）馆官方网站查验护照的颁发信息，以核实该护照的真假。三是查验收取的复印件与护照原件是否一致，且该复印上是否有申请人或其代理人的确认签名。如果是通过人民政府的信息共享渠道或数据大平台、颁发护照的公安机关或我国驻外使（领）馆的官方网站获取的护照颁发信息打印件，该打印件上是否有申请人或其代理人、打印人的确认签名。四是申请变更登记、转移登记、抵押权登记等后续登记的，还应当查验存档的护照复印件与现时提交的护照是否一致或是否对应等。

四、外籍自然人

《出境入境管理法》第三十条第一款规定，外国人所持签证注明入境后需要办理居留证件的，应当自入境之日起三十日内，向拟居留地县级以上地方人民政府公安机关出入境管理机构申请办理外国人居留证件。该法第三十八条第一款规定，年满十六周岁的外国人在中国境内停留居留，应当随身携带本人的护照或者其他国际旅行证件，或者外国人停留居留证件，接受公安机关的查验。该法第四十八条规定，取得永久居留资格的外国人，凭永久居留证件在中国境内居留和工作，凭本人的护照和永久居留证件出境入境。据此可知，我国县级以上人民政府公安机关出入境管理机构向外国人颁发的居留证件、外国人持有的所在国的护照，是其在我国证明身份的证件。因此，外籍自然人作为不动产登记申请人或代理人提交给登记机构的身份证明是我国县级以上人民政府公安机关出入境管理机构向外国人颁发的居留证件、外国人持有的所在国的护照。

（1）对居留证件的审查。

登记机构对外籍自然人持有的居留证件的审查要点有：一是查验当事人与居留证件上持证人的相片是否相像或是否相似。二是查验居留证上的颁证机关是否是县级以上人民政府公安机关出入境管理机构。三是通过人民政府的信息共享渠道、数据大平台或颁证的公安机关的官方网站查验居留证件的颁发信息，以核实该居留证的真假。四是查验收取的复印件与居留证原件是否一致，且该复印件上是否有申请人或其代理人的确认签名。如果是通过人民政府的信息共享渠道、数据大平台或颁证的公安机关的官方网站获取的居留证颁发信息打印件，该打印件上是否有申请人或其代理人、打印人的确认签名。五是申请变更登记、转移登记、抵押权登记等后续登记的，还应当比对存档的居留证复印件或其他身份证明与现时提交的居留证是否一致或是否对应等。

(2) 对护照的审查。

外籍自然人持有的所在国护照，是其所在国颁发的。登记机构对其审查要点有：一是查验当事人与护照上持照人的相片是否相像或是否相似；二是查验收取的复印件与护照原件是否一致，且该复印件及护照的中文译本上是否有申请人或其代理人的确认签名；三是申请人申请变更登记、转移登记、抵押权登记等后续登记的，还应当查验存档的护照复印件、护照的中文译本或其他身份证明与现时提交的护照、护照的中文译本是否一致或是否对应等。

第二节 法人、非法人组织的身份证明材料审查

作为不动产登记申请人或代理人的法人、非法人组织，有我国法人、非法人组织，有我国港澳台地区法人、非法人组织，有外国法人、非法人组织。不同的法人、非法人组织申请不动产登记或代为申请不动产登记时，向登记机构提交的身份证明不同，登记机构对其身份证明的审查要点也不同。

一、我国法人、非法人组织

我国法人有机关法人、事业单位法人、社会团体法人、企业法人、特别法人等。非法人组织有企业性质的个人独资企业、合伙企业等，还有无法人资格的民办非企业单位。

(一) 我国法人、非法人组织的通用身份证明

《国务院关于批转发展改革委等部门法人和其他组织统一社会信用代码制度建设总体方案的通知》(国发〔2015〕33号)附《法人和其他组织统一社会信用代码制度建设总体方案》第二条第(三)项中规定，一个主体只能拥有一个统一代码，一个统一代码只能赋予一个主体。主体注销后，该代码将被留存，保留回溯查询功能。该方案第三条第(四)项中规定，各有关部门应尽快完成现有机构代码向统一代码过渡。短期内难以完

第七章　不动产登记启动主体身份证明材料审查

成的部门可设立过渡期，在 2017 年底前完成。有特殊困难的个别领域，最迟不得晚于 2020 年底。在过渡期内，统一代码与现有各类机构代码并存，各登记管理部门尽快建立统一代码与旧注册登记码的映射关系，保证信息在全国统一信用信息共享交换平台等实现互联共享，同时对本方案实施前已设立的法人和其他组织换发统一代码，逐步完成存量代码和登记证（照）转换。未转换的旧登记证（照）在过渡期内可继续使用。过渡期结束后，组织机构代码证和登记管理部门的旧登记证（照）停止使用，全部改为使用登记管理部门发放、以统一代码为编码的新登记证（照）。按《法人和其他组织统一社会信用代码编码规则》（GB32100—2015）3.5 条规定，统一社会信用代码是每一个法人和其他组织在全国范围内唯一的、终身不变的法定身份识别码。据此可知，统一社会信用代码是法人、非法人组织的唯一的、终身不变的法定身份代码，且该身份代码可以在全国统一信用信息共享交换平台等实现互联共享。2020 年底以后，法人、非法人组织全部改为使用登记管理部门发放、以统一代码为编码的新登记证（照）。据笔者调查，2020 年底以后，法人、非法人组织的登记部门已向其颁发《社会统一信用代码登记证书》，如县级以上党委的机构编制委员会办公室为机关法人颁发《社会统一信用代码登记证书》，县级以上人民政府事业单位登记管理局为事业单位法人颁发《社会统一信用代码登记证书》，县级以上人民政府民政机关为社会团体法人、非营利性社会服务机构颁发《社会统一信用代码登记证书》等。据此可知，《社会统一信用代码登记证书》（下称证书）是法人、非法人组织申请或代为申请不动产登记时提交给登记机构的通用身份证明，登记机构对其审查要点有：一是通过全国统一信用信息共享交换平台查验证书上持证人的社会统一信用代码是否存在。二是通过人民政府的信息共享渠道、数据大平台或证书上颁证机关的官网查验证书的颁发信息，以核实该证书的真假。三是查验收取的复印件与证书原件是否一致，且该复印件上是否有申请人或其代理人的确认签章、签名。如果是通过人民政府的信息共享渠道、数据大平台，或登记证书上颁证机关的官网获取的证书颁发信息打印件，该打印件上是否有申请人或其代理人、打印人的确认签章、签名。四是申请变更登记、转移登记、注销登记等后续登记的，还应当查验现时的《社会统一信用代码登记证书》与存档的法人、非法人组织的身份证明（如组织机构代码证、营业执照等）是否一致或是否对应等。

（二）法人、非法人组织的领导机关或登记机关为其出具的身份证明

1. 机关法人

《地方各级人民代表大会和地方各级人民政府组织法》第六十一条规定，省、自治区、直辖市、自治州、县、自治县、市、市辖区、乡、民族乡、镇设立人民政府。该法第七十九条第一款、第三款规定，地方各级人民政府根据工作需要和优化协同高效以及精干的原则，设立必要的工作部门。省、自治区、直辖市的人民政府的厅、局、委员会等工作部门和自治州、县、自治县、市、市辖区的人民政府的局、科等工作部门的设立、增加、减少或者合并，按照规定程序报请批准，并报本级人民代表大会常务委员会备案。《地方各级人民政府机构设置和编制管理条例》第九条规定，地方各级人民政府行政机构的设立、撤销、合并或者变更规格、名称，由本级人民政府提出方案，经上一级人民政府机构编制管理机关审核后，报上一级人民政府批准。据此可知，机关法人主要从事国家行政管理活动，包括各级人民政府及其依法设立的行政部门。各级人民政府依照法律的规定设立，地方各级人民政府行政机构（部门）须经上一级人民政府批准才设立。一般情形下，县级以上人民政府才依法设立必要的行政机构（部门）。在不动产登记实务中，县级以上人民政府的行政机构（部门）作为不动产登记申请人或代理人时，提交给登记机构的身份证明可以是上一级人民政府的设立、撤销、合并或者变更规格、名称的批文，还可以是对其有领导权的人民政府或其机构编制管理机关出具的其为该人民政府行政机构（部门）的证明。

申请人或其代理人向登记机构提交的机关法人的身份证明是上一级人民政府的设立、撤销、合并或者变更规格、名称的批文（下称批文）

的，登记机构对其审查要点有：一是查验批文的印章、日期是否齐全。二是查验批文上的机关法人名称与登记申请书上申请人的名称、签章是否一致或是否对应。三是通过人民政府的信息共享渠道、数据大平台或出具批文的人民政府的官方网站查验机关法人的设立、撤销、合并或者变更规格、名称的批准信息，以核实该批文的真假。四是不能收取批文原件的，应当查验收取的复印件与批文原件是否一致，且该复印件上是否有申请人或其代理人的确认签名。如果是通过人民政府的信息共享渠道、数据大平台或出具批文的人民政府的官方网站获取的机关法人的设立、撤销、合并或者变更规格、名称的批准信息打印件，该打印件上是否有申请人或其代理人、打印人的确认签名。五是申请变更登记、转移登记等后续登记的，还应当查验存档的身份证明与现时提交的批文是否一致或是否对应等。

申请人或其代理人提交有领导权的人民政府或其编制管理机关为机关法人出具的身份证明的，登记机构对其审查要点有：一是登录该人民政府官网，查验其是否设置有该行政部门；二是通过该人民政府办公室的办公电话查验该身份证明是否是其出具并做好电话核实记录，电话核实记录主要包括双方的工作电话号码、双方通话人姓名、对方回复的身份证明的真假情况、核实日期等内容。电话核实记录是该机关法人身份证明的佐证材料。

2. 事业单位法人

事业单位法人，是指由国家机关举办或者其他组织利用国有资产举办，主要从事教育、科技、文化、卫生等以社会公益为目的的活动的组织。按《事业单位登记管理暂行条例》第三条、第五条和第八条规定，事业单位经主管部门批准成立后，须经县级以上人民政府机构编制管理机关登记并颁发《事业单位法人证书》。据此可知，事业单位法人作为不动产登记申请人或代理人时提交给登记机构的身份证明为《事业单位法人证书》，也可以是县级以上人民政府机构编制管理机关或其事业单位登记管理局为事业单位法人出具的身份证明。在工作实务中，一般情形下，县级以上人民政府机构编制管理机关设立事业单位登记管理局负责事业单位的登记和《事业单位法人证书》的颁发。

登记机构对《事业单位法人证书》（下称证书）的审查要点有：一是查验证书是否是县级以上人民政府机构编制管理机关或其事业单位登记管理局颁发。二是通过人民政府的信息共享渠道、数据大平台或证书颁发机关的官方网站查验事业单位法人的登记信息，以核实该证书的真假。三是查验收取的复印件与证书原件是否一致，且该复印件上是否有申请人或其代理人的确认签章、签名。如果是通过人民政府的信息共享渠道、数据大平台或证书颁发机关的官方网站获取的事业单位法人登记信息打印件，该打印件上是否有申请人或其代理人、打印人的确认签章、签名。四是申请变更登记、转移登记、注销登记等后续登记的，还应当查验该证书和存档的身份证明（如组织机构代码证等）证复印件是否一致或是否对应等。

登记机构对县级以上人民政府机构编制管理机关或其事业单位登记管理局为事业单位法人出具的身份证明的审查要点有：一是登录该机构编制管理机关或其事业单位登记管理局官网，查验是否有该事业单位法人的存在；二是通过该机构编制管理机关或其事业单位登记管理局的办公电话核实该身份证明是否是其出具并做好电话核实记录，电话核实记录主要包括双方的办公电话号码、双方通话人的姓名、对方回复的身份证明的真假情况、核实日期等内容。该电话核实记录是事业单位法人身份证明真假情况的佐证材料。

3. 社会团体法人、民办非企业单位

社会团体法人，是指由我国公民自愿组成，主要从事按照其章程开展非营利性活动的组织。按《社会团体登记管理条例》第三条、第六条和第十五条规定，社会团体经其业务主管机关批准，并经县级以上人民政府民政机关登记，领取《社会团体法人登记证书》。按《民办非企业单位登记管理暂行条例》第二条、第五条和第十二条规定，民办非企业

第七章　不动产登记启动主体身份证明材料审查

单位,是指企业事业单位、社会团体和其他社会力量以及公民个人利用非国有资产举办的,从事非营利性社会服务活动的社会组织。县级以上人民政府民政部门是民办非企业单位的登记机关,经其登记的民办非企业单位,分别发给《民办非企业单位(法人)登记证书》《民办非企业单位(合伙)登记证书》《民办非企业单位(个体)登记证书》。据此可知,社会团体法人、民办非企业单位作为不动产登记申请人或代理人时提交给登记机构的身份证明为《社会团体法人登记证书》《民办非企业单位(法人)登记证书》《民办非企业单位(合伙)登记证书》《民办非企业单位(个体)登记证书》(下统称证书),或县级以上人民政府民政机关为其出具的身份证明。

登记机构对作为社会团体法人、民办非企业单位身份证明的证书的审查要点有:一是查验证书是否是县级以上人民政府民政机关颁发。二是通过人民政府的信息共享渠道、数据大平台或颁发证书的民政机关的官方网站查验社会团体法人、民事非企业单位的登记信息,以核实该证书的真假。三是查验收取的复印件与证书原件是否一致,且该复印件上是否有申请人或其代理人的确认签章、签名。如果是通过人民政府的信息共享渠道、数据大平台或颁发证书的民政机关的官方网站获取的社会团体法人、民办非企业单位的登记信息打印件,该打印件上是否有申请人或其代理人、打印人的确认签章、签名。四是申请变更登记、转移登记、注销登记等后续登记的,还应当查验该证书和存档的身份证明(如组织机构代码证等)复印件是否一致或是否对应等。

登记机构对县级以上人民政府民政机关为社会团体法人、民办非企业单位出具的身份证明的审查要点有:一是登录该民政机关官方网站,核实是否有该社会团体法人、民办非企业单位的存在;二是通过该民政机关的办公电话核实该身份证明是否是其出具并做好电话核实记录,电话核实记录主要包括双方的办公电话号码、双方通话人姓名、对方回复的身份证明的真假情况、核实日期等内容。该电话核实记录是社会团体法人、民办非企业单位身份证明的真假情况佐证材料。

4. 企业法人、企业性质的非法人组织

《民法典》第七十八条规定，依法设立的营利法人，由登记机关发给营利法人营业执照。营业执照签发日期为营利法人的成立日期。该法第一百零二条第二款规定，非法人组织包括个人独资企业、合伙企业、不具有法人资格的专业服务机构等。该法第一百零三条第一款规定，非法人组织应当依照法律的规定登记。按《个人独资企业法》第十二条和第十三条规定，登记机关应当在收到个人独资企业设立申请文件之日起十五日内，对符合该法规定条件的，予以登记，发给营业执照。企业自营业执照签发时成立。按《合伙企业法》第十条和第十一条规定，申请人提交的登记申请材料齐全、符合法定形式，企业登记机关能够当场登记的，应予当场登记，发给营业执照。企业自营业执照签发时成立。据此可知，一般情形下，企业法人及企业性质的非法人组织作为不动产登记申请人或代理人时提交给登记机构的身份证明为《营业执照》，或企业登记机关（县级以上人民政府市场监督管理机关）为其出具的身份证明。

登记机构对《营业执照》的审查要点有：一是查验企业法人、企业性质的非法人组织提交的《营业执照》是否是县级以上人民政府市场监督管理机关颁发，其有效期限是否届满，是否处于有效状态。二是通过人民政府的信息共享渠道、数据大平台或颁发《营业执照》的市场监督管理机关的官方网站查验企业登记信息，以核实《营业执照》的真假。三是查验收取的复印件与《营业执照》原件是否一致，且该复印件上是否有申请人或其代理人的确认签章、签名。如果是通过人民政府的信息共享渠道、数据大平台或颁发《营业执照》的市场监督管理机关的官方网站获取的企业登记信息打印件，该打印件上是否有申请人或其代理人、打印人的确认签名。四是申请变更登记、转移登记、注销登记等后续登记的，还应当查验该《营业执照》和存档的身份证明复印件是否一致或是否对应等。

登记机构对县级以上人民政府市场监督管理机关为企业法人、企业性质的非法人组织出具的身份证明的审查要点是：通过该市场监督管理机关的办公电话核实该身份证明是否是其出具并做好电话核实记录，电话核实记录主要包括双方的办公电话号码、双方通话人姓名、对方回复的身份证明的真假情况、核实日期等内容。该电话核实记录是企业法人、企业性质的非法人组织身份证明真假情况的佐证材料。

二、我国港澳台地区法人、外国法人或组织

《涉外民事关系法律适用法》第十四条规定，法人及其分支机构的民事权利能力、民事行为能力、组织机构、股东权利义务等事项，适用登记地法律。法人的主营业地与登记地不一致的，可以适用主营业地法律。法人的经常居所地，为其主营业地。据此可知，一般情形下，外国法人或组织的民事权利能力和民事行为能力也是基于登记完成取得。据笔者查询，外国法人或组织登记完成的证明主要有商业登记证、企业登记证、企业注册证等。因此，外国法人或组织的身份证明主要有商业登记证、企业登记证、企业注册证等。在司法实务中，《最高人民法院关于适用〈中华人民共和国涉外民事关系法律适用法〉若干问题的解释（一）》(简称《涉外民事关系法律适用法司法解释（一）》)第十七条规定，涉及香港特别行政区、澳门特别行政区的民事关系的法律适用问题，参照适用本规定。据此可知，香港特别行政区、澳门特别行政区的法人在我国内地参与诉讼时，人民法院适用《涉外民事关系法律适用法司法解释（一）》作为裁判依据。申言之，香港特别行政区、澳门特别行政区的法人在我国内地参与民事活动时，也可以参照适用《涉外民事关系法律适用法》的相关规定。因此，我国港澳台地区法人、外国法人或组织作为不动产登记申请人或代理人时提交给登记机构的身份证明有商业登记证、企业登记证、企业注册证（下统称证书）等，登记机构对其审查的要点有：一是提交证书复印件的，查验是否是经过我国公证机构公证的复印件，或是否是在我国驻外使（领）馆办理公证的复印件，抑或是否是由所在国公证机构公证经我国驻外使（领）馆认证的复印件；二是提交原件的，查验是否提交由我国合法

经营的翻译机构出具的该证书的中文译本，或是否提交由代理人中文签名的该证书的中文译本；三是查验收取的复印件与证书原件是否一致，该复印件上面是否有代理人的中文签名；四是申请变更登记、转移登记、注销登记等后续登记的，还应当查验该证书和存档的身份证明复印件是否一致或是否对应等。

第三节 嘱托登记承办人员的工作身份证明审查

如前所述，有权嘱托登记机构办理相关不动产登记的国家机关主要有人民法院、人民检察院、监察机关、各级人民政府及县级以上人民政府的公安、税务等行政机关。嘱托登记机构办理相关不动产登记的国家机关及嘱托登记的承办人员不同，嘱托登记承办人员向登记机构提交的工作身份证明材料也不同，登记机构对嘱托登记承办人员工作身份证明的审查要点也不相同。

一、对人民法院嘱托登记承办人员工作身份证明的审查

《民事诉讼法》第二百三十五条第一款规定，执行工作由执行员进行。质言之，作为执行工作环节之一的协助执行通知书等执行文书，应当由人民法院的执行员向协助执行单位或个人送达，不能使用邮政信函、特快专递等其他方式送达。在司法实务中，按《最高人民法院关于人民法院执行工作若干问题的规定（试行）》（法释〔2020〕21号修正）第七条规定，执行人员执行公务时，应向有关人员出示工作证件。《最高人民法院、国土资源部、建设部关于依法规范人民法院执行和国土资源房地产管理部门协助执行若干问题的通知》（法发〔2004〕5号）第二条第三款规定，人民法院执行人员到国土资源、房地产管理部门办理土地使用权或者房屋查封、预查封登记手续时，应当出示本人工作证和执行公务证，并出具查封、预查封裁定书和协助执行通知书。据此可知，人民法院承办嘱托登记的执行员的工作身份证明是其工作证和执行公务证，登记机构验证执

行人员的工作证和执行公务证原件后收取复印件，表明协助执行通知书是由执行员送达登记机构的。因此，人民法院嘱托登记承办人员向登记机构提交的工作身份证明是其工作证和执行公务证，登记机构对其审查要点有：一是查验工作证和执行公务证上持证人的人像与嘱托登记承办人是否相像或是否相似；二是查验工作证和执行公务证上记载的持证人的工作单位是否同一，执行公务证上的持证人职务或工作岗位是否是执行员或执行岗位；三是登录持证人所在人民法院官网，查验持证人是否是该人民法院负责或承办执行工作的人员；四是查验收取的复印件与工作证和执行公务证原件是否一致，且该复印件上是否有持证人的确认签名；五是嘱托办理查封登记之后的查封登记注销登记、变更不动产权属登记等后续登记的，还应当查验该工作证和执行公务证与存档的工作证和执行公务证复印件是否一致或是否对应等。

二、对人民检察院嘱托登记承办人员工作身份证明的审查

《人民检察院刑事诉讼规则》第四条第一款规定，人民检察院办理刑事案件，由检察官、检察长、检察委员会在各自职权范围内对办案事项作出决定，并依照规定承担相应司法责任。按《人民检察院刑事诉讼涉案财物管理规定》第一款第（一）项规定，查封的不动产和置于该不动产上不宜移动的设施等财物，以及涉案的车辆、船舶、航空器和大型机械、设备等财物，及时将查封决定书副本送达有关登记、管理部门，并告知其在查封期间禁止办理抵押、转让、出售等权属关系变更、转移登记手续。据此可知，人民检察院的检察官以向登记机构送达查封决定书副本的方式启动不动产查封登记程序。但是，人民检察院的检察官向登记机构送达查封决定书副本时，应当向登记机构出示什么样的工作身份证明呢？法律、法规和人民检察院的司法解释、文件均没有作明确规定。据笔者调查，人民检察院的检察官执行公务时，一般是向当事人出示工作证。因此，人民检察院承办嘱托登记的人员向登记机构提交的工作身份证明是其工作证，登记

机构对其审查要点有：一是查验工作证上持证人的人像与嘱托登记承办人是否相像或是否相似；二是查验工作证上记载的持证人的职务或工作岗位是否是检察员；三是登录持证人所在人民检察院官网，查验持证人是否是该人民检察院负责或承办刑事工作的检察员；四是查验收取的复印件与工作证原件是否一致，且该复印件上是否有持证人的确认签名；五是嘱托办理查封登记注销登记等后续登记的，还应当查验该工作证与存档的工作证复印件是否一致或是否对应等。

三、对监察机关嘱托登记承办人员工作身份证明的审查

《关于不动产登记机构协助监察机关在涉案财物处理中办理不动产登记工作的通知》（国监办发〔2019〕3号）第二条规定，监察机关到不动产登记机构办理不动产登记时，应当出具监察文书和协助执行通知书，由两名工作人员持上述文书和本人工作证件办理。据此可知，监察机关向登记机构送达监察文书和协助执行通知书启动不动产登记程序时，承办人员向登记机构出示的工作身份证明是其工作证。登记机构对该工作证的审查要点有：一是查验工作证上持证人的人像与嘱托登记承办人是否相像或是否相似；二是登录持证人所在监察机关官网，查验持证人是否是该监察机关的工作人员；三是查验收取的复印件与工作证原件是否一致，且该复印件上是否有持证人的确认签名；四是嘱托办理查封登记后的查封登记注销登记、变更不动产权属登记等后续登记的，还应当查验该工作证与存档的工作证复印件是否一致或是否对应等。

四、对各级人民政府及县级以上人民政府的公安、税务等行政机关嘱托登记承办人员工作身份证明的审查

一般情形下，各级人民政府及县级以上人民政府的公安、税务等行政机关嘱托登记机构办理不动产登记，是基于行政强制（如嘱托办理查封登记）、行政处罚（如没收非法建造的房屋）或其他行政决定（如收回土地

使用权、收回宅基地使用权）的。因此，按《行政强制法》第十七条、第十八条规定，行政强制措施由行政执法人员执行，行政执法人员执行强制措施时，应当出示行政执法证。按《行政处罚法》第七十六条规定，行政机关实施行政处罚的执行人员应当持有行政执法证。据此可知，行政机关嘱托登记机构办理不动产登记，是落实行政强制措施、行政处罚措施和其他行政决定的情形，行政机关承办嘱托登记的人员向登记机构出示的工作身份证明是其行政执法证（警察提交警官证）或其他工作身份证明。

登记机构对行政执法证（警察提交警官证）的审查要点有：一是查验行政执法证（警官证）上持证人的人像与嘱托登记承办人是否相像或是否相似；二是登录持证人所在行政机关官网，查验持证人是否是该行政机关的行政执法人员，或通过人民政府的信息共享渠道、数据大平台查验行政执法证（警官证）的真假；三是查验收取的复印件与行政执法证（警官证）原件是否一致，且该复印件上是否有持证人的确认签名；四是嘱托办理查封登记注销登记等后续登记的，还应当查验该行政执法证（警官证）与存档的行政执法证（警官证）复印件是否一致或是否对应等。在不动产登记实务中，嘱托登记承办人员出示的工作身份证明不是行政执法证的情形时有出现，如乡镇人民政府、县级以上人民政府嘱托办理因收回宅基地使用权、征收不动产产生的注销登记时，由非行政执法人员的工作人员持工作介绍信等其他工作身份证明向登记机构送达嘱托公文，对此，登记机构应当通过办公电话核实该工作人员的工作身份证明真假并做好电话核实记录，电话核实记录包括双方的办公电话号码、双方通话人的姓名、对方回复的送达嘱托公文人员的姓名和工作身份、核实时间等。电话核实记录是该送达公文人员的工作身份证明真假情况的佐证材料。

第四节 其他身份证明材料审查

其他身份证明材料审查，是指登记机构对代理人、清算组织、监护人取得代申请人申请不动产登记资格的委托书、指定破产财产管理人决定书、清算组成立的证明、监护人资格证明等进行的审查。

一、委托书

《民法典》第一百六十五条规定，委托代理授权采用书面形式的，授权委托书应当载明代理人的姓名或者名称、代理事项、权限和期限，并由被代理人签名或者盖章。因此，申请人的代理人代其申请不动产登记时，提交委托书作为其受托人资格证明的，登记机构对其审查要点有：一是查验委托书上是否有申请人（委托人）的签名、签章和委托书的出具日期；二是查验委托书上的委托期限是否已经届满；三是查验委托书上的委托人与登记申请书上的申请人（权利人、义务人）是否一致或是否对应，查验委托事项、委托权限与登记申请书上申请登记的内容是否一致；四是通过前述查验后对该委托书的真实性仍然存疑时，可以拨打委托人的电话核实并做好电话核实记录，电话核实记录包括登记机构的办公电话号码和对方的电话号码、双方通话人姓名、对方回复的委托书的真假情况、核实时间等。电话核实记录是该委托书真假情况的佐证材料。在登记机构的登记人员见证下办理的委托书，登记机构不再对其进行审查。

委托手续以公证方式作出的，参见本书第八章"不动产登记原因材料审查（一）"中关于公证书的审查部分。委托手续以委托合同、代理合同等合同方式作出的，参见本书第十章"不动产登记原因材料审查（三）"中关于基于双方民事法律行为产生的材料审查部分。此处不再赘述。

二、指定破产财产管理人决定书

《企业破产法》第二十四条第一款、第二款规定，管理人可以由有关部门、机构的人员组成的清算组或者依法设立的律师事务所、会计师事务所、破产清算事务所等社会中介机构担任。人民法院根据债务人的实际情况，可以在征询有关社会中介机构的意见后，指定该机构具备相关专业知识并取得执业资格的人员担任管理人。在司法实务中，按《最高人民法院

第七章 不动产登记启动主体身份证明材料审查

关于审理企业破产案件指定管理人的规定》（法释〔2007〕8号）第二十七条规定，人民法院指定管理人应当制作决定书。因此，破产财产管理人代破产企业申请不动产登记时，提交指定破产财产管理人决定书作为其破产财产管理人资格证明的，登记机构对其审查要点有：一是查验指定破产财产管理人决定书是否是由人民法院出具，是否有出具日期。二是查验指定破产财产管理人决定书上载明的管理人职责与不动产登记申请书上申请登记内容是否一致或是否对应。三是通过人民政府的信息共享渠道、数据大平台或指定破产财产管理人的人民法院的官方网站核实破产财产管理人指定信息，以核实指定破产财产管理人决定书的真假。四是不能收取指定破产财产管理人决定书原件时，查验收取的复印件与指定破产财产管理人决定书原件是否一致，且该复印件上是否有破产财产管理人或其指定的不动产登记承办人的确认签章、签名。如果是通过人民政府的信息共享渠道、数据大平台或指定破产财产管理人的人民法院的官方网站获取的破产财产管理人指定信息打印件，该打印件上是否有破产财产管理人或其指定的不动产登记承办人、打印人的确认签章、签名。五是如果登记档案中有指定破产财产管理人的人民法院出具的其他材料的，可以查验该材料上人民法院的印章与现时收取的指定破产财产管理人决定书上的印章是否一致。六是通过前述查验后对指定破产财产管理人决定书的真实性仍然存疑时，可以拨打指定破产财产管理人的人民法院的办公电话核实并做好电话核实记录，电话核实记录包括双方的办公电话号码、双方通话人的姓名、对方回复的指定破产财产管理人决定书的真假情况、核实时间等。电话核实记录是该指定破产财产管理人决定书真假情况的佐证材料。

三、清算组成立的证明

《民法典》第七十条规定："法人解散的，除合并或者分立的情形外，清算义务人应当及时组成清算组进行清算。法人的董事、理事等执行机构或者决策机构的成员为清算义务人。法律、行政法规另有规定的，依照其规定。清算义务人未及时履行清算义务，造成损害的，应当承担民事责任；主管机关或者利害关系人可以申请人民法院指定有关人员组成清算组进行清算。"按该法第八十一条第三款规定，营利法人的执行机构为其董事会或者执行董事。未设董事会或执行董事的，法人章程规定的主要负责人为其执行机构。按该法第九十三条规定，捐赠法人的理事会为其决策机构。因此，清算组代将要解散的企业申请不动产登记时，提交清算组成立的证明作为其清算组资格证明的，登记机构对其审查要点有：一是查验清算组成立的证明上是否有法人的董事会、理事会的印章或执行董事等清算义务人的签章、签名，是否有该证明的出具日期；二是查验清算组成立证明上载明的清算组职责与不动产登记申请书上申请登记内容是否一致或是否对应；三是询问清算组指定或委托的具体承办不动产登记申请的人员，该清算组成立证明是否在报刊上公告，如果在报刊上公告的，应当查验报刊上公告的清算组成立证明与现时收取的清算组成立证明是否一致；四是通过前述查验后对清算组成立证明的真实性仍然存疑时，可以随机拨打作为清算义务人的董事会成员、理事会成员、执行董事的电话核实并做好电话核实记录，电话核实记录包括登记机构的办公电话号码和对方的电话号码、双方通话人的姓名、对方回复的清算组成立证明的真假情况、核实时间等。电话核实记录是该清算组成立证明真假情况的佐证材料。

人民法院指定成立清算组的，对人民法院指定成立清算组的证明的审查要点，参见本节关于指定破产财产管理人决定书的审查要点。本处不再赘述。

四、监护人资格证明

监护人资格证明因监护人不同而不同：一是父母、子女做监护人时，一般情形下，是出生医学证明和能证明父母、子女与被监护人家庭关系的户口簿（本）；二是配偶做监护人的，一般情形下是结婚证；三是祖父母、外祖父母、兄姐做监护人的，一般情形下，是能证明祖父母、外祖父母、兄姐与被监护人的亲属关系的户口本或被监护人所在社区居民委员会、村民委员会出具的亲属关系证明；四是其他人做监护人的，一般情形下，是被监护人所在社区居民委员会、村民委员会、县级以上人民政府民政机关出具的指定监护人的证明；五是人民法院指定监护人的判决书、监护人间签订的监护协议、被监护人的父母为其指定监护人的遗嘱、监护人委托他人行使监护权的委托书等。监护人资格证明的形式不同，登记机构对其审查要点也不同。

1. 对作为监护资格证明的出生医学证明的审查

监护人代被监护人申请不动产登记时，提交出生医学证明作为其有监护资格的证明的，登记机构对其审查要点有：一是查验出生医学证明上是否有医疗机构的印章或其专用章，是否有该出生医学证明的出具日期。二是查验出生医学证明上父母、被监护人的姓名与不动产登记申请书、父母和被监护人身份证明上的姓名是否一致。如果不一致的，作为监护人的父母是否作出合理的说明或进一步提交相关证明材料。三是不能收取出生医学证明原件时，查验收取的复印件与出生医学证明原件是否一致，且该复印件上是否有作为被监护人的父母的确认签名。四是通过前述查验后对出生医学证明的真实性仍然存疑时，可以到出具该出生医学证明的医疗机构查询核实，也可以通过电话核实或发送电子邮件（E-mail）核实。通过电话核实的，做好电话核实记录，电话核实记录包括双方的办公电话号码、双方通话人的姓名、对方回复的出生医学证明的真假情况、核实时间等。电话核实记录是该出生医学证明真假情况的佐证材料，或将电子邮件查询、回复情况转化为纸介质材料后归入不动产登记档案。

2. 对作为监护资格证明的结婚证的审查

监护人代被监护人申请不动产登记时，提交结婚证作为其有监护资格的证明的，登记机构对其审查要点有：一是查验结婚证上是否有县级以上人民政府民政部门的婚姻登记专用章或该专用章钢印，是否有该结婚证的出具日期。二是查验结婚证上夫妻的姓名与不动产登记申请书、监护人和被监护人身份证明上的姓名是否一致。如果不一致的，监护人是否作出合理的说明或进一步提交相关证明材料。如果结婚证上有夫妻的相片的，还应当查验结婚证上的相片与监护人、被监护人是否相像或是否相似。三是查验收取的复印件与结婚证原件是否一致，且该复印件上是否有监护人的确认签名。四是通过前述查验后对结婚证的真实性仍然存疑时，可以到出具该结婚证的民政机关查询核实，也可以通过电话核实或发送电子邮件（E-mail）核实。通过电话核实的，做好电话核实记录，电话核实记录包括双方的办公电话号码、双方通话人的姓名、对方回复的结婚证的真假情况、核实时间等。电话核实记录是该结婚证真假情况的佐证材料，或将电子邮件查询、回复情况转化为纸介质材料后归入登记档案。

3. 对作为监护人资格证明的被监护人所在社区居民委员会、村民委员会出具的亲属关系证明的审查

监护人代被监护人申请不动产登记时，提交被监护人所在社区居民委员会、村民委员会出具的亲属关系证明作为其有监护资格的证明的，登记机构对其审查要点有：一是查验亲属关系证明上是否有社区居民委员会、村民委员会的印章，是否有该亲属关系证明的出具日期。二是查验亲属关系证明上监护人、被监护人的姓名与不动产登记申请书、监护人和被监护人身份证明上的姓名是否一致。如果不一致的，监护人是否作出合理的说明或进一步提交相关证明材料。三是不能收取亲属关系证明原件时，查验收取的复印件与亲属关系证明原件是否一致，且该复印件上是否有监护人的确认签名。四是如果不动产登记档案中存放有该社区居民委员会、村民委员会出具的其他书面材料的，可以查验该书面材料上社区居民委员会、村民委员会的印章与现时收取的亲属关系证明上的印章是否一致。五是通过前述查验后对亲属关系证明的真实性仍然存疑时，可以通过电话向出具亲属关系证明的社区居民委员会、村民委员会核实，或通过走访出具亲属关系的社区居民委员会、村民委员会承办人员核实。通过电话核实的，做

好电话核实记录，电话核实记录包括双方的办公电话号码、双方通话人的姓名、对方回复的亲属关系证明的真假情况、核实时间等。通过走访核实的，应当做好走访记录，走访记录包括走访时间、地点、走访人、受访人、在场人、受访人陈述的亲属关系证明的真假情况等。电话核实记录、走访记录是该亲属关系证明真假情况的佐证材料。

4. 对作为监护人资格证明的被监护人所在社区居民委员会、村民委员会、县级以上人民政府民政机关出具的指定监护人的证明的审查

监护人代被监护人申请不动产登记时，提交被监护人所在社区居民委员会、村民委员会、县级以上人民政府民政机关出具的指定监护人的证明作为其有监护资格的证明的，登记机构对其审查要点有：一是查验指定监护人的证明上是否有社区居民委员会、村民委员会、县级以上人民政府民政机关的印章，是否有该指定监护人的证明的出具日期。二是查验指定监护人的证明上监护人、被监护的姓名与不动产登记申请书、监护人和被监护人身份证明上的姓名是否一致。如果不一致的，监护人是否作出合理的说明或进一步提交相关证明材料。三是不能收取指定监护人的证明原件时，查验收取的复印件与指定监护人的证明原件是否一致，且该复印件上是否有监护人的确认签名。四是如果不动产登记档案中存放有该社区居民委员会、村民委员会、县级以上人民政府民政机关出具的其他书面材料的，可以比对该书面材料上社区居民委员会、村民委员会、民政机关的印章与现时收取的指定监护人的证明上的印章是否一致。五是通过前述查验后对指定监护人的证明的真实性仍然存疑时，可以通过电话向出具指定监护人的证明的社区居民委员会、村民委员会、县级以上人民政府民政机关核实，或通过走访出具指定监护人证明的社区居民委员会、村民委员会承办人员核实。通过电话核实的，做好电话核实记录，电话核实记录包括双方的办公电话号码、双方的通话人姓名、对方回复的指定监护人证明的真假情况、核实时间等。通过走访核实的，应当做好走访记录，走访记录包括走访时间、地点、走访人、受访人、在场人、受访人陈述的指定监护人证明的真假情况等。电话核实记录、走访记录是该指定监护人证明真假情况的佐证材料。

5. 对作为监护人资格证明的监护协议的审查

监护人代被监护人申请不动产登记时，提交被监护人的监护人间签订的监护协议作为其有监护资格的证明的，登记机构对其审查要点有：一是查验协议中载明的监护人与协议上签名的监护人是否一致，是否有监护协议签订的时间。二是查验监护协议上被监护人、监护人的姓名与不动产登记申请书上申请人、代理人（监护人）的姓名是否一致，查验监护协议上明确的行使监护权的监护人姓名与其提交的居民身份证或户口簿（本）上的姓名是否一致。三是查验监护协议是否附生效条件或生效期限，如果附生效条件或生效期限的，还应当查验生效条件是否成就，生效期限是否届至。四是结合监护人提交的被监护人的亲属关系证明，查验监护人协议上的监护人是否具有监护人资格。五是不能收取监护人协议原件时，查验收取的复印件与该监护人协议原件是否一致，且该复印件上是否有代为申请不动产登记的监护人的确认签名。六是通过前述查验后对监护人协议的真实性仍然存疑时，可以通过电话或走访的方式向在监护人协议上签名的监护人核实该监护协议的真假。通过电话核实的，做好电话核实记录，电话核实记录包括登记机构的办公电话号码和对方的电话号码、双方的通话人姓名、对方回复的监护人协议的真假情况、核实时间等。通过走访核实的，应当做好走访记录，走访记录包括走访时间、地点、走访人、受访人、在场人、受访人陈述的监护人协议的真假情况等。电话核实记录、走访记录是该监护人协议真假情况的佐证材料。

特别说明：

（1）当事人提交户口簿（本）作为监护资格证明的，审查要点参见本章第一节关于户口簿（本）的审查要点；

（2）当事人提交监护人委托他人行使监护权的委托书作为监护资格证明的，审查要点参见本章本节关于委托书的审查要点；

第七章　不动产登记启动主体身份证明材料审查

（3）当事人提交人民法院指定监护人的判决书作为监护资格证明的，审查要点参见第八章"不动产登记原因材料审查（一）"中关于判决书的审查部分的审查要点；

（4）当事人提交被监护人的父母为其指定监护人的遗嘱作为监护资格证明的，审查要点参见第十章"不动产登记原因材料审查（三）"中关于遗嘱部分的审查要点。

第八章　不动产登记原因材料审查（一）

按《不动产登记暂行条例》第十六条第一款第（三）项规定，相关的不动产权属来源证明材料、登记原因证明文件是申请人申请不动产登记时应当向登记机构提交的材料。关于不动产登记原因证明文件，也有称不动产登记权属来源证明材料的。笔者认为，不动产权属来源证明材料，是指当事人设立、变更、转移和消灭不动产权利或其他相关事项的渊源材料，简称权源材料。不动产登记原因证明文件，是指申请人申请不动产登记的起因材料，是申请人申请不动产登记类型和登记机构适用不动产登记类型的支撑材料，简称登记原因材料。据此可知，权源材料是实体法上的称谓，登记原因材料是不动产登记程序上的称谓。权源材料即不动产登记程序中的登记原因材料。本书阐述的是不动产登记审查，不动产登记审查属于不动产登记程序上的行为，故本书行文中采用不动产登记原因材料或登记原因材料。

本章所指不动产登记原因材料审查，是指登记机构对作为不动产登记原因材料的人民法院、仲裁机构出具的法律文书，人民检察院、监察机关、公证机构出具的相关文书等进行的检查、核对、比较、分析。

第一节　人民法院出具的法律文书审查

在不动产登记实务中，作为不动产登记原因材料的人民法院出具的法律文书主要有判决书、裁定书、民事调解书。关于判决书、裁定书、民事调解书，有由申请人或其代理人申请不动产登记时向登记机构提交的情形，也有人民法院嘱托登记机构办理相关不动产登记时作为协助执行通知书的附件由其执行员送达登记机构的情形。但笔者认为，作为协助执行通知书附件的判决书、裁定书、民事调解书，不是不动产登记的原因材料，而是协助执行通知书合法、有效的证明材料，即是协助执行通知书合法、有效的前提。在因人民法院基于判决书、裁定书、民事调解书嘱托的不动产登记中，协助执行通知书既是不动产登记的启动材料，也是不动产登记的原因材料。

一、判决书

判决书，是指记载人民法院对受理的民事、行政、刑事案件，经过审查，依据已查明并确认的事实，适用有关法律、法规的规定，对当事人之间的民事权利义务作出认定，或对被诉行政行为的合法与否作出认定，或对被告定罪量刑的法律文书。作为不动产登记原因材料的人民法院出具的判决书有民事判决书、行政判决书（如用作更正登记原因材料的撤销不动产登记的行政判决书）、刑事判决书（如用作转移登记原因材料的没收罪犯不动产的刑事判决书）。

判决书由申请人或其代理人向登记机构提交的，登记机构对其审查要点有：一是查验判决书的判决结果与申请书上申请登记的内容是否一致或是否对应。二是查验判决书上审判人员、书记员的署名和人民法院的印章是否齐全。查验审判人员、书记员署名与判决书中载明的审判员或合议庭组成人员、书记员名单是否一致。判决书的首页和末页有骑缝章的，查验是否每页都有骑缝章印痕，且每页上的骑缝章印痕是否清晰、衔接。三是查验判决书的出具时间是否是工作日或合乎常理。如前所述，某市不动产登记机构受理申请人申请的转移登记时，收到的民事判决书的出具日期是某年2月30日，每年的2月只有28日或29日，受理人员认为该判决书的出具日期不合乎常理，于是通过办公电话与出具该判决书的人民法院核实，人民法院明确告知登记机构该判决书不是其出具。四是《最高人民法院关于人民法院在互联网公布裁判文书的规定》（法释〔2016〕19号）第二条规定，中国裁判文书网是全国法院公布裁判文书的统一平台。各级人民法院在本院政务网站及司法公开平台设置中国裁判文书网的链接。按该规定第三条第（一）项规定，人民法院作出的刑事、民事、行政判决书应当在互联网公布。因此，登记人员应当登录中国裁判文书网（网址：https://wenshu.court.gov.cn）或作出判决书的人民法院的官方网站，查验该判决书是否真实。五是在不能收取判决书原件时，查验收取的复印件与判决书原件是否一致，且该复印件上面是否有申请人或其代理人的确认签名。如果是通过中国裁判文书网或作出判决书的人民法院的官方网站获取的判决书打印件，该打印件上是否有申请人或其代理人、打印人的确认签名。六是查验作为不动产登记原因材料的判决书是否生效。① 民事判决书。《民事诉讼法》第十条规定，人民法院审理民事案件，依照法律规定实行合议、回避、公开审判和两审终审制度。该法第一百五十八条规定，最高人民法院的判决、裁定，以及依法不准上诉或者超过上诉期没有上诉的判决、裁定，是发生法律效力的判决、裁定。该法第一百八十二条规定，第二审人民法院的判决、裁定，是终审的判决、裁定。据此可知，最高人民法院作出的判决书和第二审人民法院作出的终审判决书是生效的判决书，一审人民法院作出的不准上诉或超过上诉期限没有上诉的判决书才是生效的判决书。② 行政判决书。《行政诉讼法》第七条规定，人民法院审理行政案件，依法实行合议、回避、公开审判和两审终审制度。该法第十七条规定，最高人民法院管辖全国范围内重大、复杂的第一审行政案件。按该法第八十五条规定，逾期不提起上诉的，人民法院的第一审判决或者裁定发生法律效力。据此可知，最高人民法院作出的判决书和第二审人民法院作出的终审判决书是生效的判决书，一审人民法院作出的超过上诉期限没有上诉的判决书才是生效的判决书。③ 刑事判决书。《刑事诉讼法》第十条规定，人民法院审判案件，实行两审终审制。该法第二百四十四条规定，第二审的判决、裁定和最高人民法院的判决、裁定，都是终审的判决、裁定。按该法第二百五十九条第二款规定，已过法定期限没有上诉、抗诉的判决和裁定、终审的判决和裁定是发生法律效力的判决和裁定。据此可知，最高人民法院作出的判决书和第二审人民法院作出的终审判决书是生效的判决书，一审人民法院作出的超过上诉期限没有上诉、抗

第八章 不动产登记原因材料审查（一）

诉的判决书才是生效的判决书。概言之，登记机构应当查验作为不动产登记原因材料的判决书是否是最高人民法院作出的判决书，或是否是第二审人民法院作出的终审判决书，或是否是第一审人民法院作出的且附生效证明的判决书。在司法实务中，山西省汾阳市人民法院在"原告马某只诉被告某不动产登记中心不动产登记行政撤销一案"中认为"第三人某县某乡某村村民委员会申请时提供的山西省交城县人民法院（20××）晋11××民初230号民事判决书，当时尚在二审审理期间，并未生效，被告某不动产登记中心未予审查清楚，依据未生效的民事判决书作出注销决定，不符合法律规定"[①]。据此可知，人民法院的认为表明，第一审人民法院作出的判决书，由于该判决书判决的案件尚在二审审理期间，该判决书尚未产生法律效力，登记机构不得用作办理不动产登记的原因材料。申言之，未产生法律效力的判决书，登记机构不得用作办理不动产登记的原因材料。七是如果申请登记的不动产处于查封状态的，应当查验存档的查封文书与申请人或其代理人提交的判决书上人民法院的印章是否一致。查验查封文书上载明的案由、当事人姓名或名称与判决书上载明的案由、当事人姓名或名称是否一致。八是《民事诉讼法》第二百八十八条规定，外国法院作出的发生法律效力的判决、裁定，需要中华人民共和国人民法院承认和执行的，可以由当事人直接向中华人民共和国有管辖权的中级人民法院申请承认和执行，也可以由外国法院依照该国与中华人民共和国缔结或者参加的国际条约的规定，或者按照互惠原则，请求人民法院承认和执行。在司法实务中，按《最高人民法院关于适用〈民事诉讼法〉的解释》（法释〔2022〕11号）第五百四十六条规定，人民法院经审查承认外国法院作出的判决的，以裁定的方式体现。据此可知，外国法院出具的判决书要在我国使用的，须经我国有管辖权的中级人民法院裁定确认。因此，申请人提交的是外国法院出具的判决书的，应当查验申请人是否提交经我国有管辖权的中级人民法院确认该判决书的裁定书等。

[①] 山西省汾阳市人民法院："原告马某只诉被告某不动产登记中心不动产登记行政撤销一案"，https://wenshu.court.gov.cn，访问日期：2022年7月7日。

判决书作为协助执行通知书的附件由人民法院的执行员送达登记机构的，登记机构对其审查要点有：一是查验该判决书的文号、当事人、案由、判决结果与协助执行通知书上的相关内容是否一致或是否对应；二是查验判决书载明的不动产的权利人、坐落、面积等内容与登记簿或存档的不动产登记材料上的记载是否一致或是否对应；三是要求协助执行的不动产上有查封登记的，还应当查验查封文书上载明的案由、当事人姓名或名称与判决书上载明的案由、当事人姓名或名称是否一致等。

二、裁定书

裁定书是人民法院为了解决诉讼程序问题、部分实体问题、执行中的问题依法制作的法律文书。作为不动产登记原因材料的人民法院作出的裁定书，主要有诉讼程序中作出的裁定书（如用作申请异议登记注销登记的驳回起诉的裁定书）、执行程序中作出的裁定书（如用作申请不动产转移登记的执行裁定书）。

裁定书由申请人或其代理人向登记机构提交的，登记机构对其审查要点有：一是查验裁定书的裁定结果与申请书上申请登记的内容是否一致或是否对应。二是查验审判人员或执行员、书记员的署名和人民法院的印章是否齐全。查验审判人员、执行员、书记员的署名与裁定书中载明的审判员、执行员或合议庭组成人员、书记员名单是否一致。裁定书的首页和末页有骑缝章的，查验是否每页都有骑缝章印痕，且每页上的骑缝章印痕是否清晰、衔接。三是查验裁定书的出具时间是否是工作日或合乎常理。四是《最高人民法院关于人民法院在互联网公布裁判文书的规定》（法释〔2016〕19号）第二条规定，中国裁判文书网是全国法院公布裁判文书的统一平台。各级人民法院在本院政务网站及司法公开平台设置中国裁判文书网的链接。按该规定第三条第（二）项规定，人民法院作出的刑事、民事、行政、执行裁定决书应当在互联网公布。因此，登记人员应当登录中国裁判文书网（网址：https://wenshu.court.gov.cn）或作出裁定书的人民法院的官方网站，查验该裁定书的真假。五是在不能收取裁定书原件时，

第八章 不动产登记原因材料审查（一）

查验收取的复印件与裁定书原件是否一致，且该复印件上面是否有申请人或其代理人的确认签名。如果是通过中国裁判文书网或作出裁定书的人民法院的官方网站获取的裁定书打印件，该打印件上是否有申请人或其代理人的确认签名。六是查验作为不动产登记原因材料的裁定书是否生效。① 民事裁定书。《民事诉讼法》第十条规定，人民法院审理民事案件，依照法律规定实行合议、回避、公开审判和两审终审制度。该法第一百五十八条规定，最高人民法院的判决、裁定，以及依法不准上诉或者超过上诉期没有上诉的判决、裁定，是发生法律效力的判决、裁定。该法第一百八十二条规定，第二审人民法院的判决、裁定，是终审的判决、裁定。据此可知，最高人民法院作出的裁定书和第二审人民法院作出的终审裁定书是生效的裁定书，一审人民法院作出的不准上诉或超过上诉期限没有上诉的裁定书才是生效的裁定书。② 行政裁定书。《行政诉讼法》第七条规定，人民法院审理行政案件，依法实行合议、回避、公开审判和两审终审制度。该法第十七条规定，最高人民法院管辖全国范围内重大、复杂的第一审行政案件。按该法第八十五条规定，逾期不提起上诉的，人民法院的第一审判决或者裁定发生法律效力。据此可知，最高人民法院作出的裁定书和第二审人民法院作出的终审裁定书是生效的裁定书，一审人民法院作出的超过上诉期限没有上诉的裁定书才是生效的裁定书。③ 刑事裁定书。《刑事诉讼法》第十条规定，人民法院审判案件，实行两审终审制。该法第二百四十四条规定，第二审的判决、裁定和最高人民法院的判决、裁定，都是终审的判决、裁定。按该法第二百五十九条第二款规定，已过法定期限没有上诉、抗诉的判决和裁定、终审的判决和裁定是发生法律效力的判决和裁定。据此可知，最高人民法院作出的裁定书和第二审人民法院作出的终审裁定书是生效的裁定书，一审人民法院作出的超过上诉期限没有上诉、抗诉的裁定书才是生效的裁定书。由于《民事诉讼法》《行政诉讼法》《刑事诉讼法》规定的执行程序中均没有上诉程序，因此，执行程序中作出的裁定书自送达当事人起产生法律效力。概言之，登记机构应当查验作为不动产登记原因材料的裁定书是否是最高人民法院作出的裁定书，或是否是第二审人民法院作出的终审裁定书，是否是执行裁定书，或是否是第一审人民法院作出的附生效证明的裁定书。七是如果申请登记的不动产处于查封状态的，应当查验存档的查封文书与申请人提交的裁定书上人民法院的印章是否一致。查验裁定书上的案由、当事人姓名或名称与查封文书上的案由、当事人姓名或名称是否一致。八是《民事诉讼法》第二百八十八条规定，外国法院作出的发生法律效力的判决、裁定，需要中华人民共和国人民法院承认和执行的，可以由当事人直接向中华人民共和国有管辖权的中级人民法院申请承认和执行，也可以由外国法院依照该国与中华人民共和国缔结或者参加的国际条约的规定，或者按照互惠原则，请求人民法院承认和执行。在司法实务中，按《最高人民法院关于适用〈民事诉讼法〉的解释》（法释〔2022〕11号）第五百四十六条规定，人民法院经审查承认外国法院作出的裁定的，以裁定的方式体现。据此可知，外国法院出具的裁定书要在我国使用的，须经我国有管辖权的中级人民法院裁定确认。因此，申请人提交的是外国法院出具的裁定书的，应当查验申请人是否提交经我国有管辖权的中级人民法院确认该裁定书的裁定书。

裁定书作为协助执行通知书的附件由人民法院的执行员送达登记机构的，登记机构对其审查要点有：一是查验裁定书的文号、当事人、案由、裁定结果与协助执行通知书上的相关内容是否一致或是否对应；二是查验裁定书载明的不动产的权利人、坐落、面积等内容与登记簿或存档的不动产登记材料上的记载是否一致或是否对应；三是要求协助执行的不动产上有查封登记的，还应当查验查封文书上载明的案由、当事人姓名或名称与现时的裁定书上载明的案由、当事人姓名或名称是否一致等。

三、民事调解书

民事调解书（全称是人民法院民事调解书），是指以人民法院的名义制发的，记载诉讼当事人自愿达成纠纷解决协议的法律文书。作为不动产登记原因材料的民事调解书，有第一审人民法院制作的，也有第二审人民法院制作的，还有最高人民法院制作的。

民事调解书由申请人或其代理人向登记机构提交的，登记机构对其审查要点有：一是查验民事调解书的调解结果与申请书上申请登记的内容是否一致或是否对应。在司法实务中，广东省江门市江海区人民法院在"原告岑某杰因与被告某自然资源局、第三人某市某区某家具有限公司（以下简称'某公司'）不动产登记纠纷一案"中认为"岑某杰主张其为涉案土地使用权的权属人，并提交《国有建设用地使用权及在建地上建筑物转让合同》《民事调解书》为凭，但上述文书的内容仅能证明岑某杰与某公司之间存在民事债权债务关系，因涉案土地使用权仍登记在某公司名下，岑某杰并不享有相应的物权，其申请更正登记事由与客观事实不符，应选择转移登记；从民事调解书内容来看，岑某杰是涉案土地使用权的利害关系人，其申请涉案土地使用权更正登记，应当提供证实土地使用权登记记载错误的材料及其他必要材料，但岑某杰并没有依法提供"[1]。据此可知，人民法院的认为表明，民事调解书载明的调解结果（民事调解书的内容）与申请人申请登记的内容不一致或不对应的，登记机构不得用作办理不动产登记的原因材料。二是查验审判人员、书记员的署名和人民法院的印章是否齐全。查验审判人员、书记员署名与民事调解书中载明的审判员或合议庭组成人员、书记员名单是否一致。民事调解书的首页和末页有骑缝章的，查验是否每页都有骑缝章印痕，且每页上的骑缝章印痕是否清晰、衔接。三是查验民事调解书的出具时间是否是工作日或合乎常理。四是由于民事调解书不是《最高人民法院关于人民法院在互联网公布裁判文书的规定》（法释〔2016〕19号）规定的应当在互联网公布的法律文书，因此，登记人员不能登录中国裁判文书网（网址：https://wenshu.court.gov.cn）或制作民事调解书的人民法院的官方网站查验该民事调解书的真假，此情形下，登记机构可以通过制作民事调解书的人民法院相关审判庭的办公电话核实并做

---

[1] 广东省江门市江海区人民法院："原告岑某杰因与被告某自然资源局、第三人某市某区某家具有限公司不动产登记纠纷一案"，https://wenshu.court.gov.cn，访问日期：2022年7月9日。

好电话核实记录，电话核实记录包括双方的办公电话号码、双方通话人的姓名、对方回复的民事调解书的真假情况、核实时间等。电话核实记录是该民事调解书真假情况的佐证材料。五是不能收取民事调解书原件时，查验收取的复印件与民事调解书原件是否一致，且该复印件上面是否有申请人或其代理人的确认签名。六是查验作为不动产登记原因材料的民事调解书是否生效。《民事诉讼法》第一百条第三款规定，调解书经双方当事人签收后，即具有法律效力。该法第一百零二条规定，调解未达成协议或者调解书送达前一方反悔的，人民法院应当及时判决。据此可知，法律规定，民事调解书自双方当事人在人民法院的送达回证上签收后才发生法律效力。若当事人一方或双方反悔，拒绝签收民事调解书的，该民事调解书不发生法律效力，即调解不成立，人民法院应当以判决方式结案。在司法实务中，《最高人民法院关于人民法院民事调解工作若干问题的规定》（法释〔2004〕12号）第十三条规定，根据民事诉讼法第九十条第一款第（四）项规定，当事人各方同意在调解协议上签名或者盖章后生效，经人民法院审查确认后，应当记入笔录或者将协议附卷，并由当事人、审判人员、书记员签名或者盖章后即具有法律效力。当事人请求制作调解书的，人民法院应当制作调解书送交当事人。2020年12月29日，修订后重新发布实施的《最高人民法院关于人民法院民事调解工作若干问题的规定》（法释〔2020〕20号）中删除了此规定。据此可知，在司法实务中，2020年12月29日前立案的，当事人在庭审笔录上的调解协议上签名或者盖章后，人民法院才制作民事调解书，但此民事调解书已经是生效的民事调解书。因此，在不动产登记实务中，如果2020年12月29日前立案产生的民事调解书载明"本调解书自双方当事人签收后生效"的，则此调解书须与双方当事人签收民事调解书的人民法院的送达回证复印件组合后，登记机构方可用作办理不动产登记的原因材料。如果民事调解书载明"本调解书自双方当事人签名或者盖章时起生效"的，则此民事调解书已经生效，登记机构可以直接用作办理不动产登记的原因材料。2020年12月29日起立案产生的民事调解书须与双方当事人签收民事调解书的人民法院的送达回证复印

第八章 不动产登记原因材料审查（一）

件组合后，登记机构方可用作办理不动产登记的原因材料。关于立案时间，在民事调解书中有记载。在不动产登记实务中，某市不动产登记中心受理一件基于离婚民事调解书产生的房地产转移登记时，男性申请人提交的离婚民事调解书载明"双方婚姻关系存续期间购买的一套住房归男方。本调解书自双方当事人签收后生效"。但男性申请人只提交其签收该离婚民事调解书的送达回证复印件，登记机构的受理人员正在询问男性申请人为什么没有提交原配偶签收该离婚民事调解书的送达回证复印件时，男性申请人的原配偶持第二审人民法院的终审判决书来到登记窗口，告诉受理人员：她对第一审人民法院的调解结果反悔，第一审人民法院根据调解结果判决房屋归男方。她上诉到第二审人民法院，第二审人民法院终审判决该房屋归她。因此，男性申请人提交的离婚民事调解书未产生法律效力，视为登记申请材料不齐全，登记机构据此作出不予受理的审查决定。七是如果申请登记的不动产处于查封状态的，应当查验存档的查封文书与申请人提交的民事调解书上的人民法院的印章是否一致。查验查封文书上的案由、当事人姓名或名称与民事调解书上的案由、当事人姓名或名称是否一致等。

民事调解书作为协助执行通知书的附件由人民法院的执行员送达的，登记机构对其审查要点有：一是查验民事解调书的文号、当事人、案由、调解结果或相关事项与协助执行通知书上的相关内容是否一致或是否对应；二是查验民事调解书载明的不动产的权利人、坐落、面积等内容与登记簿或存档的不动产登记材料上的记载是否一致或是否对应；三是要求协助执行的不动产上有查封登记的，还应当查验查封文书上载明的案由、当事人姓名或名称与民事调解书上载明的案由、当事人姓名或名称是否一致等。

第二节 仲裁机构出具的法律文书审查

在不动产登记实务中，作为不动产登记原因材料的仲裁机构出具的法律文书有仲裁裁决书、仲裁调解书。关于仲裁裁决书、仲裁调解书，有由申请人或其代理人申请不动产登记时向登记机构提交的情形，也有人民法院嘱托登记机构办理相关不动产登记时，作为协助执行通知书的附件由其执行员送达登记机构的情形。但笔者认为，作为协助执行通知书附件的仲裁裁决书、仲裁调解书不是不动产登记的原因材料，而是协助执行通知书合法、有效的证明材料，即是协助执行通知书合法、有效的前提。在因人民法院基于仲裁裁决书、仲裁调解书嘱托的不动产登记中，协助执行通知书既是不动产登记的启动材料，也是不动产登记的原因材料。

一、仲裁裁决书

仲裁裁决书，是指记载仲裁机构对受理的合同纠纷和其他财产权益纠纷案件，经过审查，依据已查明并确认的事实，适用有关法律、法规的规定，对当事人之间的权利义务作出认定的法律文书。

作为不动产登记原因材料的仲裁裁决书由申请人或其代理人向登记机构提交的，登记机构对其审查要点有：一是查验仲裁裁决书上的裁决结论与申请书上申请登记的内容是否一致或是否对应。二是按《仲裁法》第五十四条规定，裁决书由仲裁员签名，加盖仲裁委员会印章。因此，登记机构应当查验仲裁裁决书上仲裁员的署名和仲裁机构的印章是否齐全。查验仲裁员的署名与仲裁裁决书上记载的仲裁员或仲裁庭组成人员名单是否一致。仲裁裁决书的首页和末页有骑缝章的，查验是否每页都有骑缝章印痕，且每页上的骑缝章印痕是否清晰、衔接。三是查验仲裁裁决书的出具时间是否是工作日或合乎常理。四是据笔者查询，法律、法规、规章和政策没有关于仲裁裁决书应当在互联网或仲裁机构的官方网站上公开的规定，因此，登记人员不能在互联网上或出具仲裁裁决书的仲裁机构的官方网站上查验仲裁裁决书的真假，但可以通过制作仲裁裁决书的仲裁机构的办公电话核实并做好电话核实记录，电话核实记录包括双方的办公电话号码、双方通话人的姓名、对方回复的仲裁裁决书的真假情况、核实时间等。电话核实记录是该仲裁裁决书真假情况的佐证材料。五是不能收取仲裁裁决书原件时，查验收取的复印件与仲裁裁决书原件是否一致，且该复印件上是否有申请人或其代理人的确认签名。六是登记机构不得要求申请人或其代理人提交仲裁裁决书已经发生法律效力的证明。按《仲裁法》第九条规定，仲裁实行一裁终局的制度。按该法第五十七条规定，裁决书自作出之日起发生法律效力。据此可知，仲裁实行一裁终局制，仲裁中没有"上诉"程序，仲裁裁决书自作出之日起发生法律效力。因此，登记机构可以直接将仲裁裁决书用作办理不动产登记的原因材料。七是《民事诉讼法》第二百九十条规定，国外仲裁机构的裁决，需要中华人民共和国人民法院承认和执行的，应当由当事人直接向被执行人住所地或者其财产所在地的中级人民法院申请，人民法院应当依照中华人民共和国缔结或者参加的国际条约，或者按照互惠原则办理。在司法实务中，按《最高人民法院关于适用〈民事诉讼法〉的解释》（法释〔2022〕11号）第五百四十六条规定，人民法院经审查承认外国仲裁裁决的，以裁定的方式体现。据此可知，国外仲裁机构出具的裁决书要在国内使用的，由当事人住所地或者其财产所在地的中级人民法院裁定确认。因此，申请人提交外国仲裁机构出具的仲裁裁决书作为不动产登记原因材料的，应当查验申请人是否提交当事人住所地或者其财产所在地的中级人民法院确认该仲裁裁决书的裁定书。

仲裁裁决书作为协助执行通知书的附件由人民法院的执行员送达的，登记机构对其审查要点有：一是查验仲裁裁决书的文号、当事人、案由、裁决结果与协助执行通知书上的相关内容是否一致或是否对应；二是查验仲裁裁决书载明的不动产的权利人、坐落、面积等内容与登记簿或存档的不动产登记材料上的记载是否一致或是否对应等。

二、仲裁调解书

仲裁调解书，是指仲裁机构制作的记载双方当事人在其主持调解下，就申请仲裁的合同纠纷和其他财产权益纠纷达成解决协议的法律文书。

作为不动产登记原因材料的仲裁调解书由申请人或其代理人向登记机构提交的，登记机构对其审查要点有：一是查验仲裁调解书的调解结果与申请书上申请登记的内容是否一致或是否对应。二是按《仲裁法》第五十二条第一款规定，调解书由仲裁员签名，加盖仲裁委员会印章，送达双方当事人。因此，登记机构应当查验仲裁调解书上仲裁员的签名和仲裁机构的印章是否齐全。查验仲裁员的签名与仲裁调解书中记载的仲裁员或仲裁庭组成人员名单是否一致。仲裁调解书的首页和末页有骑缝章的，查验是否每页都有骑缝章印痕，且每页上的骑缝章印痕是否清晰、衔接。三是查验仲裁调解书的出具时间是否是工作日或合乎常理。四是据笔者查询，法律、法规、规章和政策没有关于仲裁调解书应当在互联网或仲裁机构的官方网站上公开的规定，因此，登记人员不能在互联网上或制作仲裁调解书的仲裁机构的官方网站上查验仲裁调解书的真假，但可以通过制作仲裁调解书的仲裁机构的办公电话核实并做好电话核实记录，电话核实记录包括双方的办公电话号码、双方通话人的姓名、对方回复的仲裁调解书的真假情况、核实时间等。电话核实记录是该仲裁调解书真假情况的佐证材料。五是不能收取仲裁调解书原件时，查验收取的复印件与仲裁调解书原件是否一致，且该复印件上面是否有申请人或其代理人的确认签名。六是按《仲裁法》第五十二条第二款规定，调解书经双方当事人签收后，即发生法律效力。因此，仲裁调解书与双方当事人签收该仲裁调解书的证明组合才产生法律效力。因此，登记机构应当查验申请人或其代理人是否已经提交双方当事人签收仲裁调解书的证明，如仲裁调解书送达回证等。

仲裁调解书作为协助执行通知书的附件由人民法院的执行员送达的，登记机构对其审查要点有：一是查验仲裁调解书的文号、当事人、案由、调解结果或相关事项与协助执行通知书上的相关内容是否一致或是否对应；二是查验仲裁调解书载明的不动产的权利人、坐落、面积等内容与登记簿或存档的不动产登记材料上的记载是否一致或是否对应等。

第三节 检察查封决定书、监察文书和公证书的审查

在不动产登记实务中，检察查封决定书、监察文书由检察机关、监察机关嘱托登记机构办理相关不动产登记时，作为启动不动产登记的嘱托文书的附件，由检察机关、监察机关的嘱托登记承办人员向登记机构送达。关于公证书，有由申请人或其代理人申请不动产登记时向登记机构提交的情形，也有人民法院嘱托登记机构办理相关不动产登记时作为协助执行通知书的附件由其执行员送达的情形。

一、检察查封决定书

检察查封决定书，是指人民检察院在办理刑事案件时，根据案情需要制作的决定对犯罪嫌疑人的财产进行查封的文件。在不动产登记实务中，作为不动产登记原因材料的检察查封决定书，是指由人民检察院的案件承办人向登记机构送达的查封决定书副本，如前所述，该查封决定书副本也是人民检察院嘱托登记机构办理查封登记的嘱托文书。登记机构对其审查要点有：一是查验查封决定书副本上是否有人民检察院的印章，查封决定书副本的出具时间是否齐全。二是查验查封决定书副本是否由人民检察院的检察官送达。查封决定书副本只能由人民检察院的检察官送达登记机构，不能由其他人员或通过其他途径发送。三是查验查封决定书副本上载明的不动产的权利人、坐落、面积等内容与登记簿或存档的不动产登记材料上的记载是否一致或是否对应。四是检察官送达的是解除查封决定书副本的，还应当查验存档的查封决定书副本上载明的案由、当事人姓名或名称与解除查封决定书副本上载明的案由、当事人姓名或名称是否一致等。

二、监察文书

监察文书，是指监察机关经过调查后制作的记载对违纪人员违纪取得的财产作出查封、处置决定的公文。在不动产登记实务中，监察文书作为协助执行通知书的附件由监察机关的嘱托登记承办人员送达，登记机构对

其审查要点有：一是查验监察文书上是否有监察机关的印章，监察文书的出具日期是否齐全；二是查验监察文书的文号、当事人、案由、查封或处置的不动产权利（或其他相关事项）与协助执行通知书上的相关内容是否一致或是否对应；三是查验监察文书上载明的不动产的权利人、坐落、面积等内容与登记簿或存档的不动产登记材料上的记载是否一致或是否对应；四是要求协助执行的不动产上有查封登记的，还应当查验存档的办理查封登记的监察文书上载明的案由、当事人姓名或名称与现时送达的监察文书上载明的案由、当事人姓名或名称是否一致等。

作为协助执行通知书附件的监察文书不是不动产登记的原因材料，而是协助执行通知书合法、有效的证明材料，即是协助执行通知书合法、有效的前提。在因监察机关嘱托的不动产登记中，协助执行通知书既是不动产登记的启动材料，也是不动产登记的原因材料。

三、公证书

公证书，是指公证机构根据自然人、法人或者其他组织的申请，依法出具的记载证明民事行为、有法律意义的事实和文书真实性、合法性的书面材料。

作为不动产登记原因材料的公证书由申请人向登记机构提交的，登记机构对其审查要点有：一是查验公证书上载明的权利人享有的权利或其他相关事项与申请书上申请登记的内容是否一致或是否对应。二是按《公证法》第三十二条第一款规定，公证书应当由公证员签名或者加盖签名章并加盖公证机构印章。公证书自出具之日起生效。因此，登记机构应当查验公证书上公证员的签名（章）和公证机构的印章是否齐全。公证书的首页和末页有骑缝章的，查验是否每页都有骑缝章印痕，且每页上的骑缝章印痕是否清晰、衔接。如果公证书的首页和末页有公证机构的钢印的，查验是否每页的相同位置都有钢印印痕，且每页上的钢印印痕上的公证机构名称、印章编号是否一致。笔者在曾经的房屋登记实务中，办理继承转移登记时，查验一份首页和末页有公证机构钢印印痕的继承权公证书时，发现

第八章　不动产登记原因材料审查（一）

其中一页完全没有钢印印痕，经与制作该公证书的公证机构电话核实得知，该页为当事人擅自抽取原件篡改后加入的。另外，按《公证法》第四十五条规定，中华人民共和国驻外使（领）馆可以依照本法的规定或者中华人民共和国缔结或参加的国际条约的规定，办理公证，即此情形下，该驻外使（领）馆是法定的公证机构。据此可知，我国驻外使（领）馆也可以依法办理公证，因此，我国驻外使（领）馆出具的公证书上盖的是驻外使（领）馆的公章、钢印。三是查验公证书的出具时间是否是工作日或合乎常理。四是据笔者查询，法律、法规、规章和政策没有关于公证书应当在互联网或制作公证书的公证机构的官方网站上公开的规定，因此，登记人员不能在互联网上或制作公证书的公证机构的官方网站上查验公证书的真假，但可以通过制作公证书的公证机构的办公电话核实并做好电话核实记录，电话核实记录包括双方的办公电话号码、双方通话人的姓名、对方回复的公证书的真假情况、核实时间等。电话核实记录是该公证书真假情况的佐证材料。也可以发送电子邮件（E-mail）核实，将电子邮件查询、回复情况转化为纸介质材料后归入登记档案。五是不能收取公证书原件时，查验收取的复印件与公证书原件是否一致，且该复印件上是否有申请人或其代理人的确认签名。六是按《公证法》第三十二条第一款规定，公证书自出具之日起生效。因此，公证书可以直接作为登记机构办理不动产登记的原因材料，登记机构不得要求申请人或其代理人另行提交公证书已生效的证明。七是申请人提交的是台湾公证机构出具的公证书时，查验该公证书上是否有该公证书使用地的省级公证协会的转递文书，或该公证书上是否有省级公证协会的转递章。申请人提交的是来自香港、澳门的公证书的，查验该公证书上是否有中国法律服务（香港）有限公司、中国法律服务（澳门）有限公司的转递文书，或该公证书上是否有中国法律服务（香港）有限公司、中国法律服务（澳门）有限公司转递文书或转递章。申请人提交的是其他国家或地区的公证书的，应当查验该公证书上是否有我国驻外使（领）馆的认证文书或认证章等。查验转递文书上的印章或转递章、认证文书上的印章或认证章上的图案、文字、编码是否清晰。

公证书作为协助执行通知书的附件由人民法院的执行员送达的，登记机构对其审查要点有：一是查验公证书的文号、当事人、权利人享有的权利或相关事项与协助执行通知书上的相关内容是否一致或是否对应；二是查验公证书载明的不动产的权利人、坐落、面积等内容与登记簿或存档的不动产登记材料上的记载是否一致或是否对应等。作为人民法院的协助执行通知书附件的公证书，不是不动产登记的原因材料，而是协助执行通知书合法、有效的证明材料，即是协助执行通知书合法、有效的前提。在因人民法院基于公证书嘱托的不动产登记中，协助执行通知书既是不动产登记的启动材料，也是不动产登记的原因材料。

第九章　不动产登记原因材料审查（二）

本章所指不动产登记原因材料审查，是指登记机构对作为不动产登记原因材料的各级人民政府及县级以上人民政府的行政机关出具的相关材料和其他登记原因材料进行的检查、核对、比较、分析。在不动产登记实务中，作为不动产登记原因材料的各级人民政府及县级以上人民政府的行政机关出具的相关材料和其他登记原因材料主要有：一是基于行政许可产生的材料；二是基于行政确认产生的材料；三是基于征收、没收和收回不动产产生的材料；四是行政合同；五是其他登记原因材料等。

第一节　基于行政许可产生的材料审查

《行政许可法》第二条规定"本法所称行政许可，是指行政机关根据公民、法人或者其他组织的申请，经依法审查，准予其从事特定活动的行为"。据此可知，行政许可是行政机关应行政相对人的申请，经审查后决定是否解除法律的普遍性禁止，并且允许其从事某类行为的权利或者资格的行政行为[①]。按《行政许可法》第三十九条规定，行政许可的体现形式主要有许可证、执照或者其他许可证书、资格证、资质证或者其他合格证书、行政机关的批准文件等。在不动产登记实务中，申请人提交的基于行政许可产生的不动产登记原因材料主要有：一是划拨土地决定书或批准文件；二是集体建设用地使用权拨用批文；三是宅基地使用权批准文件；四是海域使用权批准文件；五是建设工程规划许可证；六是不动产坐落变更材料等。

---

① 马怀德：《行政法学》，中国政法大学出版社2007年版，第179页。

一、划拨土地决定书或划拨土地通知

《城市房地产管理法》第二十三条第一款规定，土地使用权划拨，是指县级以上人民政府依法批准，在土地使用者缴纳补偿、安置等费用后将该幅土地交付其使用，或者将土地使用权无偿交付给土地使用者使用的行为。据此可知，只有县级以上人民政府才可以批准土地使用权划拨。一般情形下，县级以上人民政府批准土地使用权划拨的凭证是划拨土地决定书或划拨土地通知。因此，申请人申请不动产登记时提交划拨土地决定书或划拨土地通知作为不动产登记原因材料的，登记机构对其审查要点有：一是查验划拨土地决定书或划拨土地通知上面是否盖有县级以上人民政府的印章。二是查验划拨土地决定书或划拨土地通知上的用地人、宗地坐落、宗地面积、宗地用途等内容与不动产登记申请书上申请登记的内容是否一致或是否对应。三是可以通过人民政府的信息共享渠道、数据大平台或批准土地划拨的人民政府的官方网站查验划拨土地信息是否真实，以查验划拨土地决定书或划拨土地通知是否真实。四是不能收取划拨土地决定书或划拨土地通知原件时，查验收取的复印件与划拨土地决定书或划拨土地通知原件是否一致，该复印件上是否有申请人或其代理人的确认签名。如果是通过人民政府的信息共享渠道、数据大平台、批准划拨土地的人民政府的官方网站获取的划拨土地信息打印件，该打印件上是否有申请人或其代理人、打印人的确认签名。五是通过人民政府的信息共享渠道、数据大平台或批准土地划拨的人民政府的官方网站不能查验申请人提交的划拨土地决定书、划拨土地通知的真假时，可以通过批准划拨土地的人民政府的办公电话核实并做好电话核实记录，电话核实记录包括双方的办公电话号码、双方通话人的姓名、对方回复的划拨土地决定书或划拨土地通知的真假情况、核实时间等。电话核实记录就是该划拨土地决定书或划拨土地通知的真假情况的佐证材料。

二、集体建设用地使用权批准文件

按《土地管理法》第六十条规定，农村集体经济组织使用乡（镇）

第九章　不动产登记原因材料审查（二）

土地利用总体规划确定的建设用地兴办企业或者与其他单位、个人以土地使用权入股、联营等形式共同举办企业的，应当持有关批准文件，向县级以上地方人民政府自然资源主管部门提出申请，按照省、自治区、直辖市规定的批准权限，由县级以上地方人民政府批准。据此可知，一般情形下，集体建设用地使用权批准文件由县级以上人民政府出具。因此，申请人申请不动产登记时提交集体建设用地使用权批准文件作为不动产登记原因材料的，登记机构对其审查要点有：一是查验集体建设用地使用权批准文件上面是否盖有县级以上人民政府的印章。二是查验集体建设用地使用权批准文件上用地人、宗地坐落、宗地面积、宗地用途等内容与不动产登记申请书上申请登记的内容是否一致或是否对应。三是可以通过人民政府的信息共享渠道、数据大平台或批准用地的人民政府的官方网站查验集体建设用地使用权批准信息的真假，以查验集体建设用地使用权批准文件是否真实。四是不能收取集体建设用地使用权批准文件原件时，查验收取的复印件与集体建设用地使用权批准文件原件是否一致，该复印件上是否有申请人或其代理人的确认签名。如果是通过人民政府的信息共享渠道、数据大平台、批准用地的人民政府的官方网站获取的集体建设用地批准信息打印件，该打印件上是否有申请人或其代理人、打印人的确认签名。五是通过人民政府的信息共享渠道、数据大平台或批准用地的人民政府的官方网站不能查验申请人提交的集体建设用地使用权批准文件是否真实时，可以通过批准用地的人民政府的办公电话核实并做好电话核实记录，电话核实记录包括双方的办公电话号码、双方通话人的姓名、对方回复的集体建设用地使用权批准文件的真假情况、核实时间等。电话核实记录就是该集体建设用地使用权批准文件的真假情况的佐证材料。

三、宅基地使用权批准文件

按《土地管理法》第四十四条、第六十二条第四款规定，农村村民住宅用地，由乡（镇）人民政府审核批准。按《农业农村部、自然资源部关于规范农村宅基地审批管理的通知》（农经发〔2019〕6号）第二条规定，农村村民住宅用地，由乡镇政府审核批准。据此可知，不占用农用地的农村村民的宅基地使用批准权由乡镇人民政府行使，占用农用地的农村村民的宅基地使用批准权由县级以上人民政府行使。申言之，不占用农用地的宅基地使用权批准文件由乡镇人民政府出具，占用农用地的宅基地使用权批准文件由县级以上人民政府出具。因此，申请人申请不动产登记时提交宅基地使用权批准文件作为不动产登记原因材料的，登记机构对其审查要点有：一是不占用农用地的宅基地使用权批准文件，查验上面是否盖有乡镇人民政府的印章，占用农用地的宅基地使用权批准文件，查验上面是否盖有县级以上人民政府的印章。二是查验宅基地使用权批准文件上的用地人、宗地坐落、宗地面积、宗地用途等内容与不动产登记申请书上申请登记的内容是否一致或是否对应。三是通过人民政府的信息共享渠道、数据大平台或批准用地的人民政府的官方网站查验宅基地批准信息是否真实，以查验宅基地使用权批准文件是否真实。四是不能收取宅基地使用权批准文件原件时，查验收取的复印件与宅基地使用权批准文件原件是否一致，该复印件上是否有申请人或其代理人的确认签名。如果是通过人民政府的信息共享渠道、数据大平台或批准用地的人民政府的官方网站获取的宅基地批准信息打印件，该打印件上是否有申请人或其代理人、打印人的确认签名等。五是通过人民政府的信息共享渠道、数据大平台或批准用地的乡镇人民政府的官方网站不能查验宅基地使用权批准文件是否真实时，可以通过批准用地的人民政府的办公电话核实并做好电话核实记录，电话核实记录包括双方的办公电话号码、双方通话人的姓名、对方回复的宅基地使用权批准文件的真假情况、核实时间等。电话核实记录就是该宅基地使用权批准文件的真假情况的佐证。

四、海域使用批准文件

《海域使用管理法》第十七条规定，县级以上人民政府海洋行政主管部门依据海洋功能区划，对海域使用申请进行审核，并依照本法和省、自治区、直辖市人民政府的规定，报有批准权的人民政府批准。据此可知，海域使用的批准权限由省级人民政府的规定赋予。申言之，海域使用批准文件由省级人民政府的规定赋予批准权的人民政府出具。因此，申请人申请不动产登记时提交海域使用批准文件作为不动产登记原因材料的，登记机构对其审查要点有：一是查验海域使用批准文件上面是否盖有人民政府的印章，查验该人民政府是否有海域使用批准权（如查验申请人是否提交省级人民政府赋予该人民政府海域使用批准权的证明、通过对该人民政府有领导权的省级人民政府的官方网站查询等）。二是查验海域使用批准文件上的用海人、宗海坐落、宗海面积、宗海用途等内容与不动产登记申请书上申请登记的内容是否一致或是否对应。三是通过人民政府的信息共享渠道、数据大平台或批准用海的人民政府的官方网站查验海域使用批准信息的真假，以查验海域使用批准文件是否真实。四是不能收取海域使用批准文件原件时，查验收取的复印件与海域使用批准文件原件是否一致，该复印件上是否有申请人或其代理人的确认签名。如果是通过人民政府的信息共享渠道、数据大平台或批准用海的人民政府的官方网站获取的海域使用批准信息打印件，该打印件上是否有申请人或其代理人、打印人的确认签名。五是通过人民政府的信息共享渠道、数据大平台或批准用海的人民政府的官方网站不能查验海域使用批准文件是否真实时，可以通过制作海域使用批准文件的人民政府的办公电话核实并做好电话核实记录，电话核实记录包括双方的办公电话号码、双方通话人的姓名、对方回复的海域使用批准文件的真假情况、核实时间等。电话核实记录就是该海域使用批准文件的真假情况的佐证材料。

五、建设工程规划许可证

《城乡规划法》第四十条规定，在城市、镇规划区内进行建筑物、构筑物、道路、管线和其他工程建设的，建设单位或者个人应当向城市、县人民政府城乡规划主管部门或者省、自治区、直辖市人民政府确定的镇人民政府申请办理建设工程规划许可证。据此可知，建设工程规划许可证由县级以上人民政府规划机关或省级政府赋予规划许可权的镇人民政府颁发。该法第四十五条规定，县级以上地方人民政府城乡规划主管部门按照国务院规定对建设工程是否符合规划条件予以核实。未经核实或者经核实不符合规划条件的，建设单位不得组织竣工验收。县级以上人民政府规划机关对建设单位或个人是否按其取得的建设工程规划许可证实施工程建设行为有监督、核实的职责。笔者据此认为，县级以上人民政府规划机关出具的建设工程规划核实证明是其履行对建设单位或个人是否按其取得的建设工程规划许可证实施工程建设行为进行监督、核实的职责时产生的材料，是建设工程规划许可证的延伸材料，也属于基于行政许可产生的材料。因此，申请人申请不动产登记时提交建设工程规划许可证、建设工程规划核实证明作为登记原因材料的，登记机构对其审查要点有：一是查验建设工程规划许可证是否由县级以上人民政府规划机关或省级政府赋予规划许可权的镇人民政府颁发。建设工程规划核实证明是否是县级以上人民政府规划机关颁发。二是查验建设工程规划许可证、建设工程规划核实证明上载明的建设工程的坐落、结构、用途、层数等内容与不动产登记申请书上申请登记的内容是否一致或是否对应。三是《行政许可法》第四十条规定，行政机关作出的准予行政许可决定，应当予以公开，公众有权查阅。据此可知，行政机关作出的行政许可决定是公开的，允许公众查询的。因此，登记机构可以通过政府的信息共享渠道、数据大平台或县级以上人民政府规划机关、有规划许可权的镇人民政府的官方网站，查验建设工程规划许可信息、建设工程规划核实信息是否真实，以核实该建设工程规划许可证、建设工程规划核实证明是否真实。四是不能收取建设工程规划许可证、建设工程规划核实证明原件时，查验收取的复印（制）件与建设工程规划许可证、建设工程规划核实证明原件是否一致，且该复印件上是否有申请人或其代理人的确认签名。如果是通过政府的信息共享渠道、数据大平台或县级以上人民政府规划机关、有规划许可权的镇人民政府的官方网站获取的建设工程规划许可信息、建设工程规划核实信息打印件，该打印件上面是否有申请人或其代理人、打印人的确认签名。五是登记机构不能通过政府的信息共享渠道、数据大平台或县级以上人民政府规划机关、有规划许可权的镇人民政府的官方网站查验建设工程规划许可证、建设工程规划核实证明的真假时，可以通过县级以上人民政府规划机关、有规划许可权的镇人民政府的办公电话核实并做好电话核实记录，电话核实记录包括双方的办公电话号码、双方通话人的姓名、对方回复的建设工程规划许可证（建设工程规划核实证明）的真假情况、核实时间等。电话核实记录就是该建设工程规划许可证、建设工程规划核实证明真假情况的佐证材料。

六、不动产坐落地名变更材料

按《地名管理条例》第十一条第一款规定，机关、企业事业单位、基层群众性自治组织等申请地名命名、更名应当提交申请书。该条例第十二条规定："批准地名命名、更名应当遵循下列规定：（一）具有重要历史文化价值、体现中华历史文脉以及有重大社会影响的国内著名自然地理实体或者涉及两个省、自治区、直辖市以上的自然地理实体的命名、更名，边境地区涉及国界线走向和海上涉及岛屿、岛礁归属界线以及载入边界条约和议定书中的自然地理实体和村民委员会、居民委员会所在地等居民点的命名、更名，由相关省、自治区、直辖市人民政府提出申请，报国务院批准；无居民海岛、海域、海底地理实体的命名、更名，由国务院自然资源主管部门会同有关部门批准；其他自然地理实体的命名、更名，按照省、自治区、直辖市人民政府的规定批准；（二）行政区划的命名、更名，按照《行政区划管理条例》的规定批准；（三）本条第一项规定以外的村民委员会、居民委员会所在地的命名、更名，按照省、自治区、直辖市人民政府的规定批准；（四）城市公园、自然保护地的命名、更名，按照国家有关规定批准；（五）街路巷的命名、更名，由直辖市、市、县人民政府批准；（六）具有重要地理方位意义的住宅区、楼宇的命名、更名，由直辖市、市、县人民政府住房和城乡建设主管部门征求同级人民政府地名行政主管部门的意见后批准；（七）具有重要地理方位意义的交通运输、水利、电力、通信、气象等设施的命名、更名,应当根据情况征求所在地相关县级以上地方人民政府的意见,由有关主管部门批准。"据此可知,不动产坐落地名命名、名称变更实行申请、审批的行政许可制度。不动产坐落地名变更材料由县级以上人民政府地名管理、城乡建设、交通运输、水利等有权的行政机关出具。在不动产登记实务中,申请人或其代理人提交不动产坐落地名变更材料(下称地名变更材料)作为申请不动产登记原因材料的,登记机构对其审查要点有:一是查验地名变更材料的出具机关是否是《地名管理条例》第十二条规定的有权的行政机关。二是查验地名变更材料上是否载明现时的地名、曾经的地名。三是查验地名变更材料上现时的地名、曾经的地名等内容与不动产登记申请书上申请登记的内容是否一致。四是可以通过人民政府的信息共享渠道、数据大平台或地名变更材料出具机关的官方网站查验地名变更信息是否真实,以查验该地名变更材料是否真实。五是不能收取地名变更材料原件时,查验收取的复印件与地名变更材料原件是否一致,该复印件上是否有申请人或其代理人的确认签名等。如果是通过人民政府的信息共享渠道、数据大平台、地名变更材料出具机关的官方网站获取的地名变更信息打印件,该打印件上是否有申请人或其代理人、打印人的确认签名。六是查验申请人提交的地名变更材料上不动产坐落的曾用名与登记簿上或存档的不动产登记材料上记载的不动产坐落地名是否一致等。

第二节 基于行政确认产生的材料审查

行政确认是行政主体对相对人的法律地位、法律关系或者相关法律事实进行甄别、认定、证明并予以宣告的具体行政行为[1]。行政确认通过对一定的法律事实或者法律关系的认定、甄别,对行政相对人的法律地位和权利义务进行肯定或者否定评价,并以一定的书面形式予以表现[2]。在不

---

① 王连昌、马怀德:《行政法学》,中国政法大学2002年版,第159页。
② 王连昌、马怀德:《行政法学》,中国政法大学2002年版,第159页。

第九章 不动产登记原因材料审查(二)

动产登记实务中,基于行政确认产生的不动产登记原因材料主要是行政主体对行政相对人的法律关系、权利进行肯定的书面材料,这些书面材料主要有:一是行政主体对土地权属的确认材料;二是行政主体对林木、林地权属的确认材料;三是行政主体对草原权属的确认材料。

一、行政主体对土地权属的确认材料

《土地管理法》第十四条规定,土地所有权和使用权争议,由当事人协商解决;协商不成的,由人民政府处理。单位之间的争议,由县级以上人民政府处理;个人之间、个人与单位之间的争议,由乡级人民政府或者县级以上人民政府处理。《土地权属争议调查处理办法》第四条第一款规定,县级以上国土资源行政主管部门负责土地权属争议案件(以下简称争议案件)的调查和调解工作;对需要依法作出处理决定的,拟定处理意见,报同级人民政府作出处理决定。该办法第二十三条规定,国土资源行政主管部门对受理的争议案件,应当在查清事实、分清权属关系的基础上先行调解,促使当事人以协商方式达成协议。调解应当坚持自愿、合法的原则。该办法第二十四条第一款规定,调解达成协议的,应当制作调解书。该办法第二十五条规定,调解书经双方当事人签名或者盖章,由承办人署名并加盖国土资源行政主管部门的印章后生效。生效的调解书具有法律效力,是土地登记的依据。该办法第三十三条规定,乡级人民政府处理土地权属争议参照本办法执行。据此可知,单位之间的土地所有权和使用权争议,由县级以上人民政府处理,此外的土地所有权和使用权争议,由乡级人民政府或者县级以上人民政府处理。土地所有权和使用权争议的处理方式主要有:一是县级以上人民政府自然资源机关组织双方当事人进行调解,双方当事人在自愿、平等、充分协商的情形下达成调解结果的,自然资源机关制作行政调解协议,此情形下,是自然资源机关对当事人通过协议的形式建立的土地权属法律关系的确认;二是自然资源机关对双方当事人提供的证据和自己调查掌握的信息进行综合比较、分析后,报县级以上人民政府同意后以该人民政

府的决定的方式确认土地权属；三是乡级人民政府处理权属争议中，当事人在其主持下达成调解结果的，以乡级人民政府的名义制作行政调解协议，也可以根据当事人提供的证据和自己调查掌握的信息报县级以上人民政府同意后以县级以上人民政府的决定的方式确认土地权属。

二、行政主体对林木、林地权属的确认材料

《森林法》第二十二条第一款、第二款规定，单位之间发生的林木、林地所有权和使用权争议，由县级以上人民政府依法处理。个人之间、个人与单位之间发生的林木所有权和林地使用权争议，由乡镇人民政府或者县级以上人民政府依法处理。《林木林地权属争议处理办法》第四条规定，林权争议由各级人民政府依法作出处理决定。林业部、地方各级人民政府林业行政主管部门或者人民政府设立的林权争议处理机构（以下统称林权争议处理机构）按照管理权限分别负责办理林权争议处理的具体工作。该办法第十八条规定，林权争议经林权争议处理机构调解达成协议的，当事人应当在协议上签名或者盖章，并由调解人员署名，加盖林权争议处理机构印章，报同级人民政府或者林业行政主管部门备案。该办法第十九条第一款规定，林权争议经林权争议处理机构调解未达成协议的，林权争议处理机构应当制作处理意见书，报同级人民政府作出决定。据此可知，单位之间的林木、林地所有权和使用权争议，由县级以上人民政府处理，此外的林木、林地所有权和使用权争议，由乡级人民政府或者县级以上人民政府处理。林木、林地所有权和使用权争议的处理方式主要有：一是作为林权争议处理机构的县级以上人民政府林业机关组织双方当事人进行调解，双方当事人在自愿、平等、充分协商的情形下达成调解结果的，林业机关制作行政调解协议，此情形下，是林权争议处理机构对当事人通过协议的形式建立的林木、林地权属法律关系的确认；二是林业机关对双方当事人提供的证据和自己调查掌握的信息进行综合比较、分析后，报县级以上人民政府同意后以该人民政府的决定的方式确认林木、林地权属；三是作为林权争议处理机构的乡

级人民政府处理权属争议中，当事人在其主持下达成调解结果的，以乡级人民政府的名义制作行政调解协议，也可以根据当事人提供的证据和自己调查掌握的信息报县级以上人民政府同意后以县级以上人民政府的决定的方式确认林木、林地权属。

三、行政主体对草原权属的确认材料

《草原法》第十六条第一款、第二款规定，草原所有权、使用权的争议，由当事人协商解决；协商不成的，由有关人民政府处理。单位之间的争议，由县级以上人民政府处理；个人之间、个人与单位之间的争议，由乡（镇）人民政府或者县级以上人民政府处理。据此可知，单位之间的草原所有权、使用权争议，由县级以上人民政府处理，此外的草原所有权、使用权争议，由乡级人民政府或者县级以上人民政府处理。关于草原所有权、使用权争议的具体处理方式，据笔者查阅，法律、法规、规章和政策都没有明确规定。据笔者调查，草原所有权和使用权争议的处理，很多地方是参照土地权属和林木、林地权属争议的具体处理方式执行：一是县级以上人民政府草原行政机关组织双方当事人进行调解，双方当事人在自愿、平等、充分协商的情形下达成调解结果的，草原行政机关制作行政调解协议，此情形下，是草原行政机关对当事人通过协议的形式建立的草原权属法律关系的确认。二是草原行政机关对双方当事人提供的证据和自己调查掌握的信息进行综合比较、分析后，报县级以上人民政府同意后以该人民政府的决定的方式确认草原权属。三是作为草原争议处理机构的乡级人民政府处理权属争议中，当事人在其主持下达成调解结果的，以乡级人民政府的名义制作行政调解协议，也可以根据当事人提供的证据和自己调查掌握的信息报县级以上人民政府同意后以县级以上人民政府的决定的方式确认草原权属。如山东省滕州市：草原权属争议处理机构根据事实和法律、法规进行调处，经协商依法达成协议的，由当事双方在协议书上签名或盖章，并由调处人员署名，加盖草原所有权、使用权争议调处机构印章，报同级人民政府备案；经协商未达成协议的，由主管部门制作处理意

见书，报同级人民政府作出决定①。再如云南省西双版纳州：根据事实和法律、法规进行调处，经协商依法达成协议的，由当事双方在协议书上签名或盖章，并由调处人员署名，加盖草原所有权、使用权争议调处机构印章，报同级人民政府或者主管部门备案，经协商未达成协议的，由主管部门形成报告，同州（市）之间纠纷报由同级人民政府进行裁决，跨州（市）之间纠纷报由上一级人民政府进行裁决②。

综上所述，申请人申请不动产登记时，提交确认土地权属（土地所有权、土地使用权）、林木和林地权属（林木所有权、林地所有权、林地使用权）、草原权属（草原所有权、草原使用权）的材料作为登记原因材料时，登记机构对其审查要点有：一是查验解决单位间土地权属、林木和林地权属、草原权属的行政调解协议是否分别由县级以上人民政府自然资源机关、林权争议处理机构、草原行政机关出具。查验解决个人之间、个人与单位之间的土地权属、林木和林地权属、草原权属的行政调解协议是否分别由县级以上人民政府自然资源机关、林权争议处理机构、草原行政机关出具或乡（镇）人民政府出具。查验解决土地权属、林木和林地权属、草原权属的决定是否由县级以上人民政府出具。二是查验解决土地权属、林木和林地权属、草原权属的行政决定、行政调解协议载明的权属结果与不动产登记申请书上申请登记的内容是否一致或是否对应。三是可以通过人民政府的信息共享渠道、数据大平台或相关的人民政府以及自然资源机关、林权争议处理机构、草原行政机关的官方网站，查验土地权属调解或确认信息、林木和林地权属调解或确认信息、草原权属调解或确认信息的真假，以核实对应的行政决定或行政调解协议是否真实。四是在不能收取行政决定、行政调解协议原件时，查验收取的复印（制）件与行政决定、行政调解协议是否一致，且该复印（制）件上是否有申请人或其代理人的确认签名。如果是通过人民政府的信息共享渠道、数据大平台或相关的人

---

① 滕州市自然资源局："草原权属争议处理服务指南"，http://www.tengzhou.gov.cn，访问日期：2022年10月3日。
② 西双版纳傣族自治州人民政府："市林业和草原局 行政权责清单之草原所有权、使用权争议处理"，https://www.xsbn.gov.cn，访问日期：2022年10月3日。

民政府、自然资源机关、林权争议处理机构、草原行政机关的官方网站获取的土地权属调解或确认信息、林木和林地权属调解或确认信息、草原权属调解或确认信息打印件，该打印件上面是否有申请人或其代理人、打印人的确认签名。五是不能通过人民政府的信息共享渠道、数据大平台或相关的人民政府、自然资源机关、林权争议处理机构、草原行政机关的官方网站核实行政决定、行政调解协议的真假时，可以通过相关的人民政府、自然资源机关、林权争议处理机构、草原行政机关的办公电话核实并做好电话核实记录，电话核实记录包括双方的办公电话号码、双方通话人的姓名、对方回复的行政决定（或行政调解协议）的真假情况、核实时间等。电话核实记录是该行政决定（或行政调解协议）真假情况的佐证材料。

第三节 基于征收、没收和收回不动产产生的材料审查

征收、没收、收回是各级人民政府以及县级以上人民政府的行政机关根据相应的法定情形，依照法定程序强制取得他人不动产权利的行政行为。基于征收、没收、收回不动产产生的材料，是不动产登记的原因材料。

一、基于征收产生的材料

《民法典》第一百一十七条规定，为了公共利益的需要，依照法律规定的权限和程序征收、征用不动产或者动产的，应当给予公平、合理的补偿。《土地管理法》第四十七条规定，国家征收土地的，依照法定程序批准后，由县级以上地方人民政府予以公告并组织实施。《国有土地上房屋征收与补偿条例》第四条规定，市、县级人民政府负责本行政区域的房屋征收与补偿工作。据此可知，不动产征收，是指市、县级人民政府根据国家和社会公共利益的需要，依法强制性地取得他人不动产的单方具体行政行为。征收以市、县级人民政府作出征收决定的方式体现。

关于征收决定的生效时间，据笔者查询现时有效的法律、行政法规、规章均没有作明确规定。行政行为的生效时间一般为告知（抽象行

为的公布亦视为告知)、受领之时或所附条件成就之时[①]。《国有土地上房屋征收与补偿条例》第十三条第一款规定，市、县级人民政府作出房屋征收决定后应当及时公告。据此可知，如果征收决定中明确了生效时间或生效条件的，自该时间届至或该条件成就时起征收决定生效。如果征收决定中没有明确生效时间或生效条件的，则自征收公告发布时起征收决定生效。

关于征收决定，有当事人申请不动产登记时向登记机构提交的情形，也有附随嘱托登记文书由嘱托机关的工作人员送达或发送给登记机构的情形。

申请人申请不动产登记时提交征收决定作为登记原因材料的，登记机构对其审查要点有：一是查验征收决定是否是市、县级人民政府出具。二是查验征收决定载明的生效时间是否届至或生效条件是否成就。如果征收决定中没有明确生效时间或生效条件的，则查验申请人是否提交该征收决定已经公告的证明。查验征收决定的作出时间是否在公告时间之前或与公告时间一致。三是查验征收决定上征收不动产的范围与不动产登记申请书上申请登记的内容是否一致或是否对应。四是可以通过人民政府的信息共享渠道、数据大平台或征收公告的发布、张贴处，核实征收信息是否真实，以核实征收决定是否真实。五是查验收取的复印（制）件与征收决定原件是否一致，且该复印（制）件上面是否有申请人或其代理人的确认签名。如果是通过人民政府的信息共享渠道、数据大平台获取的征收信息打印件，该打印件上面是否有申请人或其代理人、打印人的确认签名。六是不能通过人民政府的信息共享渠道或征收公告发布、张贴处核实征收决定的真假时，可以通过相关的市、县级人民政府的办公电话核实并做好电话核实记录，电话核实记录包括双方的办公电话号码、双方通话人的姓名、对方回复的征收决定的真假情况、核实时间等。电话核实记录是该征收决定真假情况的佐证材料。

---

① 王连昌、马怀德：《行政法学》，中国政法大学出版社2002年版，第113页。

第九章 不动产登记原因材料审查(二)

征收决定作为嘱托文书(如征收机关向登记机构发送的注销登记通知书等)的附件送达登记机构的,登记机构对其审查要点是:核对征收决定的文号、征收范围、征收部门、征收期限等内容与嘱托文书上的相关内容是否一致或是否对应。作为嘱托登记文书附件的征收决定,不是不动产登记的原因材料,而是嘱托登记文书合法、有效的证明材料,即是嘱托登记文书合法、有效的前提。在因基于征收决定嘱托的不动产登记中,嘱托登记文书既是不动产登记的启动材料,也是不动产登记的原因材料。

二、基于没收产生的材料

没收,主要是指国家行政机关行使法定职权,采用强制手段无偿剥夺他人非法取得的不动产,从而消灭其享有的不动产权利的情形。

《行政处罚法》第八条规定,没收非法财物属于行政处罚的种类。该法第二十条规定,行政处罚由违法行为发生地的县级以上地方人民政府具有行政处罚权的行政机关管辖。该法第三十九条规定,行政机关给予行政处罚,应当制作行政处罚决定书。据此可知,行政没收,由有行政处罚权的行政机关以行政处罚决定书的方式体现。一般情形下,因行政处罚没收的不动产归国家所有,据此产生的不动产登记,由实施行政处罚的行政机关嘱托登记机构办理,但也有接收该被没收的不动产的机构(如国有资产管理机关)持行政处罚决定书等材料向登记机构申请不动产登记的情形。

申请人申请不动产登记时,提交行政处罚决定书作为不动产登记原因材料的,登记机构对其审查要点有:一是查验没收不动产的行政处罚决定书是否是县级以上人民政府的行政机关出具。二是《行政处罚法》第四十条规定,行政处罚决定书应当在宣告后当场交付当事人;当事人不在场的,行政机关应当在七日内依照民事诉讼法的有关规定,将行政处罚决定书送达当事人。因此,登记机构应当查验申请人或其代理人是否向登记机构提交被处罚人收到行政处罚决定书的证明,或是否提交实施处罚的行政机关已经向被处罚人送达行政处罚决定书的证明,如行政处罚决定书送达回证等。三是登记机构可以通过人民政府的信息共享渠道、数据大平台或实施行政处罚的行政机关的官方网站，查验行政处罚信息是否真实，以核实该行政处罚决定书是否真实。四是不能收取行政处罚决定书原件时，查验收取的复印件与行政处罚决定书原件是否一致，且该复印件上是否有申请人或其代理人的确认签名。如果是通过人民政府的信息共享渠道、数据大平台或实施行政处罚的行政机关的官方网站获取的行政处罚信息打印件，该打印件上面是否有申请人或其代理人、打印人的确认签名。五是登记机构不能通过人民政府的信息共享渠道、数据大平台或实施行政处罚的行政机关的官方网站核实该行政处罚决定书的真假时，可以通过实施处罚的行政机关的办公电话核实并做好电话核实记录，电话核实记录包括双方的办公电话号码、双方通话人的姓名、对方回复的行政处罚决定书的真假情况、核实时间等。电话核实记录是该行政处罚决定书真假情况的佐证材料。

行政处罚决定书作为嘱托文书的附件送达登记机构的，登记机构对其审查要点有：一是查验行政处罚决定书的文号、被处罚人的违法行为、没收不动产的相关信息（如不动产的权利人、坐落、面积、用途等）等与嘱托文书上的相关内容是否一致或是否对应；二是嘱托办理不动产转移登记、注销登记等后续登记的，还应当查验行政处罚决定书上载明的被没收不动产的权利人、坐落、面积、用途等相关信息与登记簿或存档的不动产登记材料上的记载是否一致或是否对应等。作为嘱托登记文书附件的行政处罚决定书，不是不动产登记的原因材料，而是嘱托登记文书合法、有效的证明材料，即是嘱托登记文书合法、有效的前提。在基于行政处罚决定书嘱托的不动产登记中，嘱托登记文书既是不动产登记的启动材料，也是不动产登记的原因材料。

三、基于收回产生的材料

1. 收回土地使用权的文件

《土地管理法》第五十三条规定，经批准的建设项目需要使用国有建设用地的，建设单位应当持法律、行政法规规定的有关文件，向有批准权的县级以上人民政府自然资源主管部门提出建设用地申请，经自然资源主管部门审查，报本级人民政府批准。该法第五十八条第一款规定："有下列情形之一的，由有关人民政府自然资源主管部门报经原批准用地的人民政府或者有批准权的人民政府批准，可以收回国有土地使用权：（一）为实施城市规划进行旧城区改建以及其他公共利益需要，确需使用土地的；（二）土地出让等有偿使用合同约定的使用期限届满，土地使用者未申请续期或者申请续期未获批准的；（三）因单位撤销、迁移等原因，停止使用原划拨的国有土地的；（四）公路、铁路、机场、矿场等经核准报废的。"按该法第四十四条、第六十二条规定，不占用农用地的农村村民住宅用地，由乡（镇）人民政府审核批准。占用农用地的农村村民住宅用地，由县级以上人民政府审核批准。按该法第六十一条规定，乡（镇）村公共设施、公益事业建设，需要使用土地的，经乡（镇）人民政府审核，向县级以上地方人民政府自然资源主管部门提出申请，按照省、自治区、直辖市规定的批准权限，由县级以上地方人民政府批准。按该法第六十六条规定，农村集体经济组织报经原批准用地的人民政府批准，可以收回集体土地使用权。据此可知，收回国有建设用地使用权、集体建设用地使用权、宅基地使用权的，应当取得原批准用地的人民政府的批准文件。曾经由县级人民政府批准使用的不占用农用地的宅基地，现时可以由乡镇人民政府依法批准收回该宅基地使用权。

2. 收回海域使用权的文件

《海域使用管理法》第十八条规定，项目用海的审批权限，由国务院或国务院授权省、自治区、直辖市人民政府规定。该法第三十条第一款规定，因公共利益或者国家安全的需要，原批准用海的人民政府可以依法收回海域使用权。据此可知，海域使用权的收回，须取得国务院或国务院授权的省、自治区、直辖市人民政府规定的审批机关的批准文件。

一般情形下，因收回国有建设用地使用权、集体建设用地使用权、宅基地使用权、海域使用权等不动产权利产生的不动产登记，由批准收回的人民政府、审批机关嘱托登记机构办理，但也有接收该被收回的不动产的机构（如土地储备中心、集体经济组织等）持收回不动产的批准文件等材料向登记机构申请不动产登记的情形。

申请人申请不动产登记时提交收回国有建设用地使用权、集体建设用地使用权、宅基地使用权、海域使用权的批准文件（下统称收回不动产批准文件）作为登记原因材料的，登记机构对其审查要点有：一是查验收回不动产批准文件上的人民政府、审批机关与存档的用地、用海批准文件上的人民政府、审批机关是否一致或是否对应。二是查验收回不动产批准文件上的相关内容与不动产登记申请书上申请登记的内容是否一致或是否对应。三是可以通过人民政府的信息共享渠道、数据大平台或批准收回不动产的人民政府、审批机关的官方网站查验收回不动产信息是否真实，以核实收回不动产批准文件是否真实。四是不能收取收回不动产批准文件原件时，查验收取的复印（制）件与收回不动产的批准文件原件是否一致，且该复印（制）件上面是否有申请人或其代理人的确认签名。如果是通过人民政府的信息共享渠道、数据大平台或批准收回不动产的人民政府、审批机关的官方网站获取的收回不动产信息的打印件，该打印件上面是否有申请人或其代理人、打印人的确认签名。五是不能通过人民政府的信息共享渠道、数据大平台或批准收回不动产的人民政府、审批机关的官方网站查验收回不动产的批准文件的真假时，可以通过相关的人民政府、审批机关的办公电话核实并做好电话核实记录，电话核实记录包括双方的办公电话号码、双方通话人的姓名、对方回复的收回不动产的批准文件的真假情况、核实时间等。电话核实记录是该收回不动产批准文件真假情况的佐证材料。

收回不动产的批准文件作为嘱托登记文书的附件送达登记机构的，登记机构对其审查要点有：一是查验收回不动产的批准文件的文号及不动产的权利人、坐落、面积、用途等相关信息与嘱托文书上的相关内容是否一致或是否对应；二是嘱托办理不动产注销登记等后续登记的，还应当查验该收回不动产的批准文件上载明的被收回不动产的权利人、坐落、面积、用途等相关信息与登记簿或存档的不动产登记材料上的记载是否一致或是否对应等。作为嘱托登记文书附件的收回不动产批准文件，不是不动产登记的原因材料，而是嘱托登记文书合法、有效的证明材料，即是嘱托登记文书合法、有效的前提。在基于收回不动产批准文件嘱托的不动产登记中，嘱托登记文书既是不动产登记的启动材料，也是不动产登记的原因材料。

第四节 基于行政强制和行政合同产生的材料审查

行政强制是指行政机关为了实现行政管理的目的而对行政相对人的人身、财产采取强制措施的活动[1]。行政合同即行政契约，是指行政主体和相对人以协商一致的方式，设立、变更或消灭行政法上权利义务关系的合同[2]。

一、基于行政强制产生的材料

行政强制是一个组合概念，由行政强制执行、行政强制措施组成[3]。按《行政强制法》第二条第二款、第三款规定，行政强制措施，是指行政机关在行政管理过程中，为制止违法行为、防止证据损毁、避免危害发生、控制危险扩大等情形，依法对公民的人身自由实施暂时性限制，或者对公民、法人或者其他组织的财物实施暂时性控制的行为。行政强制执行，是指行政机关或者行政机关申请人民法院，对不履行行政决定的公民、法人或者其他组织，依法强制履行义务的行为。该法第九条规定："行政强制措施的种类：（一）限制公民人身自由；（二）查封场所、设施或者财物；（三）扣押财物；（四）冻结存款、汇款；（五）其他行政强制措施。"据此可知，在不动产登记实务中，基于行政强制产生的不动产登记主要是查封登记、查封登记注销登记。按《不动产登记暂行条例实施细

---

[1] 马怀德：《行政法学》，中国政法大学出版社2007年版，第221页。
[2] 叶必丰：《行政法学》，武汉大学出版社2004年版，第291页。
[3] 马怀德：《行政法学》，中国政法大学出版社2007年版，第221页。

则》第四章第四节规定，查封登记属于有权的国家机关嘱托登记机构办理的不动产登记。因此，基于行政强制产生的查封登记、查封登记注销登记由实施查封的行政机关嘱托登记机构办理，查封决定书、解除查封决定书等行政强制文书，由实施查封的行政机关附随嘱托登记文书送达登记机构，登记机构对其审查要点有：一是查验查封决定书的文号、案由、查封期限及不动产的权利人、坐落、面积、用途等相关内容与嘱托文书上的相关内容是否一致或是否对应。查验查封决定书上不动产的权利人、坐落、面积、用途等相关内容与登记簿或存档的不动产登记材料上的记载是否一致或是否对应。二是嘱托办理查封登记注销登记的，查验解除查封决定书的文号、案由、查封期限及不动产的权利人、坐落、面积、用途等相关内容与存档的查封决定书、查封登记嘱托文书的文号、案由、查封期限、不动产的相关内容等是否一致或是否对应。作为嘱托登记文书附件的查封决定书、解除查封决定书，不是不动产登记的原因材料，而是嘱托登记文书合法、有效的证明材料，即是嘱托登记文书合法、有效的前提。在基于查封决定书、解除查封决定书嘱托的不动产登记中，嘱托登记文书既是不动产登记的启动材料，也是不动产登记的原因材料。

二、基于行政合同产生的材料

如前所述，行政合同是设立、变更、转移或消灭行政法上的权利义务关系的合同。在不动产登记实务中，作为不动产登记原因材料的合同众多，哪些合同属于行政合同呢？据笔者查询，现时有效的法律、行政法规、规章和政策均没有作明确规定。在司法实务中，《最高人民法院关于审理行政协议案件若干问题的规定》（法释〔2019〕17号）第二条规定："公民、法人或者其他组织就下列行政协议提起行政诉讼的，人民法院应当依法受理：（一）政府特许经营协议；（二）土地、房屋等征收征用补偿协议；（三）矿业权等国有自然资源使用权出让协议；（四）政府投资的保障性住房的租赁、买卖等协议；（五）符合本规定第一条规定的政府与社会资本合作协议；（六）其他行政协议。"据此可知，在不动产

第九章　不动产登记原因材料审查（二）

登记实务中，作为不动产登记原因材料的行政合同主要有房地产征收补偿安置协议、国有土地使用权出让合同、国有土地使用权租赁合同、国有土地使用权作价出资或入股合同、海域使用权出让合同、廉租住房转让合同等。

1. 房地产征收补偿安置协议

《土地管理法》第四十七条第一款、第四款规定，国家征收土地的，依照法定程序批准后，由县级以上地方人民政府予以公告并组织实施。拟征收土地的所有权人、使用权人应当在公告规定期限内，持不动产权属证明材料办理补偿登记。县级以上地方人民政府应当组织有关部门测算并落实有关费用，保证足额到位，与拟征收土地的所有权人、使用权人就补偿、安置等签订协议；个别确实难以达成协议的，应当在申请征收土地时如实说明。《国有土地上房屋征收与补偿条例》第四条第一款、第二款规定，市、县级人民政府负责本行政区域的房屋征收与补偿工作。市、县级人民政府确定的房屋征收部门（以下称房屋征收部门）组织实施本行政区域的房屋征收与补偿工作。该条例第二十五条第一款规定，房屋征收部门与被征收人依照本条例的规定，就补偿方式、补偿金额和支付期限、用于产权调换房屋的地点和面积、搬迁费、临时安置费或者周转用房、停产停业损失、搬迁期限、过渡方式和过渡期限等事项，订立补偿协议。据此可知，实施征收的是县、市级人民政府，征收补偿安置协议由县、市级人民政府确定的征收部门与被征收人签订。在不动产登记实务中，申请人或其代理人申请不动产登记时向登记机构提交征收补偿安置协议作为登记原因材料的，登记机构对其审查要点有：一是查验征收补偿安置协议的当事人中是否有县、市级人民政府确定的征收部门。征收补偿安置协议当事人的签章是否有县、市级人民政府确定的征收部门的印章。查验征收补偿安置协议上的征收部门与征收决定或其他征收文件中确定的征收部门是否一致。二是查验征收补偿安置协议中载明的安置给被征收人的房地产内容与不动产登记申请书上申请登记的内容是否一致或是否对应。查验拟转移登记给被安置人的房地产与不动产登记簿或存档的不动产登记材料上记载的房地产内容是否一致或是否对应。三是按《不动产登记暂行条例》第十四条规定，基于买卖、设定抵押权等当事人合意的民事法律行为产生的不动产登记，才由当事人共同申请。如前所述，征收补偿安置协议属于行政协议［在司法实务中，最高人民法院在"再审申请人林某楠诉福建省莆田市某区人民政府、福建省莆田市某区住房和城乡建设局（以下简称某区住建局）、福建省××某区××办事处行政协议一案"中认为"再审申请人因涉案房屋征收补偿安置协议之履行而提起的行政诉讼，原则上应以签订该协议的房屋征收部门即某区住建局作为被告[①]"，据此可知，人民法院的认为表明，征收补偿安置协议属于行政协议］，由此产生的不动产登记不属于由当事人共同申请登记的情形，换言之，基于征收补偿安置协议产生的不动产登记由权利取得人（被安置人）单方申请。因此，登记机构应当查验不动产登记申请书上的申请人（权利人）与征收补偿安置协议上当事人（被安置人）的签章、签名是否一致或是否对应。如果被征收的房地产已经登记的，还应当查验征收安置补偿协议上的被征收人和被征收房地产的内容与登记簿或存档的不动产登记材料上记载的权利人、房地产内容是否一致或是否对应。四是在不能收取征收补偿安置协议原件时，查验收取的复印件与征收补偿协议原件是否一致，且该复印件上面是否有申请人或其代理人的确认签章、签名。五是通过前述查验对征收补偿安置协议的真假仍然存疑的，可以通过征收部门的办公电话核实并做好电话核实记录，电话核实记录包括双方的办公电话号码、双方通话人的姓名、对方回复的征收补偿安置协议的真假情况、核实时间等。电话核实记录是该征收补偿安置协议真假情况的佐证材料。

2. 国有土地使用权出让合同、国有土地使用权租赁合同

《城市房地产管理法》第十五条规定，土地使用权出让，应当签订书面出让合同。土地使用权出让合同由市、县人民政府土地管理部门与土地

[①] 最高人民法院："再审申请人林某楠诉福建省莆田市某区人民政府、福建省莆田市某区住房和城乡建设局（以下简称某区住建局）、福建省××某区××办事处行政协议一案"，https://lawyers.66law.cn，访问日期：2022年10月2日。

第九章　不动产登记原因材料审查（二）

使用者签订。按《国土资源部关于印发〈规范国有土地租赁若干意见〉的通知》（国土资发〔1999〕222号）第一条规定，国有土地租赁是指国家将国有土地出租给使用者使用，由使用者与县级以上人民政府土地行政主管部门签订一定年期的土地租赁合同，并支付租金的行为。据此可知，以租赁方式取得国有建设用地使用权的证明，是指县级以上人民政府国土资源机关（现自然资源管理机关）与承租人签订的国有建设用地使用权租赁合同和与之配套的土地租金缴纳凭证。概言之，国有土地使用权出让合同、国有土地使用权租赁合同均由县级以上人民政府的自然资源管理机关与相对人签订。因此，申请人或其代理人申请不动产登记时向登记机构提交国有土地使用权出让合同、国有土地使用权租赁合同作为登记原因材料的，登记机构对其审查要点有：一是查验国有土地使用权出让合同、国有土地使用权租赁合同上的当事人中是否有县级以上人民政府自然资源管理机关。查验当事人的签章、签名与合同中载明的当事人（出让人、受让人、出租人、承租人）名称、姓名是否一致。查验合同签订时间是否齐备。二是按《不动产登记暂行条例》第十四条规定，基于国有土地使用权出让合同、国有土地使用权租赁合同产生的不动产首次登记，由土地使用权的受让人、承租人单方申请。因此，登记机构应当查验国有土地使用权出让合同、国有土地使用权租赁合同上受让人、承租人的签章、签名与不动产登记申请书上申请人（权利人）的签章、签名是否一致或是否对应。三是查验国有土地使用权出让合同、国有土地使用权租赁合同是否约定有生效时间、生效条件。如果约定了，还应当查验生效时间是否届至，生效条件是否成就。查验约定的出让期限、租赁期限是否符合法律、行政法规的规定。四是查验国有土地使用权出让合同、国有土地使用权租赁合同上载明的宗地坐落、面积、用途等内容与不动产登记申请书上申请登记的内容是否一致或是否对应等。

按《不动产登记暂行条例》第六条规定，县级以上人民政府自然资源行政主管部门是本行政区域内的不动产登记机构。因此，在对外法律关系上，登记机构是国有土地使用权出让合同、国有土地使用权租赁合同的当事人，其办理的基于国有土地使用权出让合同、国有土地使用权租赁合同产生的不动产登记发生行政复议或行政诉讼时，对用作不动产登记原因材料的国有土地使用权出让合同、国有土地使用权租赁合同的真实性的审查承担完全责任。

3. 国有土地使用权作价出资或入股合同

《〈土地管理法〉实施条例》第二十九条第（三）项规定，作价出资或者入股是国有土地的有偿使用方式。按《国土资源部关于加强土地资产管理促进国有企业改革和发展的若干意见》（国土资发〔1999〕433号）第三条第（三）项规定，以出让、作价出资或入股方式处置取得的土地使用权，属于企业的法人财产，在使用年限内可依法转让、作价出资、出租和抵押。《关于扩大国有土地有偿使用范围的意见》（国土资规〔2016〕20号）第二条第（一）项规定，支持市、县政府以国有建设用地使用权作价出资或者入股的方式提供土地，与社会资本共同投资建设。据此可知，国有土地使用权作价出资或者作价入股有两种情形：一是县级以上人民政府依法以国有土地使用权作价出资或入股的方式入股或参股企业；二是企业将其基于出让、作价出资或入股方式取得的土地使用权再以作价出资或入股的方式入股或参股其他企业。笔者认为，企业将其基于出让、作价出资或入股方式取得的土地使用权再以作价出资或入股的方式入股或参股其他企业属于民事行为，企业间签订的国有土地使用权作价出资或入股协议属于民事合同。县级以上人民政府依法以国有土地使用权作价出资或入股的方式入股或参股企业不是民事行为，其与企业签订的国有土地使用权作价出资或入股合同属于行政合同。因此，申请人或其代理人申请不动产登记时向登记机构提交国有土地使用权作价出资或入股合同作为登记原因材料的，登记机构对其审查要点有：一是查验国有土地使用权作价出资或入股合同上的当事人中是否有县级以上人民政府，当事人的签章与合同中载明的当事人名称是否一致或是否对应。二是按《不动产登记暂行条例》第十四条规定，基于国有土地使用权作价出资或入股合同产生的不动产首次登记，由取得国有土地使用权的企业单方申请。因此，登记机构应当查验国有土地使用权作价出资或入股合同上取得国有土地使用权的企业的签章与不动产登记申请书上申请人（权利人）的签章是否一致或是否对应。三是查验国有土地使用权作价出资或入股合同是否约定有生效时间、生效条件。如果约定了，还应当查验生效时间是否届至，生效条件是否成就。四是查验国有土地使用权作价出资或入股合同载明的宗地坐落、面积、用途等内容与不动产登记申请书上申请登记的内容是否一致或是否对应。五是在不能收取国有土地使用权作价出资或入股合同原件时，查验收取的复印（制）件与国有土地使用权作价出资或入股合同原件是否一致，且该复印（制）件上是否有申请人或其代理人的确认签名。六是通过前述查验，登记机构对国有土地使用权作价出资或入股合同的真假仍然存疑时，可以通过相关的县级以上人民政府的办公电话核实并做好电话核实记录，电话核实记录包括双方的办公电话号码、双方通话人的姓名、对方回复的国有土地使用权作价出资或入股合同的真假情况、核实时间等。电话核实记录是该国有土地使用权作价出资或入股合同真假情况的佐证材料。

4. 海域使用权出让合同

《海域使用管理法》第七条第一款规定，国务院海洋行政主管部门负责全国海域使用的监督管理。沿海县级以上地方人民政府海洋行政主管部门根据授权，负责本行政区毗邻海域使用的监督管理。《海域使用权管理规定》第三十四条规定，以招标、拍卖方式确定中标人、买受人后，海洋行政主管部门和中标人、买受人签署成交确认书，并按规定签订海域使用权出让合同。据此可知，海域使用权出让合同由国务院海洋行政主管部门或沿海的县级以上人民政府海洋行政主管部门与受让人签订。因此，申请人或其代理人申请不动产登记时向登记机构提交海域使用权出让合同作为登记原因材料的，登记机构对其审查要点有：一是查验海域使用权出让合同上的当事人中是否有国务院海洋行政主管部门、县级以上人民政府海洋行政管理部门。查验当事人的签章、签名与合同中载明的当事人的名称、姓名是否一致或是否对应。二是按《不动产登记暂行条例》第十四条规定，基于海域使用权出让合同产生的不动产首次登记，由受让人单方申请。因此，登记机构应当查验海域使用权出让合同上受让人的签章、签名与不动产登记申请书上申请人（权利人）的签章、签名是否一致或是否对应。三是查验海域使用权出让合同是否约定有生效时间、生效条件。如果约定了，还应当查验生效时间是否届至，生效条件是否成就。查验约定的出让期限是否符合法律、行政法规的规定。四是查验海域使用权出让合同载明的宗海坐落、面积、用途等内容与不动产登记申请书上申请登记的内容是否一致或是否对应。五是在不能收取海域使用权出让合同原件时，查验收取的复印件与海域使用权出让合同原件是否一致，且该复印件上是否有申请人或其代理人的确认签名。六是通过前述查验，对海域使用权出让合同的真假仍然存疑时，可以通过相关的县级以上人民政府海洋行政主管部门的办公电话核实并做好电话核实记录，电话核实记录包括双方的办公电话号码、双方通话人的姓名、对方回复的海域使用权出让合同的真假情况、核实时间等。电话核实记录是该海域使用权出让合同真假情况的佐证材料。

5. 廉租住房转让合同

廉租住房转让合同，主要指部分地方试点开展转让部分廉租住房国有产权时相关行政机关（一般情形下是县级以上人民政府国有资产管理机关或住房保障机关）与受让方签订的廉租住房转让合同。如《吉林省人民政府办公厅关于按份共有产权廉租住房国有产权转让工作的指导意见》（吉政办发〔2019〕43号）第二条规定，廉租住房国有产权转让坚持居民自愿原则。转让程序为家庭自愿申请、住房保障部门会同有关部门审核、面向社会公示、签订《按份共有产权廉租住房国有产权转让合同》、办理不动产登记。因此，申请人或其代理人申请不动产登记时向登记机构提交按份共有产权廉租住房国有产权转让合同（下称廉租住房转让合同）作为登记原因材料的，登记机构对其审查要点有：一是查验廉租住房转让合同上的当事人中的转让方是否有相关行政机关（一般情形下是县级以上人民政府国有资产管理机关或住房保障机关）。查验双方当事人的签章、签名与合同中载明的当事人的名称、姓名是否一致。二是按《不动产登记暂行条例》第十四条规定，基于买卖、设定抵押权等当事人合意的民事法律行为产生的不动产登记，才由当事人共同申请。廉租住房转让合同属于行政合同（协议），由此产生的不动产登记不属于由当事人共同申请登记的情形，换言之，基于廉租住房转让合同产生的不动产登记由受让人单方申请。因此，登记机构应当查验廉租住房转让合同上受让方的签名与不动产登记申请书上申请人（权利人）的签名是否一致或是否对应。三是查验廉租住房转让合同是否约定有生效时间、生效条件。如果约定了，还应当查验生效时间是否届至，生效条件是否成就。四是查验廉租住房转让合同上的廉租住房内容与不动产登记申请书上申请登记的内容、登记簿或存档的不动产登记材料上记载的廉租住房内容是否一致或是否对应。五是在不能收取廉租住房转让合同原件时，查验收取的复印件与廉租住房转让合同原件是否一致，且该复印件上是否有申请人或其代理人的确认签名。

第五节　基于相关行政行为产生的材料审查

本节介绍的基于相关行政行为产生的材料审查，是指登记机构对行政机关依法出具的当事人的姓名或名称变更材料、当事人的身份证明号码或身份证明类型变更材料等进行检查、核对、比较、分析。其中：一是机关法人名称、身份证明类型或身份证明号码变更的证明属于因行政机关内部审批产生的材料；二是作为自然人姓名、身份证明类型或身份证明号码变更的证明属于因行政确认产生的材料。按《居民身份证法》第十条、第十二条规定，我国公民（自然人）申请领取居民身份证时提交居民身份证申领登记表、居民户口簿的，公安机关应当按照规定及时予以办理。按《户口登记条例》第四条、第五条规定，我国公民（自然人）向公安机关申报领取的户口本或户口簿，具有证明公民身份的效力。据此可知，公安机关向我国公民（自然人）发放居民身份证、户口本和进行户籍登记，属于确认我国公民（自然人）身份的行政行为，即属于行政确认行为，换言之，作为自然人姓名、身份证明类型或身份证明号码变更的证明是基于此行政确认行为延伸产生的行为，也属于因行政确认产生的材料；三是事业单位法人、社会团体法人、民办非企业单位、企业法人或企业性质的非法人组织姓名、身份证明类型或身份证明号码变更的证明属于因行政许可产生的材料。按《事业单位登记管理暂行条例》第七条和第八条规定、《社会团体登记管理条例》第十一条和第十二条规定、《民办非企业单位登记管理暂行条例》第九条和第十二条规定、《市场主体登记管理条例》第十六条和第二十一条规定，经事业单位法人、社会团体法人、民办非企业单位、企业法人或企业性质的非法人组织申请，负责登记的行政机关或行政机构向其颁发《事业单位法人证书》《社会团体法人登记证书》《民办非企业单位登记证书》《营业执照》，属于行政机关或行政机构许可事业单位法人、社会团体法人、民办非企业单位、企业法人或企业性质的非法人组织设立，即登记机构向事业单位法人、社会团体法人、民办非企业单位、企业法人或企业性质的非法人组织颁发《事业单位法人证书》《社会团体法人登记证书》《民办非企业单位登记证书》《营业执照》属于行政许可行为，换言之，事业单位法人、社会团体法人、民办非企业单位、企业法人或企业性质的非法人组织名称、身份证明类型或身份证明号码变更的证明属于基于此行政许可行为延伸产生的行为，也属于因行政许可产生的材料。笔者没有将这些不动产登记原因材料分别归到本章第一节、第二节中，而是集中归集在本节中，为了方便读者集中、系统地了解、掌握。

一、当事人的姓名或名称变更材料审查

（一）自然人姓名发生变更的证明

1. 当事人户口簿或身份证上的姓名变更

按《户口登记条例》第三条和第十八条规定，户口登记工作由各级公安机关负责，公民姓名变更的应当申请变更登记。按《居民身份证法》第六条和第十一条规定，居民身份证由公安机关统一制作、发放。居民身份证有效期满、公民姓名变更或者证件严重损坏不能辨认的，应当申请换领

第九章 不动产登记原因材料审查（二）

新证。据此可知，当事人姓名变更的证明主要是记载有当事人曾用名和现用名的户口本或户口簿，也可以是公安机关出具的其他有关当事人更名的证明，如因姓名变更换领居民身份证的证明等。因此，申请人或其代理人提交户口本或户口簿、因姓名变更换领居民身份证的证明等姓名变更材料作为登记原因材料的，登记机构对其审查要点有：一是查验户口本上是否有公安派出所的户口专用章和户口登记承办人员的印章，或户口簿打印件、复印（制）件上是否有公安派出所的户口专用章。查验因姓名变更换领居民身份证的证明上面是否有公安派出所的户口专用章等。二是查验户口本或户口簿、因姓名变更换领居民身份证的证明上是否有当事人的现用名、曾用名。三是查验户口本或户口簿、因姓名变更换领居民身份证的证明上当事人的现用名、曾用名与不动产登记申请书上申请登记的内容是否一致。四是通过人民政府的信息共享渠道、数据大平台或公安机关的官方网站查验当事人姓名变更信息是否真实。以核实户口本或户口簿是否真实。五是查验不动产登记档案中存放的当事人的户口本或户口簿、居民身份证复印件上的姓名与现时提交的户口本或户口簿、因姓名变更换领居民身份证的证明上当事人的曾用名是否一致。如果因姓名变更换领居民身份证的证明上有当事人相片的，还应当查验该相片与当事人、不动产登记档案中存放的居民身份证复印件上持证人的相片是否相像或是否相似。六是在不能收取户口本或户口簿、因姓名变更换领居民身份证的证明原件时，查验收取的复印（制）件与户口本或户口簿、因姓名变更换领居民身份证的证明原件是否一致，且该复印（制）件上是否有申请人或其代理人的确认签名。如果是通过人民政府的信息共享渠道、数据大平台或公安机关的官方网站获取的当事人姓名变更信息打印件，该打印件上面是否有申请人或其代理人、打印人的确认签名等。

2. 当事人的军官证、文职干部证、士官证、义务兵证、学员证等非居民身份证件上的姓名变更的证明

一般情形下，军官证、文职干部证、士官证、义务兵证、学员证等非居民身份证件的持证人姓名变更的证明由该证件的发证机关出具。因此，军官证、文职干部证、士官证、义务兵证、学员证等非居民身份证件的持证人姓名变更的证明不是基于行政行为产生，但笔者将其列于此，也是为了方便读者集中、系统地了解、掌握。在不动产登记实务中，申请人提交军官证、文职干部证、士官证、义务兵证、学员证等非居民身份证件的发证机关出具的持证人姓名变更的证明作为登记原因材料的，登记机构对其审查要点有：一是查验姓名变更证明上是否有军官证、文职干部证、士官证、义务兵证、学员证等非居民身份证件发证机关的印章或其证件专用章。一般情形下，军官证、文职干部证、士官证、义务兵证、学员证的发证机关一般为部队、院校的政治工作部门等。二是查验姓名变更证明上当事人的现用名、曾用名是否齐全。三是查验姓名变更证明上当事人的现用名、曾用名与不动产登记申请书上申请登记的内容是否一致。四是查验不动产登记档案中存放的军官证、文职干部证、士官证、义务兵证、学员证等非居民身份证复印件上面的当事人姓名与现时提交的姓名变更证明上当事人的曾用名是否一致。如果姓名变更证明上有当事人相片的，还应当查验该相片与当事人、不动产登记档案中存放的军官证、文职干部证、士官证、义务兵证、学员证等非居民身份证复印件上持证人的相片是否相像或是否相似。五是在不能收取姓名变更证明原件时，查验收取的复印（制）件与姓名变更证明原件是否一致，且该复印（制）件上是否有申请人或其代理人的确认签名。六是通过前述查验，对姓名变更证明的真假仍然存疑时，可以通过军官证、文职干部证、士官证、义务兵证、学员证等非居民身份证件发证单位的办公电话核实并做好电话核实记录，电话核实记录包括双方的办公电话号码、双方通话人的姓名、对方回复的姓名变更证明的真假情况、核实时间等。电话核实记录是该姓名变更证明真假情况的佐证材料。

3. 持我国护照或居留证件的自然人

（1）持我国护照的自然人。

在不动产登记实务中，申请人申请不动产登记时提交我国护照作为身份证明的是华侨。如前所述，华侨作为不动产登记申请人或代理人时，提

第九章 不动产登记原因材料审查（二）

交给登记机构的护照是县级以上人民政府公安机关出入境管理机构或我国驻外使（领）馆颁发的普通护照。《护照法》第十条规定，护照持有人所持护照的登记事项发生变更时，应当持相关证明材料，向护照签发机关申请护照变更加注。据此可知，我国普通护照的持有人姓名变更的证明是县级以上人民政府公安机关出入境管理机构或我国驻外使（领）馆加注变更内容的护照或专门出具的护照持有人姓名变更的证明。因此，申请人或其代理人向登记机构提交县级以上人民政府公安机关出入境管理机构或我国驻外使（领）馆加注变更内容的护照、专门出具的护照持有人姓名变更的证明作为登记原因材料的，登记机构对其审查要点有：一是查验加注持照人姓名变更内容的护照上是否有县级以上人民政府公安机关出入境管理机构或我国驻外使（领）馆的印章、证件专用章。二是查验护照上加注持照人姓名变更内容处是否有加注机构的印章、证件专用章或其他标识。查验护照持照人姓名变更的证明中是否有当事人现用名、曾用名。三是查验当事人与加注变更内容的护照上持照人的相片是否相像或是否相似。如果护照持照人姓名变更的证明上有当事人相片的，还应当查验该相片与当事人是否相像或是否相似。四是查验护照上加注的持照人姓名变更内容、专门的姓名变更证明上当事人的现用名、曾用名与不动产登记申请书上申请登记的内容是否一致。五是可以通过人民政府的信息共享渠道、数据大平台或颁发护照的公安机关、我国驻外使（领）馆官方网站查验当事人姓名变更信息是否真实，以核实加注持照人姓名变更内容的护照、护照持照人姓名变更证明是否真实。六是不能收取护照原件或护照持照人姓名变更证明原件时，查验收取的复印件与护照或护照持照人姓名变更证明原件是否一致，且该复印件上是否有申请人或其代理人的确认签名。如果是通过人民政府的信息共享渠道、数据大平台或颁发护照的公安机关、我国驻外使（领）馆官方网站获取的护照持照人姓名变更信息打印件，该打印件上是否有申请人或其代理人、打印人的确认签名。七是查验不动产登记档案中存放的护照复印件上当事人的姓名、相片与现时提交的加注变更内容的护照或专门的护照持照人姓名变更证明上当事人的曾用名、相片是否一致或是否相像等。

（2）持我国居留证件的自然人。

如前所述，在不动产登记实务中，申请人申请不动产登记时提交我国居留证件作为身份证明的是外国人。《出境入境管理法》第三十三条规定，外国人居留证件的登记项目包括：持有人姓名、性别、出生日期、居留事由、居留期限，签发日期、地点，护照或者其他国际旅行证件号码等。外国人居留证件登记事项发生变更的，持证件人应当自登记事项发生变更之日起十日内向居留地县级以上地方人民政府公安机关出入境管理机构申请办理变更。据此可知，我国居留证件的持有人姓名变更的，应当向其居留地县级以上人民政府公安机关出入境管理机构申请办理变更手续，变更手续可以是姓名变更后新领取的居留证件或公安机关出入境管理机构为居留证件持有人出具的姓名变更的证明。因此，申请人或其代理人向登记机构提交姓名变更后新领取的居留证件或居留证件持有人姓名变更的证明（下称姓名变更证明）作为登记原因材料的，登记机构对其审查要点有：一是查验变更姓名后新领取的居留证件或姓名变更证明上是否有其居留地县级以上人民政府公安机关出入境管理机构的印章或证件专用章。二是查验变更姓名后新领取的居留证件是否有"姓名变更"或"持有人曾用名"附记或加注。查验姓名变更证明上当事人的现用名、曾用名是否齐全。三是查验当事人与变更姓名后新领取的居留证件上持有人的相片是否相像或是否相似，如果姓名变更证明上有当事人相片的，还应当查验该相片与当事人是否相像或是否相似。四是如果变更姓名后新领取的居留证件附记或加注有持有人曾用名的，查验持有人现用名、曾用名与不动产登记申请书上申请登记的内容是否一致。查验姓名变更证明上当事人现用名、曾用名与不动产登记申请书上申请登记的内容是否一致。五是可以通过人民政府的信息共享渠道、数据大平台或颁发外国人永久居留证件的公安机关的官方网站查验当事人姓名变更信息是否真实，以核实姓名变更后新领取的居留证件及姓名变更证明是否真实。六是不能收取居留证件、姓名变更证明原件时，查验收取的复印件与居留证件、姓名变更证明原件是否一致，且该复印件上是否有申请人或其代理人的确认签名。如果是通过人民政府的信息共享渠道、数据大平台或颁发外国人永久居留证件的公安机关的官方网站获取的该外国人的姓名变更信息打印件，该打印件上是否有申请人或其代理人、打印人的确认签名。七是查验不动产登记档案中存放的外国人永久居留证复印件上当事人的姓名、相片与现时提交的居留证件、姓名变更证明上当事人的曾用名、相片是否一致、是否相像等。

（二）法人、非法人组织名称变更的证明

1. 机关法人

如前所述，在不动产登记实务中，机关法人提交给登记机构的身份证明可以是前已述及的《社会统一信用代码登记证书》，还可以是对该机关法人有领导权的人民政府或其机构编制管理机关出具的其为该人民政府行政部门的证明。据此可知，如果机关法人名称变更的，对其有领导权的人民政府或其机构编制管理机关也可以为该机关法人出具名称变更证明。因此，申请人或其代理人提交有领导权的人民政府或其机构编制管理机关出具的机关法人名称变更证明作为不动产登记原因材料的，登记机构对其审查要点有：一是查验机关法人名称变更证明上是否有人民政府的印章或其机构编制管理机关的印章。查验机关法人名称变更证明上是否有该机关法人的现用名、曾用名。二是查验机关法人名称变更证明上该机关法人的现用名、曾用名与不动产登记申请书上申请登记的内容是否一致。三是登录出具机关法人名称变更证明的人民政府或其机构编制管理机关的官方网站，查验其是否设置有该行政部门（即该机关法人）。四是查验不动产登记档案中存放的机关法人身份证明复印件上的名称与现时提交的名称变更证明上的曾用名是否一致等。

2. 事业单位法人

《事业单位登记管理暂行条例》第五条规定，县级以上各级人民政府机构编制管理机关所属的事业单位登记管理机构（以下简称登记管理机关）负责实施事业单位的登记管理工作。在工作实际中，县级以上人民政府一般都设立事业单位登记管理局负责事业单位法人的登记。按该条例第八条、第十条规定，事业单位法人的名称需要变更的，应当向登记管理机关办理变更登记。概言之，事业单位法人名称变更的证明由县级以上人民政府机构编制管理机关或其事业单位登记管理局出具。因此，申请人或其代理人提交县级以上人民政府机构编制管理机关或其事业单位登记管理局出具的事业单位法人名称变更证明作为不动产登记原因材料的，登记机构对其审查要点有：一是查验事业单位法人名称变更证明上是否有县级以上人民政府机构编制管理机关或其事业单位登记管理局的印章。查验事业单位法人名称变更证明上是否有该事业单位法人的现用名、曾用名。二是查验事业单位法人名称变更证明上该事业单位法人的现用名、曾用名与不动产登记申请书上申请登记的内容是否一致。三是登录出具事业单位法人名称变更证明的县级以上人民政府机构编制管理机关或其事业单位登记管理局的官方网站，查验该事业单位法人是否依法存在。四是查验不动产登记档案中存放的事业单位法人身份证明复印件上面的名称与现时提交的名称变更证明上该事业单位法人的曾用名是否一致等。

3. 社会团体法人、民办非企业单位

《社会团体登记管理条例》第六条规定，县级以上人民政府民政部门是本级人民政府的社会团体登记管理机关。按该条例第十二条、第十八条规定，社会团体法人名称变更的，应当向登记管理机构申请变更登记。据此可知，社会团体法人名称变更证明由县级以上人民政府民政机关出具。按《民办非企业单位登记管理暂行条例》第五条、第十五条规定，民办非企业单位的名称属于登记事项，民办非企业单位名称变更的证明应当由县级以上人民政府民政部门出具。因此，申请人或其代理人提交县级以上人民政府民政机关出具的社会团体法人、民办非企业单位名称变更证明作为不动产登记原因材料的，登记机构对其审查要点有：一是查验社会团体法人、民办非企业单位名称变更证明上是否有县级以上人民政府民政机关的印章。查验社会团体法人、民办非企业单位名称变更证明上是否有该社会

团体法人、民办非企业单位的现用名、曾用名。二是查验社会团体法人、民办非企业单位名称变更证明上该社会团体法人、民办非企业单位的现用名、曾用名与不动产登记申请书上申请登记的内容是否一致。三是登录出具社会团体法人、民办非企业单位名称变更证明的县级以上人民政府民政机关的官方网站，查验该社会团体法人、民办非企业单位是否依法存在。四是查验不动产登记档案中存放的社会团体法人、民办非企业单位身份证明复印件上面的名称与现时提交的名称变更证明上该社会团体法人、民办非企业单位的曾用名是否一致。

4. 企业法人或企业性质的非法人组织

按《企业名称登记管理规定》第二条、第二十三条规定，县级以上人民政府市场监督管理部门负责企业名称登记管理，企业名称变更的由县级以上人民政府市场监督管理机关办理变更登记。据此可知，企业法人和企业性质的非法人组织名称变更的证明由县级以上人民政府市场监督管理机关出具。在不动产登记实务中，申请人或其代理人提交的企业法人或企业性质的非法人组织名称变更的证明，常常是县级以上人民政府市场监督管理机关出具的"更名通知单"。因此，申请人或其代理人提交县级以上人民政府市场监督管理机关出具的企业法人或企业性质的非法人组织的"更名通知单"作为不动产登记原因材料的，登记机构对其审查要点有：一是查验企业法人或企业性质的非法人组织的"更名通知单"上是否有县级以上人民政府市场监督管理机关的印章或其专用章。查验企业法人或企业性质的非法人组织的"更名通知单"上是否有该企业法人或企业性质的非法人组织的现用名、曾用名。二是查验企业法人或企业性质的非法人组织的"更名通知单"上该企业法人或企业性质的非法人组织的现用名、曾用名与不动产登记申请书上申请登记的内容是否一致。三是登录出具企业法人或企业性质的非法人组织的"更名通知单"的县级以上人民政府市场监督管理机关的官方网站，查验该企业法人或企业性质的非法人组织是否依法存在。四是查验不动产登记档案中存放的企业法人或企业性质的非法人组织的身份证明复印件上面的名称与现时提交的"更名通知单"上的曾用名是否一致等。

二、当事人身份证明号码或身份证明类型变更材料

当事人身份证明号码或身份证明类型变更，主要指自然人在登记簿上记载或在不动产登记档案中存放的身份证明号码、身份证明类型与其现时申请不动产登记时提交的合法、有效的身份证明号码、身份证明类型不一致的情形。

1. 登记簿上记载或存档的身份证明是户口本或户口簿，现时申请不动产登记时提交的是居民身份证

此情形下，申请人提交的居民身份证既是其申请不动产登记时的身份证明，又是申请不动产变更登记的原因材料，登记机构对其审查要点有：一是查验当事人与其提交的居民身份证上的人像是否相像或是否相似。如果不相像或不相似的，当事人是否作出合理的说明或进一步提交相关证明材料。二是通过居民身份证识别器验证申请人提交的居民身份证是否真实，或通过人民政府的信息共享渠道、数据大平台、公安机关的官方网站查验当事人的身份登记信息，以核实其提交的居民身份证是否真实。三是查验居民身份证是否在有效期限内，签发机关是否是县级以上人民政府公安机关。四是查验居民身份证上的相关信息与不动产登记申请书上申请登记的内容是否一致。五是查验收取的复印件与居民身份证原件是否一致，该复印件上是否有申请人或其代理人的确认签名。如果是通过人民政府的信息共享渠道、数据大平台、公安机关的官方网站获取的现时的居民身份登记信息打印件，该打印件上是否有申请人或其代理人、打印人的确认签名等。六是查验申请人提交的居民身份证上的姓名、性别、民族、出生日期、住址、公民身份号码等信息与不动产登记档案中存放的户口本或户口簿复印件上载明的相关信息是否一致或是否对应等。

2. 登记簿上记载或存档的居民身份证号码与现时申请不动产登记时提交的居民身份证号码不一致

《居民身份证法》第三条第二款规定，公民身份号码是每个公民唯一的、终身不变的身份代码，由公安机关按照公民身份号码国家标准编制。

据此可知，居民身份证号码由公安机关负责编制，换言之，居民身份证号码变更也由公安机关决定。因此，申请人或其代理人提交居民身份证号码变更证明作为不动产登记原因材料的，登记机构对其审查要点有：一是查验居民身份证号码变更证明上是否有公安派出所的印章。如果该证明上有当事人相片的，还应当查验当事人与相片是否相像或是否相似。二是查验居民身份证号码变更证明上的相关内容与不动产登记申请书上申请登记的内容是否一致。三是可以通过人民政府的信息共享渠道、数据大平台或公安机关的官方网站查验居民身份证号码变更信息是否真实，以核实居民身份证号码变更证明是否真实。四是查验收取的复印件与居民身份证号码变更证明原件是否一致，该复印件上是否有申请人或其代理人的确认签名。如果是通过人民政府的信息共享渠道、数据大平台或公安机关的官方网站获取的居民身份证号码变更信息打印件，该打印件上面是否有申请人或其代理人、打印人的确认签名。五是查验申请人提交的居民身份证号码变更证明上的姓名、性别、民族、出生日期、住址、公民身份号码等信息与不动产登记档案中存放的居民身份证复印件上载明的相关信息是否一致或是否对应等。

3. 登记簿上记载或存档的是军官证、文职干部证、士官证、义务兵证、学员证等非居民身份证件，现时申请不动产登记时提交的是居民身份证等

此情形下，申请人提交的居民身份证明既是其申请不动产登记时的身份证明，也是申请不动产变更登记的原因材料，登记机构对其审查要点有：一是查验申请人与其提交的居民身份证上的人像是否相像或是否相似。如果不相像或不相似，当事人是否作出合理说明或进一步提交相关证明材料。二是查验居民身份证是否在有效期限内，签发机关是否是县级以上人民政府公安机关。三是通过居民身份证识别器查验申请人提交的居民身份证是否真实。或通过人民政府的信息共享渠道、数据大平台、签发居民身份证的公安机关的官方网站查验当事人的居民身份登记信息，以核实该居民身份证是否真实。四是查验居民身份证上的相关信息与不动产登记申请书上申请登记的内容是否一致。五是查验收取的复印件与居民身份证原件是否一致，该复印件

上是否有申请人或其代理人的确认签名等。如果是通过人民政府的信息共享渠道、数据大平台、签发身份证的公安机关的官方网站获取的居民身份登记信息打印件，该打印件上是否有申请人或其代理人、打印人的确认签名。六是查验申请人提交的居民身份证上的人像、姓名、性别、民族、出生日期等信息与不动产登记档案中存放的军官证、士官证、义务兵证、学员证等非居民身份证复印件上的相关信息是否一致等。

第六节 其他登记原因材料审查

本节所称其他登记原因材料审查，是指登记机构对我国港澳台地区自然人、持所在国护照的自然人、我国港澳台地区法人或组织、外国法人或非法人组织因姓名或名称、身份证明号码或身份证明类型变更申请不动产登记时提交的变更原因材料进行的检查、核对、比较、分析。这些不动产登记原因材料不是基于我国行政机关的行政行为产生，但笔者将其归集在本节中，是为了与本章第五节内容相联系，方便读者集中、系统地了解、掌握。

一、持所在国护照的自然人姓名变更材料

一般情形下，持所在国护照的自然人姓名变更的证明为经我国驻外使（领）馆认证的，所在国公证机构出具的姓名变更事项公证书，同时附申请人或其代理人签字确认的该公证书的中文译本，或提交在我国合法经营的翻译机构出具的该公证书的中文译本，也可以提交我国公证机构办理的姓名变更事项公证书。

二、我国港澳台地区自然人、法人、组织姓名或名称变更材料

1. 港澳地区自然人、法人、组织姓名或名称变更材料

一般情形下，港澳地区自然人、法人、组织姓名或名称变更的证明为经我国司法部委托的港澳地区律师出具的姓名或名称变更事项公证书，并加盖中国法律服务（香港）有限公司、中国法律服务（澳门）有限公司转

递章，也可以提交大陆公证机构出具的姓名或名称变更事项公证书。

2. 台湾地区自然人、法人、组织姓名或名称变更材料

一般情形下，台湾地区自然人、法人、组织姓名或名称变更的证明为大陆公证机构出具的姓名或名称变更事项公证书，或台湾公证机构出具的姓名或名称变更事项公证书。台湾公证机构出具的公证书须经大陆相关机构认证（一般由省级公证协会认证）。

三、外国法人、组织名称变更材料

一般情形下，外国法人、组织名称变更的证明为经我国驻外使（领）馆认证的，所在国家公证机构出具的名称变更事项公证书，同时附申请人或其代理人签字确认的该公证书的中文译本，或提交在我国合法经营的翻译机构出具的该公证书的中文译本，也可以提交我国公证机构办理的名称变更事项公证书。

四、境内自然人取得港澳台地区身份证明产生的身份证明类型变更材料

（1）我国内地居民取得港澳地区居民身份证后，身份证明类型变更的证明为我国公证机构出具的身份证明类变更事项公证书，或提交经我国司法部委托的港澳地区律师出具的身份证明类型变更事项公证书，并加盖中国法律服务（香港）有限公司、中国法律服务（澳门）有限公司转递章。

（2）我国大陆居民取得台湾地区居民身份证后，身份证明类型变更的证明是大陆公证机构出具的身份证明类型变更事项公证书，或提交台湾公证机构出具的身份证明类型变更事项公证书。台湾公证机构出具的公证书须经大陆相关机构认证（一般由省级公证协会认证）。

五、境内自然人取得外国身份证后产生的身份证明类型变更材料

一般情形下，境内自然人取得外国身份证后产生的身份证明类型变更

材料是我国驻外使（领）馆出具的身份证明类型变更事项公证书，或经我国驻外使（领）馆认证的，所在国家公证机构出具的身份证明类型变更事项公证书，并附申请人或其代理人签字确认的该公证书的中文译本，也可以提交在我国合法经营的翻译机构出具的该公证书的中文译本。

六、我国港澳台地区法人、组织身份证明类型或身份证明号码变更材料

1. 港澳地区法人、组织身份证明类型或身份证明号码变更材料

一般情形下，港澳地区法人、组织身份证明类型或身份证明号码变更的证明为经我国司法部委托的港澳地区律师出具的身份证明类型或身份证明号码变更事项公证书，并加盖中国法律服务（香港）有限公司、中国法律服务（澳门）有限公司转递章，也可以提交大陆公证机构出具的身份证明类型或身份证明号码变更事项公证书。

2. 台湾地区法人、组织身份证明类型或身份证明号码变更材料

一般情形下，台湾地区法人、组织身份证明类型或身份证明号码变更的证明为大陆公证机构出具的身份证明类型或身份证明号码变更事项公证书，或台湾公证机构出具的身份证明类型或身份证明号码变更事项公证书。台湾公证机构出具的公证书须经大陆相关机构认证（一般由省级公证协会认证）。

七、外国法人、组织身份证明类型或身份证明号码变更材料

一般情形下，外国法人、组织身份证明类型或身份证明号码变更证明是我国驻外使（领）馆出具的身份证明类型或身份证明号码变更事项公证书，或经我国驻外使（领）馆认证的，所在国家公证机构出具的身份证明类型或身份证明号码变更事项公证书，同时附申请人或其代理人签字确认的该公证书的中文译本，也可以附在我国合法经营的翻译机构出具的该公证书的中文译本。

因此，持所在国护照的自然人、法人或组织，我国港澳台地区自然

第九章 不动产登记原因材料审查（二）

人、法人或组织因姓名、名称变更，境内自然人取得港澳台地区、外国身份证明以及港澳台地区法人、组织和外国法人、组织因身份证明类型或身份证明号码变更申请不动产登记时，向登记机构提交的作为不动产登记的原因材料有：一是我国公证机构或我国驻外使（领）馆办理的变更事项公证书；二是中国法律服务（香港）公司、中国法律服务（澳门）公司转递的我国司法部委托港澳地区律师出具的变更事项公证书；三是经我国省级公证协会认证的台湾地区公证机构出具的变更事项公证书；四是经我国驻外使（领）馆认证的所在国公证机构办理的变更事项公证书。

（1）申请人或其代理人提交我国公证机构或我国驻外使（领）馆办理的变更事项公证书作为不动产登记原因材料时，登记机构对其审查要点有：一是查验公证书上公证员的签名（章）和公证机构、我国驻外使（领）馆的印章是否齐全。公证书的首页和末页有骑缝章的，查验是否每页都有骑缝章印痕，且每页上的骑缝章印痕是否清晰、衔接。如果公证书的首页和末页有公证机构或驻外使（领）馆的钢印的，查验是否每页的相同位置都有钢印印痕，且每页上面的钢印印痕上的公证机构、我国驻外使（领）馆名称、印章编号是否一致。二是查验公证书载明的当事人姓名或名称、身份证明号码、身份证明类型等变更事项与申请书上申请登记的内容是否一致或是否对应。三是查验公证书的出具时间是否是工作日或合乎常理。四是如果登记档案中存放有同一个公证机构或我国驻外使（领）馆出具的公证书的，可以查验现时收取的公证书上公证机构或我国驻外使（领）馆的印章与存档的公证书上的印章是否一致。五是不能收取公证书原件时，查验收取的复印件与公证书原件是否一致，且该复印件上是否有申请人或其代理人的确认签名。六是据笔者查询，法律、法规、规章和政策没有关于公证书应当在互联网或公证机构的网站上公开的规定，因此，登记人员不能在互联网上或制作公证书的公证机构、驻外使（领）馆的官方网站上查验该公证书的真假。此情形下，登记机构可以通过制作公证书的公证机构的办公电话或发送电子邮件（E-mail）查验该公证书是否真实。通过电话核实的，做好电话核实记录，电话核实记录包括双方的办公电话号码、双方通话人的姓名、对方回复的公证书的真假情况、核实时间等。电话核实记录是该公证书真假情况的佐证材料，或将电子邮件的查询、回复情况转化为纸介质材料后归入不动产登记档案。

（2）申请人或其代理人提交中国法律服务（香港）公司、中国法律服务（澳门）公司转递的我国司法部委托港澳地区律师出具的变更事项公证书作为不动产登记原因材料的，登记机构对其审查的要点有：一是查验公证书上是否附有中国法律服务（香港）公司、中国法律服务（澳门）公司的转递文书，或盖有中国法律服务（香港）公司、中国法律服务（澳门）公司的转递章。查验转递文书上法律服务公司的印章或转递章上的图案、文字、编码是否清晰。二是查验公证书上载明的当事人的姓名或名称、身份证明号码、身份证明类型等变更事项与申请书上申请登记的内容是否一致。三是查验公证书的转递时间是否是工作日或合乎常理。四是如果登记档案中存放有中国法律服务（香港）公司、中国法律服务（澳门）公司转递的公证书的，可以查验现时收取的公证书上附的中国法律服务（香港）公司、中国法律服务（澳门）公司的转递文书样式、转递章与存档的公证书上附的转递文书样式、转递章是否一致。五是不能收取公证书原件时，应当查验收取的复印件与公证书原件是否一致，且该复印件上是否有申请人或其代理人的确认签名。六是如果通过前述查验对公证书的真假仍然存疑时，可以通过向中国法律服务（香港）公司、中国法律服务（澳门）公司发送电子邮件（E-mail）查验该公证书的真假，将电子邮件的查询、回复情况转化为纸介质材料后归入不动产登记档案。

（3）申请人或其代理人提交经我国省级公证协会认证的台湾公证机构出具的变更事项公证书作为不动产登记原因材料的，登记机构对其审查的要点有：一是查验公证书上是否附有该公证书使用地的省级公证协会的转递文书，或盖有该省级公证协会的转递章，查验转递文书上公证协会的印章或转递章的图案、文字、编码是否清晰。二是查验公证书上载明的当事人的姓名或名称、身份证明号码、身份证明类型等变更事项与申请书上申请登记的内容是否一致。三是查验公证书的转递时间是否是工作日或合乎

第九章 不动产登记原因材料审查(二)

常理。四是如果登记档案中存放有该公证书使用地的省级公证协会转递的公证书的,可以查验现时收取的公证书上的省级公证协会转递文书的样式、转递章与存档的转递文书的样式、转递章是否一致。五是不能收取公证书原件时,查验收取的复印件与公证书原件是否一致,且该复印件上是否有申请人或其代理人的确认签名。六是如果通过前述查验对公证书的真假仍然存疑时,可以通过转递公证书的省级公证协会的办公电话核实并做好电话核实记录,电话核实记录包括双方的办公电话号码、双方通话人的姓名、对方回复的公证书的真假情况、核实时间等,电话核实记录就是该公证书真假情况的佐证材料。

(4)申请人或其代理人提交经我国驻外使(领)馆认证的所在国公证机构办理的变更事项公证书作为不动产登记原因材料的,登记机构对其审查要点有:一是查验公证书上是否附有我国驻外使(领)馆的认证文书,或盖有我国驻外使(领)馆的认证章,且认证文书上印章或认证章的图案、文字、编码是否清晰。二是查验公证书上载明的当事人的姓名或名称、身份证明号码、身份证明类型等变更事项与申请书上申请登记的内容是否一致。三是如果登记档案中存放有同一个我国驻外使(领)馆认证的公证书的,可以查验现时收取的公证书上该驻外使(领)馆认证文书的样式、认证文书上的印章或认证章与存档的认证文书的样式、认证文书上的印章或认证章是否一致。四是不能收取公证书原件时,查验收取的复印件与公证书原件是否一致,且该复印件上是否有申请人或其代理人的确认签名。五是如果通过前述查验对公证书的真假仍然存疑时,可以通过向我国驻外使(领)馆发送电子邮件(E-mail)查验该公证书是否真实,将电子邮件的查询、回复情况转化为纸介质材料后归入不动产登记档案。

第十章 不动产登记原因材料审查（三）

本章所称不动产登记原因材料审查，是指登记机构对作为不动产登记原因材料的当事人基于民事法律行为产生的相关材料等进行的检查、核对、比较、分析。在不动产登记实务中，作为不动产登记原因材料的当事人基于民事法律行为产生的相关材料主要有：一是基于单方民事法律行为产生的材料；二是基于双方民事法律行为产生的材料；三是基于多方民事法律行为产生的材料。

第一节 基于单方民事法律行为产生的材料审查

《民法典》第一百三十三条规定，民事法律行为是民事主体通过意思表示设立、变更、终止民事法律关系的行为。据此可知，民事法律行为，是指民事主体根据自己的意思表示，设立、变更、转移和消灭民事法律关系以达到相应法律效果的行为。简言之，民事法律行为是民事主体为达到一定目的而有意为之的行为。在不动产登记实务中，民事法律行为是不动产物权设立、变更、转移和消灭的原因行为，即通过民事法律行为产生的材料是申请人申请不动产权利或其他相关事项登记的原因材料。单方民事法律行为，是指仅由一个意思表示或一方意思表示即成立的民事法律行为。在不动产登记实务中，基于单方民事法律行为产生的不动产登记原因材料主要有赠与书、遗嘱、声明、承诺、村民大会或村民代表会决定、清算报告等。

一、赠与书

赠与书，是指权利人依自己的意思表示作出的将其依法享有的不动产

第十章 不动产登记原因材料审查（三）

权利无偿给予他人的书面材料。赠与书不同于赠与合同。《民法典》第六百五十七条规定，赠与合同是赠与人将自己的财产无偿给予受赠人，受赠人表示接受赠与的合同。据此可知，赠与合同有赠与人的赠与意思表示和受赠人的接受赠与意思表示，属于双方民事法律行为。赠与书只有赠与人的赠与意思表示，属于单方民事法律行为。赠与人可以是自然人、法人或非法人组织。在不动产登记实务中，申请人或其代理人提交赠与书作为不动产登记原因材料的，登记机构对其审查要点有：一是查验赠与书上赠与人的签名、签章和赠与书的出具日期是否齐全。二是查验赠与书是否载明生效条件或生效时间。如果载明了生效条件或生效时间的，还应当查验生效条件是否成就，生效时间是否届至。三是结合申请人提交的身份证明，查验赠与人是否是无民事行为能力或限制民事行为能力的未成年人。通过询问赠与人（申请人），查验赠与人是否是无民事行为能力或限制民事行为能力的成年人。通过询问代理人，查验作为赠与人的法人或非法人组织是否处于正常运行状态，以查验其民事行为能力是否受到限制，从而确定赠与书的效力是否存疑。赠与人应当具有完全民事行为能力。四是在不能收取赠与书原件时，查验收取的复印件与赠与书原件是否一致，该复印件上是否有申请人或其代理人的确认签名。五是查验赠与书上的不动产内容与不动产登记申请书上申请登记内容是否一致或是否对应，与不动产登记簿或存档的不动产登记材料上载明的不动产内容是否一致或是否对应。六是查验存档的不动产登记材料上权利人（赠与人）的签名、签章与赠与书上赠与人的签名、签章是否一致。如果不一致，当事人是否作出合理的说明或进一步提交相关证明材料。

二、遗嘱

遗嘱，是指被继承人、遗赠人基于自己的意思表示作出的在其死亡后指定自己的财产、权益的继承人、受遗赠人、遗产管理人等的书面材料。在不动产登记实务中，申请人或其代理人提交作为登记原因材料的遗嘱有自书遗嘱、代书遗嘱、打印遗嘱、公证遗嘱。

1. 自书遗嘱

申请人或其代理人提交自书遗嘱作为不动产登记原因材料的，登记机构对其审查要点有：一是《民法典》第一千一百三十四条规定，自书遗嘱由遗嘱人亲笔书写，签名，注明年、月、日。据此可知，登记机构应当查验遗嘱全文是否是钢笔或签名笔书写，遗嘱上是否有立遗嘱人的签名和立遗嘱日期。查验申请人或其代理人是否提交立遗嘱人已经死亡的证明。二是查验遗嘱全文有无涂改、删改、刮擦痕迹。如果有，查验涂改、删改、刮擦处有无立遗嘱人的签名。三是查验遗嘱中的被继承、被遗赠的不动产内容与不动产登记申请书上申请登记的内容是否一致或是否对应。四是不能收取自书遗嘱原件时，查验收取的复印件与遗嘱原件是否一致，该复印件上是否有申请人或其代理人的确认签名。五是查验自书遗嘱上的被继承、被遗赠的不动产内容与登记簿或存档的不动产登记材料上的记载是否一致或是否对应。六是查验自书遗嘱上立遗嘱人的签名与存档的不动产登记材料上权利人（申请人）的签名是否一致。如不一致，当事人是否作出合理的说明或进一步提交相关证明材料。七是查验存档的立遗嘱人的身份证明，核实其立遗嘱时是否是成年人。立遗嘱人应当是有完全民事行为能力的成年人。

2. 代书遗嘱

申请人或其代理人提交代书遗嘱作为不动产登记原因材料的，登记机构对其审查要点有：一是《民法典》第一千一百三十五条规定，代书遗嘱应当有两个以上见证人在场见证，由其中一人代书，并由遗嘱人、代书人和其他见证人签名，注明年、月、日。据此可知，登记机构应当查验遗嘱全文是否是钢笔或签名笔书写，遗嘱上是否有立遗嘱人、两个以上的见证人的签名和立遗嘱日期。查验遗嘱代书人是否是见证人之一。查验申请人或其代理人是否提交立遗嘱人已经死亡的证明。二是查验遗嘱全文有无涂改、删改、刮擦痕迹。如果有，查验涂改、删改、刮擦处有无代书人的签名。三是《民法典》第一千一百四十条规定"下列人员不能作为遗嘱见证

第十章 不动产登记原因材料审查（三）

人：（一）无民事行为能力人、限制民事行为能力人以及其他不具有见证能力的人；（二）继承人、受遗赠人；（三）与继承人、受遗赠人有利害关系的人"。据此可知，代书遗嘱的见证人须是具有完全民事行为能力人，且与遗嘱中指定的继承人、受遗人无利害关系的继承人以外的人。因此，登记机构应当通过申请人或其代理人提交的立遗嘱人的亲属关系证明，查验遗嘱的见证人是否是与遗嘱中指定的继承人、受遗赠人无利害关系的继承人以外的人。四是查验遗嘱中的被继承、被遗赠的不动产内容与不动产登记申请书上申请登记的内容是否一致或是否对应。五是不能收取代书遗嘱原件时，查验收取的复印件与遗嘱原件是否一致，该复印件上是否有申请人或其代理人的确认签名。六是查验代书遗嘱上的被继承、被遗赠的不动产内容与登记簿或存档的不动产登记材料上的记载是否一致或是否对应。七是查验存档的立遗嘱人的身份证明，核实其立遗嘱时是否是成年人。立遗嘱人应当是有完全民事行为能力的成年人。

3. 打印遗嘱

申请人或其代理人提交打印遗嘱作为不动产登记原因材料的，登记机构对其审查要点有：一是《民法典》第一千一百三十六条规定，打印遗嘱应当有两个以上见证人在场见证。遗嘱人和见证人应当在遗嘱的每一页签名，注明年、月、日。据此可知，登记机构应当查验遗嘱全文是否是打印完成，是否有立遗嘱日期。查验遗嘱每一页上是否有立遗嘱人、两个以上的见证人的签名。查验申请人或其代理人是否提交立遗嘱人已经死亡的证明。二是查验遗嘱全文有无涂改、删改、刮擦痕迹。如果有，查验涂改、删改、刮擦处有无立遗嘱人、两个以上的见证人的签名和相应的日期。三是《民法典》第一千一百四十条规定"下列人员不能作为遗嘱见证人：（一）无民事行为能力人、限制民事行为能力人以及其他不具有见证能力的人；（二）继承人、受遗赠人；（三）与继承人、受遗赠人有利害关系的人"。据此可知，打印遗嘱的见证人须是具有完全民事行为能力人且与遗嘱中指定的继承人、受遗赠人无利害关系的继承人以外的人。因此，登记机构应当通过申请人或其代理人提交的立遗嘱人的亲属关系证明,查验遗嘱的见证人是否是与遗嘱中指定的继承人、受遗赠人无利害关系的继承人以外的人。四是查验遗嘱中的被继承、被遗赠的不动产内容与不动产登记申请书上申请登记的内容是否一致或是否对应。五是不能收取打印遗嘱原件时,查验收取的复印件与遗嘱原件是否一致,该复印件上是否有申请人或其代理人的确认签名。六是查验打印遗嘱上的被继承、被遗赠的不动产内容与登记簿或存档的不动产登记材料上的记载是否一致或是否对应。查验存档的立遗嘱人的身份证明,核实其立遗嘱时是否是成年人。立遗嘱人应当是有完全民事行为能力的成年人。

4. 公证遗嘱

关于公证遗嘱的审查要点,参见第八章"不动产登记原因材料审查(一)"中的"公证书的审查要点"部分,此处不再赘述。

三、声明

在不动产登记实务中,声明是指当事人依自己的意思表示,向不特定的社会公众公开说明有关不动产的事实或表明自己对不动产的态度的书面材料,如不动产权属证书遗失声明、夫妻共同购买的商品房归对方配偶的声明等。声明人可以是自然、法人或非法人组织。因此,申请人或其代理人向登记机构提交声明作为不动产登记原因材料的,登记机构对其审查要点有:一是查验声明人的签名、签章和该声明的出具时间是否齐全。二是查验声明上关于不动产的内容与不动产登记申请书上申请登记的内容是否一致或是否对应。申请转移登记、变更登记等后续登记的,还应当查验声明上关于不动产的内容与登记簿或存档的不动产登记材料上的记载是否一致或是否对应。三是结合申请人提交的身份证明,查验声明人是否是无民事行为能力或限制民事行为能力的未成年人。通过询问声明人(申请人),查验声明人(申请人)是否是无民事行为能力或限制民事行为能力的成年人。如果声明人是无民事行为能力或限制民事行为能力的成年人的，还应当查验声明上是否有其监护人的签名。如果声明人是无民事行为能力或限制民事行为能力的未成年人的，查验声明上是否有作为其共同监护人的父母的签名。父或母单方签名的，是否提交对方（父或母）的委托手续、对方（父或母）的死亡证明、对方（父或母）被依法撤销监护资格的证明。通过询问代理人，查验作为声明人的法人或非法人组织是否处于正常运行状态，以查验其民事行为能力是否受到限制，从而确定声明上是盖法人或非法人组织的公章，还是盖其清算组公章。四是如果申请人或其代理人（监护人）提交的是刊登在公开发行的报刊上的声明的复印件，查验收取的复印件与报刊上刊登的声明是否一致，且该复印件上是否注明刊登该声明的报刊期数、出刊（报）日期、栏目或版面，其上是否有申请人或其代理人的确认签名。如果声明是在登记机构的官方网站登载的，查验登载该声明的页面转化的纸介质材料上是否有申请人或其代理人、打印人的确认签名等。

四、承诺

在不动产登记实务中，承诺是指当事人依自己的意思表示，就与不动产相关的问题表明自己的态度并保证按此态度执行的书面材料。如处分被监护人的不动产是为了该被监护人利益的承诺、登记档案中存档的户口本上的人与现时居民身份证上的人是同一人的承诺等。承诺人可以是自然人、法人或非法人组织。因此，申请人或其代理人向登记机构提交声明作为不动产登记原因材料时，登记机构对其审查要点有：一是查验承诺人的签名、签章和该承诺的出具时间是否齐全。二是查验承诺上关于不动产的内容与不动产登记申请书上申请登记的内容是否一致或是否对应。申请转移登记、变更登记等后续登记的，还应当查验承诺上关于不动产的内容与登记簿或存档的不动产登记材料上的记载是否一致或是否对应。三是结合承诺人提交的身份证明，查验承诺人是否是无民事行为能力或限制民事行为能力的未成年人。通过询问承诺人（申请人），查验承诺人（申请人）是否是无民事行为能力或限制民事行为能力的成年人。如果承诺人是无民事行为能力或限制民事行为能力的成年人的，还应当查验承诺上是否有其监护人的签名。如果承诺人是无民事行为能力或限制民事行为能力的未成年人的，查验承诺上是否有作为其共同监护人的父母的签名。父或母单方签名的，是否提交对方（父或母）的委托手续、对方（父或母）的死亡证明、对方（父或母）被依法撤销监护资格的证明等。通过询问代理人，查验作为承诺人的法人或非法人组织是否处于正常运行状态，以查验其民事行为能力是否受到限制，从而确定承诺上是盖法人或非法人组织的公章，还是盖其清算组公章。

五、村民大会或村民代表会决定

在不动产登记实务中，村民大会或村民代表会决定，是指村、村民小组通过村民大会或村民代表会就农民集体享有的不动产权利的处分（发包、转让、抵押等）事宜作出决断的书面材料。如关于与其他村民小组互换土地的决定、关于村的荒山对外发包的决定等。因此，申请人或其代理人向登记机构提交村民大会或村民代表会决定作为不动产登记原因材料的，登记机构对其审查要点有：一是申请人或其代理人提交的是村民大会决定的，查验该决定上载明的参会村民人数与签名的村民人数是否一致，是否载明该决定的出具时间。申请人或其代理人提交的是村民代表会决定的，查验该决定上载明的参会村民代表人数与签名的村民代表人数是否一致，是否载明该决定的出具时间。二是查验村民大会或村民代表会决定上关于不动产的内容与不动产登记申请书上申请登记的内容是否一致或是否对应。申请转移登记、变更登记等后续登记的，还应当查验村民大会或村民代表会决定上关于不动产的内容与登记簿或存档的不动产登记材料上的记载是否一致或是否对应。三是通过前述查验后对村民大会或村民代表会决定的真实性仍然存疑时，可以随机选取签名的参会村民或村民代表，通过电话、走访的方式查验该村民大会或村民代表会决定是否真实。通过电话核实的，做好电话核实记录，电话核实记录包括登记机构的办公电话号码和对方的电话号码、双方通话人的姓名、对方回复的村民大会或村民代表会决定的真假情况、核实时间等。通过走访核实的，应当做好走访记录，走访记录包括走访时间、地点、走访人、受访人、在场人、受访人陈述的村民大会或村民代表会决定的真假情况等。电话核实记录、走访记录是该村民大会或村民代表会决定真假情况的佐证材料。

六、清算报告

清算报告，是指依法成立的清算组出具的关于将要解散的法人、非法人组织的债权债务清理、财产处置、法律关系了结、剩余财产处理或归属情况的书面材料。因此，申请人或其代理人向登记机构提交清算报告作为不动产登记原因材料的，登记机构对其审查要点有：一是查验清算报告上是否有清算组的印章和清算报告的出具时间。二是查验清算报告上关于不动产的处理或归属内容与不动产登记申请书上申请登记的内容是否一致或是否对应。三是按《民法典》第七十一条、第一百零八条和《公司法》第一百八十八条规定，法人、非法人组织因解散组织清算的，清算完成后，清算组应当制作清算报告并报送法人、非法人组织的登记机关。因此，通过前述查验后对清算报告的真实性仍然存疑时，登记机构可以查询法人、非法人组织的登记机关存档的清算报告，以查验该清算报告是否真实等。

第二节 基于双方民事法律行为产生的材料审查

双方民事法律行为，是指在两个意思表示的基础上达成一致而构成的民事法律行为，或者说由双方意思表示达成一致形成的民事法律行为。基于双方民事法律行为产生的不动产登记原因材料主要是合同或协议。如不动产买卖合同、不动产抵押合同、夫妻财产协议、不动产赠与合同等。另外，不动产拍卖成交确认书也属于因双方民事法律行为产生的登记原因材料。

一、合同或协议

申请人或其代理人向登记机构提交合同或协议作为不动产登记原因

材料时，登记机构对其审查要点有：一是按《民法典》第四百九十条第一款规定，当事人采用合同书形式订立合同的，自当事人均签名、盖章或者按指印时合同成立。因此，登记机构应当查验合同或协议上是否有双方当事人的签名、签章和合同订立（签订）的时间。二是结合申请人或其代理人提交的身份证明，查验合同或协议的当事人是否是无民事行为能力或限制民事行为能力的未成年人。通过询问合同或协议的当事人（申请人），查验该当事人（申请人）是否是无民事行为能力或限制民事行为能力的成年人。如果当事人是无民事行为能力或限制民事行为能力的成年人的，还应当查验合同或协议上是否有其监护人的签名、签章。如果当事人是无民事行为能力或限制民事行为能力的未成年人的，合同或协议上是否有作为其共同监护人的父母的签名。父或母单方签名的，是否提交对方（父或母）的委托手续、对方（父或母）的死亡证明、对方（父或母）被依法撤销监护资格的证明。通过询问代理人，查验作为合同当事人的法人或非法人组织是否处于正常运行状态，以查验其民事行为能力是否受到限制，从而确定合同或协议上是盖法人或非法人组织的公章，还是盖其清算组公章。三是查验合同或协议上关于不动产的内容与不动产登记申请书上申请登记的内容是否一致或是否对应。查验合同上载明的内容是否是法律、行政法规、规章和政策规定的可以记载在登记簿上的内容（不动产权利或其他相关事项）。如按《民法典》第三百九十五条第一款第（七）项规定，法律、行政法规未禁止抵押的财产都可以抵押。在司法实务中，《最高人民法院关于适用〈中华人民共和国民法典〉有关担保制度的解释》（法释〔2020〕28号）第六十三条规定，债权人与担保人订立担保合同，约定以法律、行政法规尚未规定可以担保的财产权利设立担保，当事人主张合同无效的，人民法院不予支持。当事人未在法定的登记机构依法进行登记，主张该担保具有物权效力的，人民法院不予支持。据此可知，作为抵押合同主要内容的被抵押的不动产，只要不是法律、行政法规的规定明确禁止抵押的不动产，据此签订、成立的抵押合同产生诉讼时，就不会被人民法院认定无效。登记机构据此办理的抵押权登记就具有法律效力。申言之，

第十章　不动产登记原因材料审查（三）

作为抵押合同主要内容的被抵押的不动产，只要不是法律、行政法规的规定明确禁止抵押的不动产，抵押合同的主要内容就合法。法律、行政法规的规定禁止抵押的不动产，如《民法典》第三百九十九条规定："下列财产不得抵押：（一）土地所有权；（二）宅基地、自留地、自留山等集体所有土地的使用权，但是法律规定可以抵押的除外；（三）学校、幼儿园、医疗机构等为公益目的成立的非营利法人的教育设施、医疗卫生设施和其他公益设施；（四）所有权、使用权不明或者有争议的财产；（五）依法被查封、扣押、监管的财产；（六）法律、行政法规规定不得抵押的其他财产。"《文物保护法》第二十四条规定，国有不可移动文物不得转让、抵押。建立博物馆、保管所或者辟为参观游览场所的国有文物保护单位，不得作为企业资产经营。《宗教事务条例》第五十四条规定，宗教活动场所用于宗教活动的房屋、构筑物及其附属的宗教教职人员生活用房不得转让、抵押或者作为实物投资。四是申请变更登记、转移登记、注销登记、抵押权登记等后续登记的，查验合同或协议上的当事人中是否有不动产登记簿或存档的不动产登记材料上的记载的权利人。查验合同或协议上关于不动产的内容与登记簿或存档的不动产登记材料上的记载是否一致或是否对应。五是查验合同或协议上有无生效条件或生效时间的约定。如果约定了，还应当查验约定的生效条件是否成就，或约定的生效时间是否届至。六是法律、行政法规对合同的生效条件有规定的，从其规定。如《民法典》第一千零七十六条规定，夫妻双方自愿离婚的，应当签订书面离婚协议，并亲自到婚姻登记机关申请离婚登记。离婚协议应当载明双方自愿离婚的意思表示和对子女抚养、财产以及债务处理等事项协商一致的意见。在司法实务中，按《最高人民法院关于适用〈中华人民共和国民法典〉婚姻家庭编的解释（一）》第六十九条第一款规定，当事人达成的以协议离婚或者到人民法院调解离婚为条件的财产以及债务处理协议，如果双方离婚未成，一方在离婚诉讼中反悔的，人民法院应当认定该财产以及债务处理协议没有生效。质言之，离婚协议以夫妻完成离婚登记或取得生效的准予离婚的法律文书为生效条件，即申请人或其代理人提交离婚协议作为不动产登记原因材料的，还应当查验其是否同时提交当事人的离婚证书或生效的离婚民事调解书、离婚判决书。再如《民法典》第一千一百二十一条第一款规定，继承从被继承人死亡时开始。该法第一千一百二十三条规定，继承开始后，按照法定继承办理；有遗嘱的，按照遗嘱继承或者遗赠办理；有遗赠扶养协议的，按照协议办理。质言之，遗赠扶养协议以遗赠人的死亡为生效条件，即申请人或其代理人提交遗赠扶养协议作为不动产登记原因材料的，还应当查验其是否同时提交遗赠人已经死亡的证明等。

如果申请人同时提交有主从关系的两种合同作为不动产登记原因材料的，登记机构除完成上述查验后，还应当作以下查验：一是查验从合同与主合同是否匹配。如抵押权登记中，作为从合同的抵押合同是否与作为主合同的借款合同匹配，即是否为因借款合同建立的债权作担保。一般情形下，经营贷款的机构的借款合同有合同编号，抵押合同应当载明与之匹配的借款合同的合同编号。没有合同编号的，则查验主债权合同上的债权种类、债权数额、债务履行期间等内容与抵押合同上载明的相关内容是否一致或是否对应等。二是查验主合同载明的内容是否满足登记簿的记载，如抵押权登记中作为借款合同载明的被担保的债权数额、债务履行期间等是否满足登记簿的记载所需的信息要求等。三是查验从合同的签订主体是否适格，如抵押权登记中，作为签订从合同抵押合同的抵押人是否是被抵押不动产的权利人，抵押权人是否是借款合同中的债权人等。四是查验主从合同签订的时间是否冲突。如抵押权登记中，作为借款合同从合同的抵押合同，应当在借款合同签订之后再签订，即抵押合同的签订时间应当与借款合同在同一天或之后，以体现主从关系等。

二、拍卖成交确认书

申请人或其代理人向登记机构提交拍卖成交确认书作为不动产登记原因材料的，登记机构对其审查要点有：一是《拍卖法》第十条规定，拍卖人是指依照本法和《中华人民共和国公司法》设立的从事拍卖活动的企业法人。该法第五十二条规定，拍卖成交后，买受人和拍卖人应当签署成交确认书。据此可知，拍卖成交确认书由买受人与实施拍卖的拍卖公司签署。因此，登记机构应当查验拍卖成交确认书上拍卖公司和买受人的签名、签章和拍卖成交确认书的签署日期是否齐全。二是《拍卖法》第十一条规定，拍卖企业可以在设区的市设立。设立拍卖企业必须经所在地的省、自治区、直辖市人民政府负责管理拍卖业的部门审核许可，并向工商行政管理部门申请登记，领取营业执照。因此，登记机构应当查验申请人提交的营业执照上的拍卖公司名称与拍卖成交确认书上的拍卖公司名称是否一致。三是结合申请人或其代理人提交的身份证明，查验拍卖成交确认书上的买受人是否是无民事行为能力或限制民事行为能力的未成年人。通过询问买受人（申请人），查验其是否是无民事行为能力或限制民事行为能力的成年人。如果买受人是无民事行为能力或限制民事行为能力的成年人的，还应当查验拍卖成交确认书上是否有其监护人的签名、签章。如果买受人是无民事行为能力或限制民事行为能力的未成年人的，拍卖成交确认书上是否有作为其共同监护人的父母的签名。父或母单方签名的，是否提交对方（父或母）的委托手续、对方（父或母）的死亡证明、对方（父或母）被依法撤销监护资格的证明。通过询问代理人，查验作为买受人的法人或非法人组织是否处于正常运行状态，以查验其民事行为能力是否受到限制，从而确定拍卖成交确认书效力是否存疑（如前所述，民事行为能力受到限制的法人或非法人组织已处于清算状态，只能由其清算组进行债权债务、法律关系的了结等清算活动，作为买受人参与的拍卖不属于清算活动）。四是查验拍卖成交确认书上关于不动产的内容与不动产登记申请书上申请登记的内容是否一致或是否对应。五是查验拍卖成交确认书上关于不动产的内容与登记簿或存档的不动产登记材料上的记载是否一致或是否对应。六是通过前述查验后对拍卖成交确认书的真实性仍然存疑的，可以通过实施拍卖的拍卖公司的办公电话或发送电子邮件（E-mail）查验拍卖成交确认书的真假。通过电话核实的，做好电话核实记录，电话核实记录包括双方的办公电话号码、双方通话人的姓名、对方回复的拍卖成交确认书的真假情况、核实时间等。电话核实记录是该拍卖成交确认书真假情况的佐证材料，或将电子邮件查询、回复情况转化为纸介质材料后归入不动产登记档案。

第三节　基于多方民事法律行为产生的材料审查

多方民事法律行为，是指在两个以上（不包括两个）的意思表示的基础上达成一致而构成的民事法律行为。在不动产登记实务中，当事人基于多方民事法律行为产生的书面材料主要有：两个以上（不包括两个）的共有人对共有的不动产作分割的决定；委托贷款人、受托人、借款人共同签订的作为抵押权登记主合同的委托贷款合同；债权人、债务人、债务代偿人共同签订的作为抵押权注销登记材料的债务代偿合同；合法经营的经纪公司、买方、卖方共同签订的作为转移登记材料的不动产买卖合同等。因此，申请人或其代理人向登记机构提交当事人基于多方民事法律行为产生的合同或协议作为不动产登记原因材料的，登记机构对其审查要点有：一是按《民法典》第四百九十条第一款规定，当事人采用合同书形式订立合同的，自当事人均签名、盖章或者按指印时合同成立。因此，登记机构应当查验合同或协议上是否有全部当事人的签名、签章和合同的订立（签订）时间。二是结合申请人或其代理人提交的身份证明，查验合同或协议上的当事人是否是无民事行为能力或限制民事行为能力的未成年人。通过询问合同或协议的当事人（申请人），查验该当事人是否是无民事行为能力或限制民事行为能力的成年人。如果合同或协议上的当事人是无民事行为能力或限制民事行为能力的成年人的，合同或协议上是否有其监护人的签名、签章。如果当事人是无民事行为能力或限制民事行为能力的未成年人的，合同或协议上是否有作为其共同监护人的父母的签名，由父或母单方签名的，是否提交对方（父或母）的委托手续、对方（父或母）的死亡证明、对方（父或母）被依法撤销监护资格的证明。通过询问代理人，查验作为合同或协议当事人的法人或非法人组织是否处于正常运行状态，以查验其民事行为能力是否受到限制，从而确定合同或协议上是盖法人或非

第十章 不动产登记原因材料审查（三）

法人组织的公章，还是盖其清算组公章。三是查验合同或协议上关于不动产的内容与不动产登记申请书上申请登记的内容是否一致或是否对应。查验合同或协议上载明的内容是否是法律、行政法规、规章和政策规定的可以记载在登记簿上的内容（不动产权利或其他相关事项）。四是申请变更登记、转移登记、注销登记、抵押权登记等后续登记的，查验合同或协议上的当事人中是否有不动产登记簿或存档的不动产登记材料上记载的权利人。查验合同或协议上关于不动产的内容与登记簿或存档的不动产登记材料上的记载是否一致或是否对应。五是查验合同或协议中有无生效条件或生效时间的约定。如果合同或协议中有生效条件或生效时间的约定，还应当查验约定的生效条件是否成就，或约定的生效时间是否届至。六是法律、行政法规对合同或协议的生效条件有规定的，从其规定。

第十一章　其他不动产登记材料审查

本章所称其他不动产登记材料审查，是指登记机构对申请人或其代理人申请不动产登记时依法提交的不动产登记启动材料、不动产登记启动主体身份证明、不动产登记原因材料以外的材料进行检查、核对、比较、分析等。这些材料主要有：基于相关税费征收产生的材料，基于市场主体的市场行为产生的材料，基于不动产登记产生的材料。

第一节　基于相关税费征收产生的材料审查

基于相关税费征收产生的材料审查，是指登记机构对申请人或其代理人依法提交的作为不动产登记材料的土地出让金缴纳凭证、土地租金缴纳凭证、海域使用金缴纳或减免凭证、契税缴纳凭证、土地增值税和个人所得税缴纳凭证进行的审查。

一、土地使用权出让金缴纳凭证

《民法典》第三百五十一条规定，建设用地使用权人应当依照法律规定以及合同约定支付出让金等费用。《城镇国有土地使用权出让和转让暂行条例》第十六条规定，土地使用者在支付全部土地使用权出让金后，应当依照规定办理登记，领取土地使用证，取得土地使用权。据此可知，土地使用权人（受让人）按出让合同约定缴清土地出让金是其申请建设用地使用权登记并领取建设用地使用权证书的前提。换言之，土地出让金缴纳凭证上的数额应当与土地使用权出让合同上载明的土地出让金数额一致。

二、土地使用权租金缴纳凭证

《〈土地管理法〉实施条例》第十七条第二款第（二）项规定，租赁是国有土地的有偿使用方式。按《国土资源部关于印发〈规范国有土地租赁若干意见〉的通知》（国土资发〔1999〕222号）第一条规定，国有土地租赁是指国家将国有土地出租给使用者使用，由使用者与县级以上人民政府土地行政主管部门签订一定年期的土地租赁合同，并支付租金的行为。按该意见第六条规定，国有土地租赁，承租人取得承租土地使用权。据此可知，土地承租人与县级以上人民政府土地行政主管部门（自然资源行政主管部门）签订土地租赁合同后可以申请土地使用权登记，但土地租金可以按土地租赁合同的约定一次性缴纳或多次缴纳。换言之，土地使用权人（承租人）申请基于租赁取得的土地使用权登记时，土地租金缴纳凭证上的租金数额应当与租赁合同中约定的缴纳数额一致或相对应。

三、海域使用金缴纳凭证

按《海域使用管理法》第三十三条规定，国家实行海域有偿使用制度。单位和个人使用海域，应当按照国务院的规定缴纳海域使用金。该法第三十四条规定，根据不同的用海性质或者情形，海域使用金可以按照规定一次缴纳或者按年度逐年缴纳。按该法第三十六条规定，经有批准权的人民政府财政部门和海洋行政主管部门审查批准，可以减缴或者免缴海域使用金。据此可知，海域使用金缴纳凭证应当与海域使用批准文件、海域使用权出让合同上载明的缴纳数额一致或相对应。少缴或免缴的，应当取得有批准权的人民政府财政部门和海洋行政主管部门准予少缴或免缴的文件。

四、契税缴纳凭证、土地增值税和个人所得税缴纳凭证

1. 契税缴纳凭证

《契税法》第一条规定，在中华人民共和国境内转移土地、房屋权属，承受的单位和个人为契税的纳税人，应当依照本法规定缴纳契税。该

法第二条规定:"本法所称转移土地、房屋权属,是指下列行为:(一)土地使用权出让;(二)土地使用权转让,包括出售、赠与、互换;(三)房屋买卖、赠与、互换。前款第二项土地使用权转让,不包括土地承包经营权和土地经营权的转移。以作价投资(入股)、偿还债务、划转、奖励等方式转移土地、房屋权属的,应当依照本法规定征收契税。"据此可知,契税缴纳凭证上的纳税人是基于转让、作价出资或入股、赠与等交易原因取得房地产的自然人、法人或非法人组织。

2. 土地增值税缴纳凭证

《土地增值税暂行条例》第二条规定,转让国有土地使用权、地上的建筑物及其附着物并取得收入的单位和个人,为土地增值税的纳税义务人,应当依照本条例缴纳土地增值税。据此可知,土地增值税缴纳凭证上的纳税人是转让房地产并取得收入的人,即土地增值税缴纳凭证上的纳税人是房地产转让合同中的转让方(卖方),转让方可以是自然人、法人或非法人组织。

3. 个人所得税缴纳凭证

按《个人所得税法》第一条和第二条规定,转让财产并取得收入的个人为个人所得税的纳税人。据此可知,个人所得税缴纳凭证上的纳税人是转让房地产的自然人。

综上所述,申请人或其代理人申请不动产登记时,依法向登记机构提交土地出让金缴纳凭证、土地租金缴纳凭证、海域使用金缴纳或减免凭证、契税缴纳凭证、土地增值税和个人所得税缴纳凭证(下统称税费缴纳凭证)的,登记机构对这些税费缴纳凭证的审查要点有:一是查验税费缴纳凭证出具单位的印章或征税(费)专用章、凭证号码、凭证出具日期是否齐全、清晰。可以查验存档的同一行政机关出具的税费缴纳凭证上该行政机关的印章或征税(费)专用章与现时收取的税费缴纳凭证上的印章或征税(费)专用章是否一致。二是查验税费缴纳凭证上是否有涂改、删改、刮擦痕迹。如果有,查验涂改、删改、刮擦处是否有税费缴纳凭证出具机关的印章或征税（费）专用章。三是查验土地出让金缴纳凭证、土地租金缴纳凭证、海域使用金缴纳或少缴（免缴）凭证上的缴纳人是否是土地出让合同、土地租赁合同、海域使用批文或海域使用权出让合同上取得土地使用权、海域使用权的自然人、法人或非法人组织。查验契税缴纳凭证上的纳税人是否是土地出让合同、房地产转让（作价出资、赠与等）合同上取得房地产权利的自然人、法人或非法人组织。查验土地增值税缴纳凭证上的纳税人是否是房地产转让合同中取得收入的自然人、法人或非法人组织。查验个人所得税缴纳凭证上的纳税人是否是房地产转让合同中取得收入的自然人。四是可以通过人民政府的信息共享渠道、数据大平台或出具税费缴纳凭证的行政机关的官方网站，查验当事人的税费缴纳信息是否真实，以查验对应的税费缴纳凭证是否真实。五是查验收取的复印件与税费缴纳凭证原件是否一致，且该复印件上面是否有申请人或其代理人的确认签章、签名。如果是通过人民政府的信息共享渠道、数据大平台或出具税费缴纳凭证的行政机关的官方网站获取的税费缴纳信息打印件，该打印件上是否有申请人或其代理人、打印人的确认签章、签名。六是通过前述查验对税费缴纳凭证的真假仍然存疑时，可以通过出具税费缴纳凭证的行政机关的办公电话核实并做好电话核实记录，电话核实记录包括双方的办公电话号码、双方通话人的姓名、对方回复的税费缴纳凭证的真假情况、核实时间等。电话核实记录是该税费缴纳凭证真假情况的佐证材料。

第二节　基于市场主体的市场行为产生的材料审查

基于市场主体的市场行为产生的材料审查，是指登记机构对申请人或其代理人依法提交的有资质的测绘机构、鉴定机构等市场主体出具的作为不动产登记材料的不动产权籍调查成果报告、相关鉴定报告进行的审查。

一、不动产权籍调查成果报告审查

不动产权籍调查成果报告，是指申请人或其代理人申请不动产登记时依法提交的载明宗地及地上房屋、林木等定作物,或宗海及海域内的房屋、林木、岛屿等定作物的自然状况(面积、用途、四至)和权利状况(权属、权利类型、权利性质)的书面材料。由专业的市场主体出具的不动产权籍调查成果报告由不动产权属调查成果报告和不动产测绘成果报告组成。因此,申请人或其代理人申请不动产登记时提交不动产权籍调查成果报告作为登记材料的,登记机构对其审查要点有:一是如前所述,不动产测绘成果报告是不动产权籍调查成果报告的重要组成部分。按《测绘法》第二十七条规定,持有省级以上人民政府测绘地理信息主管部门颁发的测绘资质证书的法人才可以从事测绘活动。因此,登记机构应当查验不动产权籍调查成果报告上是否有测绘单位的印章或其专用章。查验不动产权籍调查成果报告上实施调查的专业技术人员的签名、签章是否齐全。查验不动产权籍调查成果报告的出具日期是否齐全。不动产登记档案中存放有同一测绘单位出具的不动产权籍调查成果报告的,可以查验该不动产权籍调查成果报告上测绘单位的印章或专用章与现时收取的不动产权籍调查成果报告上的印章或专用章是否一致。查验不动产权籍调查成果报告是否附有测绘单位的测绘资质证书和营业执照。查验不动产权籍调查成果报告中是否附有实施调查的专业技术人员的从业资格证明。二是查验不动产权籍调查成果报告依据的技术标准是否是《不动产权籍调查技术方案(试行)》第三条第(一)项规定的《土地利用现状分类》(GB/T21010)、《地籍调查规程》(TD/T1001)、《房产测量规范》(GB/T17986.1)、《森林资源规划设计调查技术规程》(GB/T26424)、《农村土地承包经营权调查规程》(NY/2537)、《海籍调查规范》(HY/T124)、《不动产登记暂行条例》等。三是查验不动产权籍调查成果报告是否包括《不动产权籍调查技术方案(试行)》第四条第(四)项规定的权源资料、权籍调查表、界址点坐标成果表、不动产测量报告、宗地图、宗海图、房产分户图等。四是查验宗地与地上房屋、林木等地上定作物是否对应。查验宗海与海域内的房屋、林木、岛屿等定作物是否对应。五是查验宗地图、宗海图、房产分户图的界

第十一章 其他不动产登记材料审查

址、界线、坐标、高程等空间要素是否齐全、清晰。查验这些空间要素与邻地及地上定作物、邻海及海域内的定作物是否存在空间位置重叠等矛盾。查验邻地及地上定作物、邻海及海域内的定作物的界址签名、签章是否完备等。在司法实务中，福建省泉州市中级人民法院在"原告洪某基诉被告某自然资源局及第三人洪某昊土地行政登记一案"中认为"根据《地籍调查规程》（TD/T1001—2012）的规定，地籍调查表由界址标示表、界址签章表、界址说明表、宗地草图等组成，地籍调查表必须做到图表内容与实地一致，表中各栏目应填写齐全，不得空项。本案中，洪某昊申请的系宅基地使用权首次登记，其提交的地籍调查表中未包含界址说明表、宗地草图等必要材料，且该地籍调查表中的界址标示表、界址签章表中的各栏目均为空项。洪某昊提交的界址签章认定表仅有四至的地名，而未含有确定不动产界址所必备的界址点号、间距、界址线类别、位置、起点号、中间点号、终点号等数据。可见，某自然资源局在洪某昊提交的地籍调查表中的材料明显缺失，界址标示表、界址签章表中的各栏目均为空项，宗地图中所绘制的建房用地长宽与《居民建房用地申请表》中用地平面图栏处绘制的建房用地的长宽明显不一致，且洪某昊提交的其他证据均明显无法确定本案土地界址情况下，径行作出被诉登记行为，显然未依法尽到合理审慎的查验义务"[①]。据此可知，人民法院的认为表明，不动产权籍调查成果报告中界址、界线是否准确、清晰属于登记机构审查的内容。六是查验不动产权籍调查成果报告中的不动产权属调查成果、测绘成果与不动产登记申请书上申请登记的内容是否一致或是否对应。七是通过前述查验对不动产权籍调查成果报告的真假仍然存疑时，可以通过出具不动产权籍调查成果报告的专业机构的办公电话核实并做好电话核实记录。电话核实记录包括双方的工作电话号码、双方通话人的姓名、对方回复的不动产权籍调查成果报告的真假情况、核实时间等。电话核实记录是该不动产权籍调查成果报告真假情况的佐证材料。

---

① 福建省泉州市中级人民法院："原告洪某基诉被告某自然资源局及第三人洪某昊土地行政登记一案"，https://wenshu.court.gov.cn，访问日期：2022年4月9日。

二、相关鉴定报告审查

相关鉴定报告，是指登记机构对申请人或其代理人申请不动产登记时提交的建筑工程质量鉴定机构、司法鉴定机构等专业的市场主体出具的建筑物或构筑物质量鉴定报告、不动产权属证书上的印章真假鉴定报告、亲子鉴定报告（作监护资格证明等情形）、不动产登记申请材料上当事人签名的真假鉴定报告等。因此，申请人或其代理人提交相关鉴定报告作为不动产登记材料的，登记机构对其审查要点有：一是查验鉴定报告上是否有鉴定机构的印章或其专用章。查验实施鉴定的专业技术人员的签名、签章是否齐全。查验鉴定报告的出具日期是否齐全。不动产登记档案中存放有同一鉴定机构出具的鉴定报告的，可以查验该鉴定报告上鉴定机构的印章或专用章与现时收取的鉴定报告上的印章或专用章是否一致。查验鉴定报告是否附有鉴定机构的从业资质证书和营业执照。查验鉴定报告中是否附有实施鉴定的专业技术人员的从业资格证明。二是查验鉴定报告依据的技术标准是否有效。三是查验鉴定报告的鉴定结论与不动产登记申请书上申请登记的内容是否一致或是否对应。四是通过前述查验对鉴定报告的真假仍然存疑时，可以通过出具鉴定报告的机构的办公电话核实并做好电话核实记录。电话核实记录包括双方的办公电话号码、双方通话人的姓名、对方回复的鉴定报告的真假情况、核实时间等。电话核实记录是该鉴定报告真假情况的佐证材料。

第三节 基于不动产登记产生的材料审查

基于不动产登记产生的材料审查，是指登记机构对申请人或其代理人依法提交的作为不动产登记材料的不动产权属证书、不动产登记材料查询证明等进行的审查。

一、不动产权属证书审查

《民法典》第二百一十六条第一款规定，不动产登记簿是物权归属和

第十一章 其他不动产登记材料审查

内容的根据。按该法第二百一十七条规定，不动产权属证书是权利人享有该不动产物权的证明。在不动产登记实务中，《不动产登记暂行条例实施细则》第二十条第一款规定，不动产登记机构应当根据不动产登记簿，填写并核发不动产权属证书或者不动产登记证明。据此可知，不动产权属证书是登记机构基于登记簿的记载，制作并向权利人核发的证明其享有不动产权利的证明。在不动产登记实务中，按《不动产登记暂行条例实施细则》的相关规定，申请人申请变更登记、转移登记、注销登记、抵押权登记等后续登记时，不动产权属证书是其应当向登记机构提交的登记申请材料，此情形下，登记机构对作为不动产登记申请材料的不动产权属证书的审查要点有：一是查验不动产权属证书上是否有登记机构（县级以上人民政府自然资源管理机关或不动产登记局）的印章或其不动产登记专用章。查验不动产权属证书的式样是否符合自然资源部的规定。二是查验不动产权属证书上的防伪标志、标识，确定该不动产权属证书的真假。查验不动产权属证书的全国统一编号，以查验该证书是否是本登记机构订购的证书。查验不动产权属证书的本地编号，以核实该证书是否是本登记机构制作、颁发。三是查验不动产权属证书上载明的不动产自然状况、权利状况等内容与不动产登记申请书上申请登记的内容是否一致或是否对应。四是查验不动产权属证书上载明的不动产自然状况、权利状况等内容与登记簿或存档的不动产登记材料上的记载是否一致等。如前所述，不动产权属证书是登记机构基于登记簿的记载，制作并向权利人核发的证明其享有不动产权利的证明，因此，不动产权属证书作为不动产登记申请材料时，登记机构对其真实性的审查负完全责任，据此办理的不动产登记产生行政复议、行政诉讼时，登记机构应当承担相应的不利后果。在司法实务中，河南省高级人民法院在"再审申请人中国农业银行股份有限公司某县支行（以下简称农行某县支行）因诉被申请人某自然资源局及一审第三人葛某土地行政登记及行政赔偿一案"中认为"某自然资源局的工作人员应当更加审慎对待，严格审查，因为并非昝某青本人持有本人的国有土地使用证申请他项权利登记，同时，某自然资源局有义务、有条件、也有能力核实昝某青提交的该国有土地使用证的真伪，内容是否正确，因为该国有土地使用证就是某自然资源局自己登记颁发的，核实该证的使用权人是否正确轻而易举，从而可以避免因申请人的错误登记导致抵押登记的设立，避免农行某县支行放贷本金280万元及产生的利息，依法某自然资源局应当承担赔偿责任"[①]。

二、不动产登记材料查询证明审查

在不动产登记实务中，一般情形下，申请人申请更正登记、异议登记、遗失补证等时才提交不动产材料查询证明作为不动产登记申请材料。不动产登记查询证明包括不动产登记材料查询结果证明、不动产登记材料复印件等。申请人提交不动产材料查询证明作为不动产登记申请材料的，登记机构对其审查要点有：一是查验不动产登记材料查询结果证明上的印章是否是本登记机构的印章或查询专用章。查验该查询结果证明与自身存档的查询结果证明的存根、备份是否一致。二是查验不动产登记材料复印件与自身存档的不动产登记材料是否一致。三是不动产登记材料查询结果证明、不动产登记材料复印件有骑缝章的，查验是否每一页材料上面都有骑缝章印痕，且骑缝章印痕是否清晰、衔接。四是通过前述查验，对不动产登记材料查询证明的真实性存疑的，可以用自身存档的不动产登记结果查询证明存根、备份复印件和重新复印的不动产材料替代之，但替代材料上应当有申请人或其代理人的确认签名、签章。

由于不动产登记材料查询证明是登记机构制作的材料，登记机构对其真实性的审查负完全责任，据此办理的不动产登记产生行政复议、行政诉讼时，登记机构也应当承担相应的不利后果。

[①] 河南省高级人民法院："再审申请人中国农业银行股份有限公司某县支行因诉被申请人某自然资源局及一审第三人葛某土地行政登记及行政赔偿一案"，http://police.news.sohu.com，访问日期：2022年4月22日。

参考文献

[1] 陈华彬. 物权法[M]. 北京：法律出版社，2004.

[2] 王连昌，马怀德. 行政法学[M]. 北京：中国政法大学出版社，2002.

[3] 马怀德. 行政法学[M]. 北京：中国政法大学出版社，2007.

[4] 叶必丰. 行政法学[M]. 武汉：武汉大学出版社，2003.

[5] 程啸. 不动产登记法研究[M]. 北京：法律出版社，2011.

[6] 李昊，常鹏翱，叶金强，等. 不动产登记程序的制度建构[M]. 北京：北京大学出版社，2005.

[7] 王旭军. 不动产登记司法审查[M]. 北京：法律出版社，2010.